Hajo Eickhoff
Himmelsthron und Schaukelstuhl
Die Geschichte des Sitzens

Carl Hanser Verlag

1 2 3 4 5   97 96 95 94 93
ISBN 3-446-17376-5
Alle Rechte vorbehalten
© Carl Hanser Verlag München Wien 1993
Satz: Fotosatz Reinhard Amann, Aichstetten
Druck und Bindung: Friedrich Pustet, Regensburg
Printed in Germany

Inhalt

Einleitung
9

1. Kapitel
Der stuhllose Kosmos der Nomaden
17

2. Kapitel
Das Urbild des Throns und frühe Herrschersitze
26

Das Urbild des Throns und der Thron des Königs 26
Die unräumliche Struktur des Throns 34
Thróna als Gewandverzierung des Saums 51

3. Kapitel
Das Kreuz als christliche Form des Throns
59

Die Genesis als Ordnung des göttlichen Throns 59
Die Apokalypse als Ordnung des menschlichen Throns 67

4. Kapitel
Chorgestühl und Klosterzelle als Basis des Stuhls
93

Die Kirche als Gefäß für heilige Stühle 93
Das Kloster als Gestell 102
Das Benediktinerkloster als Stuhlstruktur 105
Das mönchische Sitzen 110

5. Kapitel
Das Gebein als Stuhl
127

Die Knochen: Kreuzbein, Becken, Wirbelsäule 127
Orthopädische Eingriffe ins Heilige 133
Sitzen zwischen Orthopädie und Industrie 143

6. Kapitel
Der Bürger als Homo sedens
148

Das Einarbeiten höfischer Etikette ins Sitzen 148
Formung von Psyche und Physis im Sitzen 156
Sitzen als Verhalten im Raum 168
Neuzeitliche Philosophie als Metapher des Sitzens 176

7. Kapitel
Der Bürger als Homo sedativus
186

Die Humanisierung des Baums zum Stuhl 186
Ressentiment und Sitzen 193
Intergalaktische Visionen des Sitzens 200
Unbewegtheit als Ordnung des Sitzens 211
Mobilität und Beschleunigung als Ordnungen des Sitzens 224
Das Apokalyptische des Sitzens 229

Anmerkungen
237

Literatur
249

Bildnachweis
256

Für Caroline

Einleitung

Unauffällig, aber allgegenwärtig begleitet der Stuhl, wie wir ihn kennen, den neuzeitlichen Menschen: Handgreiflich dient er als Mobiliar, aber tiefgreifend formt er die Physis, prägt die Sprache und ist metaphorisch und allegorisch ins Denken eingedrungen.

Erfinderisch und funktionsbewußt hat sich der Mensch den Stuhl auf den Leib gezimmert: Himmelsthrone, Gnadenstühle und den Heiligen Stuhl; Lehrstühle, Hochsitze, Herrscherthrone; Chorgestühle, Schulbänke und Kinderstühlchen; Beichtstühle, Autositze, elektrische Stühle; Rollstühle, Drehstühle und Stehsitze; Chefsessel, Klavierstühle und Ersatzbänke; Zahnarztstühle und Sessellifte; Schaukelstühle, Klappstühle, Schleudersitze und noch ein ganzes Arsenal mehr. Homo sapiens sapiens? Nein. Homo sapiens sedens müßte das Wesen heißen, das in der Regel nicht schwimmt wie der Fisch, nicht kriecht wie die Schlange oder hockt wie der Frosch, das nicht krabbelt wie der Käfer oder schleicht wie der Tiger, nicht kauert wie der Hase oder baumelt wie der Affe, sondern sitzt.

Irgendwann einmal war das streifende Nomadisieren zu Ende. Erst ließ der Mensch sich nieder, später machte er das Sitzen, die dem aufrechten Gang und der Anatomie zuwiderhandelnde, zweifach abgewinkelte Körperhaltung, die Stillstellung um den Drehpunkt des Gesäßes, zu seiner Natur und zum Normalfall seiner Gattung. In der Haltung des Sitzens wollte und konnte der Mensch alles: herrschen und segnen, nachdenken und entscheiden, planen, reden, arbeiten und reisen. Es entwickelte sich dabei eine gemäße, etymologisch weitverwurzelte Sprache: Man beraumt Sitzungen an, trifft Festsetzungen, verabschiedet Gesetze, sitzt Probleme aus, ist starr vor Entsetzen, besessen oder auf etwas versessen, ihre Philosophen setzen das Ich, Richter sitzen zu Gericht, Vorsitzende haben Beisitzer, es gibt auch Besatzungen, und Missetäter sitzen ein. Vor allem aber ist die Menschheit seßhaft und hat Besitz.

Als Nordamerika im 18. Jahrhundert den Schaukelstuhl und hundert Jahre später den elektrischen Stuhl erfand, hatten das Sitzen und der Stuhl schon eine lange Geschichte hinter sich: die Sozialgeschichte der Herrschaftsverhältnisse und der bürgerlichen Neuzeit; die anthropologische Geschichte von den Befindlichkeiten, die den Menschen dahin brachten, sitzend, vom Stuhl aus die Welt oder zumindest den unmittelbaren Lebensbereich dirigieren zu wollen; und nicht zuletzt die ambivalente Geschichte vom Menschen, der sich durch die Seßhaftwerdung aus bestimmten Naturzwängen befreite, der durch die Ausstattung der Gesellschaft mit ausreichend vielen Sitzgelegenheiten bürgerliche Autonomie und Kommunikation unter Gleichgestellten schuf, schließlich aber gezähmt, gelähmt und festgezurrt auf seinem Stuhl verharrt, bewegungsunfähig und müde wie der alte Hamm in Samuel Becketts *Endspiel*:

»Eines Tages ... Du wirst irgendwo sitzen, ganz winzig, verloren im Leeren, für immer im Finstern. Wie ich. Eines Tages wirst du dir sagen: Ich bin müde, ich setze mich, und du wirst dich setzen. Dann wirst du dir sagen: Ich habe Hunger, ich steh jetzt auf und mach mir was zu essen. Aber du wirst nicht aufstehen. Du wirst dir sagen: Ich hätte mich nicht setzen sollen, aber da ich mich gesetzt habe, bleibe ich noch ein wenig sitzen, dann steh ich auf und mach mir was zu essen. Aber du wirst nicht aufstehen ...«

Das vorliegende Buch beginnt mit dem Nomadentum und spannt den Bogen bis hin zu den festgesetzten Gestalten aus Becketts Romanen und Theaterstücken. Es erzählt die Geschichte der Seßhaftwerdung und begreift diese als Geschichte des Sitzens. Streng vom Hokken, Knien und Kauern geschieden, wird das Sitzen nicht nur als äußere Haltung verstanden, sondern ebenso als innere, als physischpsychische Prägung des Menschen. Daß von den vielen Kulturen der Menschheitsgeschichte nur die europäische das alltägliche Sitzen auf Stühlen ausgebildet hat, mag als Indiz dafür genügen, daß Sitzen weder bequem noch natürlich ist, noch dazu dient, die Beine zu entlasten. Vom Thronen unterscheidet es sich dadurch, daß es die Haltung von vielen ist, nicht die herrscherliche Geste von einzelnen. Stühle sind die Throne der Masse. Und ihre vorrangige Bestimmung ist es, Sedativum zu sein und Antwort auf die innere Ruhelosigkeit des Menschen.

Der Mensch beginnt also stuhllos. Sammelnd und jagend durchziehen die Nomaden weite Gebiete und nehmen immer wieder für kurze Zeit Land, ohne es besitzen zu wollen. Die Sehnsucht nach der Weite des Raums macht sie unruhig – aber nicht rastlos. Die Grundlage ihres Lebens liegt in der Flüchtigkeit des beständigen Unterwegsseins, um das auch ihre mythischen Bilder zentriert sind. Die Landschaft, ein Grundelement ihrer Mythen, prägt sich ihnen vor allem über die Fußsohle ein. Besitz an Gütern kennen Nomaden nicht, oder sie verabscheuen ihn. Mit der Seßhaftigkeit, mit dem Bearbeiten des Erdbodens und der Züchtung von Tieren wächst auch die Bezähmung des Menschen. Die Seßhaften durchstreifen nicht mehr das Land, sondern zäunen es ein, besetzen es, nehmen es in Besitz. Seßhaftigkeit bedeutet aber nicht die Erfindung des Stuhls, sondern die Begrenzung des Laufs und der Sehnsucht nach der Weite. Und bevor der Mensch den Stuhl erfindet, muß es den Thron geben und vor dem Thron Imaginationen und Bilder sitzender Gestalten.

Der Thron leitet sich von Bildern ab, von kleinen Skulpturen hokkend gebärender steinzeitlicher Göttinnen, die von zwei Löwen flankiert werden. Die Komposition der Skulpturen enthält alle Elemente späterer Throne: das ausladende Gesäß der Göttin als Sitzbrett, die Beine der Löwen als Thronbeine, die Schweife als Rückenlehne und die Löwenköpfe als Armlehnen. Derjenige, den man in ebendieser Weise hinsetzen wird, ist der König. Damit er aber diese Haltung einnehmen kann, bedarf er im Gegensatz zu den weiblichen Gottheiten eines Gestells, das über dieselben Elemente verfügt. Mit dem Verfertigen eines solchen Gestells ist der Stuhl, zunächst als Thron, erfunden. Der König allerdings setzt sich nicht freiwillig, sondern er wird von einer Gemeinschaft gewaltsam hingesetzt. Sein Thron ist kein dem Komfort dienendes Mobiliar. Vielmehr ist seine Funktion zunächst eine symbolische. Das Sitzen auf dem Herrschersitz soll das starke Bild des kosmischen Gebärens veranschaulichen. Darüber hinaus aber soll der König in der leiblichen Ruhigstellung des Thrones spirituelle Kräfte sammeln, die ihm Zugang zu den kosmischen Mächten verschaffen, die er für die Gemeinschaft zu nutzen hat. Sein Thronen ist also Opfer. In Ägypten ließ man nur Pharaonen und Götter sitzen. Das Volk durfte dagegen jene Haltung einnehmen, die bei den Ägyptern von jeher, bis heute, Brauch war: das Hocken. Die Ägypter haben uns zwei Thronformen überliefert: den Blockthron, den Hort für ihre religiösen, den Löwenthron, das Gefäß für ihre politischen Ideale. Den ägyptischen Thronen haben die Griechen den Diphros, einen Hocker, und den Klismos, einen armlehnlosen Stuhl, hinzugefügt, die Römer die *sella curulis*, den römischen Kaiserthron und späteren Bischofsstuhl.

Das Christentum folgt der leibhaften und spirituellen Verlockung des Sitzens. Die christliche Formulierung des Throns ist das Kreuz Christi, die zweite Wurzel unseres heutigen Stuhls. In der christlichen Bildkunst sind Thron und Kreuz nicht nur die beiden dominierenden Elemente, sie unterscheiden sich auch nur der Form, nicht dem Wesen nach: Die innere Ordnung des christlichen Kreuzes ist ein Thron. Nicht der Bilder, sondern der sedativen Elemente von Demut, Keuschheit und Gehorsam im Vorgang um die Kreuzigung wegen: Man mag Jesus Christus gerichtet haben, um ihn zu töten, für die Christen jedenfalls hat er Sünde, Leiden und Tod überwunden und ist erhöht worden. Marienbilder und der göttliche Vater im Gnadenstuhlmotiv sind Darstellungen des Throns, in denen dem am Kreuz hängenden und dem auf dem Thron sitzenden Jesus Christus Halt gegeben wird. Die Himmelfahrt ist das Bild für die Einsetzung Christi auf den Thron Gottes, die Apokalypse die Vision von seiner richterlichen Gewalt. Während die Bibel und die christlichen Darstellungen dem Thron innewohnende Erhöhungen verbildlichen, liegt die Bestimmung des Chorgestühls darin, die Bilder leibhaftig zu realisieren. Ursprünglich sitzt in der Kirche der Klerus, die Gemeinde steht und kniet. Seit dem 10. Jahrhundert üben sich auch die Mönche im Chorgestühl, unserem heutigen Theatergestühl vergleichbar, ins Sitzen ein. Der zentrale Mechanismus des Gestühls ist ein Klappsitz, der den in der Benediktinerregel geforderten Wechsel von Stehen, Sitzen und Knien an einem Ort möglich macht. Seine verbreiterte Vorderkante erlaubt dem Mönch das Sitzen auch bei hochgeklappter Stellung. Die komplexe Mechanik des Gestühls, in der die Mönche eine differenzierte leibliche Formung erfahren, soll helfen, christliche Tugenden zu verinnerlichen. Das Chorgestühl stellt das Sitzen auf eine breitere Basis und erteilt ihm eine neue Qualität. Auch hierin erweisen sich die Klöster als Laboratorien zur Vorbereitung der Zivilisierung. Mit dem Öffnen der Klöster in der Zeit der Reformation beginnt ein Prozeß, in dem mehr und mehr Stühle für die Gemeinde der protestantischen Kirche eingerichtet werden, von wo aus sie allmählich ins alltägliche, weltliche Leben eindringen.

Um der Frage nachzugehen, welche Mechanismen es sind, durch die der Stuhl auf den menschlichen Organismus einwirkt, und wie sich das Sitzen in die Entwicklungsgeschichte des Menschen einfügt, wird der Gedankengang zunächst unterbrochen. Lückenlos läßt sich das Sitzen, mit dem sich der Mensch weit von seiner animalischen Natur entfernt, in den Aufrichtungsprozeß der Wirbeltiere einreihen. Der Mechanismus, der dies veranschaulicht, ist unsichtbar. Er besteht darin, daß sich das Becken beim Hinsetzen nach hinten dreht – hierin setzt es die Aufrichtung fort – und die Bewegung auf die Wirbelsäule überträgt. Dieser Vorgang behindert die Atmung, verspannt die Muskulatur und greift am Ende auch auf den Knochenbau des Menschen über. Die Neuzeit sieht in der guten Beherrschung des Sitzens das Kennzeichen menschlicher Souveränität, eine Ansicht, die sich Orthopäden zu eigen gemacht haben. Zwar haben sie früh den schädlichen Einfluß des Sitzens auf den Organismus erkannt, aber dessen anthropologische Dimension beiseite gelassen. Nun arbeiten sie an neuen Stühlen, die eine weitere Rückdrehung des Beckens hemmen sollen. Schon beim ersten orthopädisch konstruierten Sitzmöbel, dem Kreuzlehnstuhl von Staffel, dem Grundtyp unserer Stühle bis heute, soll die Kreuzlehne diese Rückdrehung verhindern, um die richtige Haltung zu erzwingen. Die Arbeit an neuen Stuhlformen – entweder experimentiert man mit der Rückenlehne oder der Sitzebene – beginnt um die Mitte des 20. Jahrhunderts. Sie stellt zwar ein Bemühen dar, das Sitzen erträglicher zu machen, erweist sich aber immer als ein so harter Eingriff in den menschlichen Leib, entweder vom Rücken oder vom Gesäß her, daß selbst das Gebein betroffen wird. Daß Orthopäden, Ergonomen und Designer am rechtwinkligen Sitzen festhalten, liegt an seinem als produktiv erachteten Einfluß auf die geistigen Potenzen und auf die Entfaltung des Menschseins überhaupt. Die Abkehr vom traditionellen Sitzen, bisher eine Randerscheinung, erfolgt in Kniestühlen und Stehsitzen. Im Stehsitz, der eine mittlere Position zwischen Sitzen und Stehen fordert, zeigt sich zum erstenmal eine rückwärtsgewandte Tendenz vom Gesäß auf die Füße.

Danach wird der Gedankengang wiederaufgenommen, daß Chorstuhl und Königsthron in der Reformation in die protestantischen Kirchen einziehen, die bis dahin kein Gemeindegestühl kennen, und in die Häuser der gesellschaftlichen Oberschicht, deren Stuben im Mittelalter leer waren. Im Sitzen übernimmt das Bürgertum die höfischen und christlichen Formen der Sedierung, und der Stuhl gestaltet die Formen des Verhaltens, Empfindens und Denkens wesentlich mit. Gemeinsam mit der Haltung des Sitzens schafft er neue Abgrenzungen zwischen den Menschen, fügt sie in feste Rahmen, fixiert Distanzen und bildet neue Figurationen der Begegnung. Der Stuhl wird zum abgesteckten Territorium im Raum des Sozialen, das Sitzen zur charakteristischen Haltung der Bürgerlichkeit. Da er vor allem Funktionen begrenzt, die Intimität ermöglichen, vermag er eine ungeformte Nähe zwischen Sitzenden zu vermeiden und macht im Umgestaltungsprozeß zur Neuzeit eine reibungslose Kommunikation zwischen Personen verschiedener sozialer Herkunft möglich.

Gleichzeitig bildet er die Fähigkeit aus, Lusterfüllung zugunsten einer höheren, geistigen Ordnung aufschieben zu können. Im Rahmen solcher Zurückhaltung der Emotionen und Affekte formt sich das abstrakte abendländische Denken aus, das den okzidentalen Menschen zugleich melancholisch macht, da sich das Aufschieben zu einer allgemeinen Haltung des Abwartens verdichtet. Ihren adäquaten Ausdruck finden das im Sitzen erzeugte Denken, das kontrollierte Verhalten und die Melancholie in den Systemen und Begriffen neuzeitlicher Philosophien. Neben den Universitäten sind es vor allem die Schulen, die den Menschen zum Homo sedens formen. Mit den Auswirkungen von Muskelverspannung und Atemreduktion wächst das Kind in den Stuhl hinein, der den wachsenden Organismus allmählich zur Sitzhaltung festigt. Und wer nach Jahren die Schule verläßt, ist, was immer er später tun wird, Homo sedens. Die Schüler sind es, die die mönchischen und königlichen Qualitäten der Beruhigung in der bürgerlichen Gesellschaft befestigen. Um die Mitte des 19. Jahrhunderts ist die Etablierung des Stuhls vollendet.

Am Ende des Buches erscheint ein Panorama von Gestalten: literarische wie der alte Hamm oder wirkliche, wie Daniel Paul Schreber, an denen sich der sedierende Einfluß des Sitzens direkt ablesen läßt, andererseits solche, die sich mit den Folgen befassen, sei es praktisch (M. Thonet), theoretisch (Nietzsche, Schopenhauer, Virilio) oder visionär (Johannes von Patmos). Es zeigt sich, daß die Reduktion der Beweglichkeit infolge des Sitzens die sinnliche Wahrnehmung so weit herabsetzt, daß geistige Funktionen im Sitzen so weit spezialisiert werden können, daß sie sich in paradoxen Figuren gegenseitig stillstellen und das vitale Wollen untergraben. Die Ruhigstellung erlangt in diesem Prozeß ein solches Maß, daß es innerhalb der Ökonomie des Organismus zu Verschiebungen kommt, die den Homo sedens zum Homo sedativus umgestalten, und die Ruhigstellung in neue Formen der Unruhe umschlägt: in Nervosität, Ressentiment, Rastlosigkeit. Am Ende führt der im Sitzen beruhigte Mensch ein befriedetes Leben, kommt aber mit seiner oberflächlichen Friedfertigkeit und seiner untergründigen Unrast nicht mehr zurecht, da er weder weiß, wie er ein sinnvolles, an die Sinne gebundenes Leben führen kann, noch wie er ein solches Leben führen wollen kann.

Homo sedativus ist der Name für ein selbstgesteuertes und kontrolliertes Wesen, das leiblich und geistig über eine befriedete Ordnung verfügt und dessen Macht darin liegt, die Welt nach selbstgemachten Gesetzen zu beherrschen. So richtet er nach den Regeln, nach denen er seinen Leib sitzend bezwingt, die Welt zu, indem er Natur in geistig geformte Welten überführt: in scharfe Kanten, synthetische Materialien, präzise Logiken. Widerstände gegen das Sitzen sind gering. Neben den neuen Stuhlformen und Stehsitzen zeigen sie sich in Analysen, die sich mit den aus der Seßhaftigkeit ergebenden Weisen gegenwärtigen Festgesetztseins in den Industrienationen und dem Begriff eines neuen Nomadentums beschäftigen. Was an den Analysen der Nomadologen auffällt, ist, daß die von ihnen als Nomaden angesehenen Menschen Sitzende sind, die schnell in Transportmitteln oder imaginär in Computern reisen. Es wird offenbar, daß sowohl trotz als auch wegen der Medien und der gewachsenen Mobilität das Ausmaß des Sitzens zunimmt. Der Mensch bewegt nicht seine Glieder, sondern verharrt in der Sitzhaltung, in der er durch imaginäre und reale Welten nomadisiert, so daß sich die gegenwärtige Mobilität als eine besondere Form des Nomadischen, als ein Techno-Nomadentum erweist, das nur scheinbar paradoxerweise in der Ordnung des Sitzens gründet.

Auf der Oberfläche des Textes erzählt das Buch eine Geschichte von thronenden Herrschern, von Religionsstiftern auf heiligen Stühlen und von sitzenden Bürgern, untergründig geht es um das Problem, wie der Mensch vom Nomadentum ausgehend über die Seßhaftigkeit und das Sitzen auf Stühlen zum Techno-Nomadentum mit seiner inneren Ruhelosigkeit umgeht. Obwohl also insbesondere von Stühlen und ihren Besetzern die Rede sein wird, geht es genaugenommen nicht ums Sitzen und noch weniger um Stühle, das Thema im engeren Sinn handelt vom Aufstieg der modernen Welt und den ihr zugrunde liegenden Prozessen der inneren Beruhigung des Menschen. Es sind das Sitzen und die mit ihm gegebenen Formen unserer inneren Bildungen, durch die wir mit geistigen und wollenden Kräften in den eigenen Energiehaushalt eingreifen, um den Sinnesreizen und Affektionen ihre allzu große Heftigkeit zu nehmen. Da der Stuhl den menschlichen Rohstoff kultiviert, aber auch bricht, erweist er sich als ein Knoten der abendländischen Zivilisation und wird zur eindringlichsten Metapher für Europa. Die Erkenntnis, daß sich die Macht der Subjekte über das Gegebene als illusionär erwiesen hat, hat die Menschen irritiert. Es ist zwar gelungen, eine künstliche und übersichtliche, eine perfekte Welt einzurichten, aber die Freude an ihr hat sich nicht einstellen können. Zwar hat der Mensch im Sitzen einen enormen Reichtum und eine immense Geistigkeit ausgebildet, aber der Stuhl hat ihn auch zwischen Zerstörungswut und Selbstlähmung eingeklemmt. So hat der Mensch im Lauf seiner Geschichte das Maß des Kosmos nach und nach verkleinert: Vom Kosmos über das Territorium und das Haus zur kleinstmöglichen Raumeinheit, die der Mensch einnehmen kann, zum Stuhl. Danach klappt der Raum in die Ebene des Monitors und scheint zu verschwinden.

Meiner Gewohnheit nachgehend, immer einmal wieder einen Stuhl zu bauen, habe ich auch den Text zu einem Stuhl gezimmert, so daß meine Überlegungen wie Throne und Stühle aus sieben Elementen bestehen, die nach der Art ihrer Bestimmung und Wichtigkeit angeordnet sind. So bildet zum Beispiel das 5. Kapitel (Gebein) die sachliche Basis des Textes und korrespondiert so mit der Sitzebene, der sachlichen Basis des Stuhls. Der Thron repräsentiert die kosmische Zahl Sieben, die Überschneidung von Drei (Dreieinigkeit) und Vier (Vollkommenheit). Während die vier Thronbeine für die vier Himmelsrichtungen und die Vertikale aus den drei Elementen Rückenlehne, Sitzebene und Fußbank für die Weltachse stehen, entsprechen im Text die Thronbeine den Kapiteln 2 (Urbild), 3 (Christentum), 4 (Chorgestühl) und 6 (Homo sedens), die Vertikale den Kapiteln 1 (Nomadentum), 5 (Gebein) und 7 (Homo sedativus). Da die Kapitel jeweils von einem Ganzen handeln, können sie auch für sich gelesen werden. Erst in ihrer Anordnung folgen sie einer sich verdichtenden Struktur, deren strenge Perspektivität in der Eigenständigkeit der Kapitel aufgehoben ist.

1. Kapitel
Der stuhllose Kosmos der Nomaden

Nomaden kennen keine Stühle, ihr Medium heißt: passieren, durchqueren, sich ereignen. Spuren hinterlassen die Passagiere zu Fuß nicht, obwohl sich ihre Bewegung als eine an Erfahrungen und Ereignissen reiche Form menschlichen Daseins erweist. Ein Leben, das seine Impulse von der Fußsohle her erhält. Nomaden sind unterwegs, und wenn sie ruhen, sitzen sie nicht, sondern liegen, hocken, knien, kauern.

Nomaden stammen aus der Wüste oder wüstenähnlichen Landstrichen und sind weite Territorien durchquerende Wandervölker, die für sich und ihre Herden immer wieder neues Land in Anspruch nehmen, ohne Anspruch auf Besitz zu erheben. Das Nomadische ist Durchgang und vorübergehende Bleibe, Anpassungsgeschick und Genügsamkeit.

Indem Nomaden das Gelände zu Fuß ergehen, härten sie ihre Fußsohlen, lassen die taktile Sensibilität in den ganzen Organismus einfließen und erfahren Form und Beschaffenheit des Bodens direkt, so daß jedes Fehlverhalten Schritt für Schritt erkannt und korrigiert werden kann. Dies nicht so sehr wegen des langsamen Tempos des Gehens, sondern weil die Fußsohle und das Gleichgewichtsorgan des Ohres alle Sinne und Leibesfunktionen so steuern, daß sie eine den rauhen Lebensumständen angepaßte Orientierung ausbilden. Unter den Bedingungen des Gehens baut sich der Rumpf organisch auf den Fuß-, Knie- und Hüftgelenken auf und stattet die Nomaden mit kräftigen Rücken aus, die den Kopf optimal auf der Wirbelsäule balancieren. Nomadisches Leben bringt das Charakteristikum des Menschen, das aufrechte Gehen und Stehen, unvermittelt zum Ausdruck.

Nomade leitet sich von *nomás* her und bedeutet Nehmen und Zuteilen von Weiden, das Teilen und Nehmen von Land, ohne es zu besetzen. Später gilt *nomás* auch als heiliger Hain, der bereits ein umzäunter Weidegrund ist. Das Weiderecht (*nomós*) regelt die allgemeine Nutzung und sichert den Nachwuchs des Grases.[1] So tragen die Nomaden das Recht, das unter den Seßhaften zum Gesetz wird, auf ihren Wanderungen mit sich. Den Seßhaften dient »Nomade« als Begriff, um sich von ihnen abzusetzen und die eigenen Sehnsüchte nach einem nomadischen Dasein zu bannen. Die begriffliche Fixierung erweist sich als Ausgrenzung. Das Wort faßt nun alle Nichtseßhaften zusammen, die, so wird unterstellt, ihren rechtmäßigen Ort, ihre innere Bestimmung, die in der Seßhaftigkeit liege, noch nicht gefunden haben. Heutige Befürworter sehen das Nomadenleben irrtümlich als naturhaft an. Da aber der Mensch nicht anders kann, als sein Leben selbst zu gestalten, liegt sein Naturzustand lediglich in spezifischen Möglichkeiten, zwischen denen er auswählen muß, wobei jede Wahl die Spielräume einengt und die Lebensformen weitet und zugleich beschneidet. Eine Kultur, die das nomadische Leben vorzieht, will und muß auf Geräte wie den Stuhl verzichten, da er die Qualität des Nomadischen untergräbt. Nicht Laune oder Lust, sondern die Konsequenzen aus der getroffenen Wahl vorangegangener Generationen bestimmen das menschliche Dasein, das per se kulturell ist. Nomadische Wanderungen sind Grenzgänge in der Stille der Zeit und der Leere des Raumes, fordern ein Höchstmaß an Orientiertheit und werden in der nötigen Ordnung, also als Kultur, vollzogen, oder sie scheitern.

Die Sahelzone, das südliche Ufer der Sahara, für Seßhafte eine unbegehbare Öde, ist erfüllt von unaufhörlichen Bewegungen von Gruppen oder einzelnen Wanderern, die sich auf dem Kamel, mit dem Lastwagen oder zu Fuß oft mehrere tausend Kilometer kreuz und quer durch den afrikanischen Kontinent bewegen. Überall Reisende an den Wegen und überall Einrichtungen, um die Wanderer zu versorgen. Mit wenig Gepäck, meist der ganze Besitz, sind sie für Monate, oft Jahre unterwegs, ständig im Aufbruch, aber ohne Hast, besuchen Verwandte, weiden ihre Herden, treiben Handel oder sind auf der Pilgerfahrt nach Mekka. Zeit spielt keine Rolle. Sie darf es auch nicht. Dennoch verläuft das Leben in festen Rhythmen. Das Leben der islamischen Nomaden Afrikas und des Orients bestimmt sich nach den Regeln der Tradition und des Korans: Der Ablauf des Jahres richtet sich nach dem Fasten, religiösen Festen und Pilgerfahrten; der Ablauf des Tages, selbst unter extremen Bedingungen, nach den Zeiten für die Gebete.»Drei Glas Tee verlangt die Sitte, fünf Gebete am Tag der Glaube.«[2] Ihrem Leben auf dem Fuß entspricht das Leben in Zelten und Jurten und das Hocken und Kauern auf Teppichen oder dem nackten Boden. Allerdings kennen die kamelbesitzenden Nomaden den Kamelreitsitz, auf dem man, ständig bewegt, wie auf einem hohen Hocker ruht.

Wie im Sahel verläuft auch das Leben der australischen Aborigines in ständiger Bewegung, und ebenso kulturell durchformt. Auch sie kennen Stühle nur als Gegenstände einer fremden Kultur. Von den Widrigkeiten und Widerständen der Natur abgesehen, sind ihnen die Wege durch das Wegenetz anderer Stämme vorgegeben, so daß sie auf festgesetzten Pfaden leben, in denen sich Natur und Mythos überlagern. Wege des Gesetzes, Beruhigungen bereits, erste Breschen in der menschlichen Ruhelosigkeit. Ihr Leben ist vom ständigen Kampf ums

Warten auf einem Flugplatz heute

Überleben bestimmt, in dem sie, der Härte des Kampfes ungeachtet, unzählige religiöse Vorschriften zu beachten haben. Da ihnen das Gehen zum Bedürfnis und die Weite zur Sehnsucht geworden ist, schätzen die Aborigines, wie Bruce Chatwin sagt, nichts mehr als starke Beine. Die Menschen, deren Leben vorwiegend auf der Fußsohle abrollt – wie Eskimos, Zigeuner und Skythen, wie Apachen, Pilger und Aborigines oder Lappen, tibetische Wanderer und Beduinen; sie alle sind erfahren und kundig –, erfahren das Leben aus der eigenen Mobilität, aus dem Gefühl der Leichtigkeit und der Passage heraus. Im Gehen erschließen sie den Raum, indem sie ihn über Fußsohle und Ohr und die Eigenwahrnehmung konkret nach Ort und Zeit, nach Distanz und Tat wahrnehmen und strukturieren. Es ist der Rhythmus von Tag und Nacht, von Wetter und Landschaft, der sich in den Organismus eingräbt und den Nomadenkörper erzeugt, der die Erde als Widerstand und die Wege als Zwischenräume erlebt. Was sich den Nomaden über Fuß, Ohr und über die Gelenke der Extremitäten einprägt, bringt mythische Vorstellungen hervor, in denen sich Wege und Bewegungen zu zentralen Bildern verdichten. Das geistige Fundament des Nomadentums kreist um das eigene Laufen, um Abläufe und Zwischenräume wie das scheinbar Unstoffliche der Wüste. Nomaden kennen keine individuelle Planung, kein Warten und keine Ungewißheit. Zur Orientierung im nomadischen Dasein halten die Bräuche und die Mythen des Stammes Bilder und Kenntnisse bereit, die sich am Wanderleben und dem stetigen Weiterziehen ausrichten. Aufgrund eigener Beweglichkeit halten Nomaden Güter nur dann für gut, wenn auch sie den Gesetzen des Nomadischen gehorchen. Nach Ansicht der Aborigines richten Gegenstände, die nicht fortlaufend in Bewegung sind, getauscht oder verschenkt werden, Schaden bei ihren Besitzern an. Gegenstände sind ihnen Tauschgüter, und der Tausch eine Art Absichtserklärung, sich erneut zu treffen, miteinander Handel zu treiben, Grenzen neu festzulegen, untereinander zu heiraten oder zu singen und zu tanzen.[3] Umgekehrt dagegen gilt den Seßhaften gerade das als schadlos, worauf sie sich niederlassen und was sie mit Macht besetzen können. Es ist der wesentliche Gegensatz zwischen Nomaden und Seßhaften, daß die Nomaden alle Formen des Setzens, ob Besitztum oder Unbeweglichkeit, als Beschädigung auffassen, während die Seßhaften darin ihr Heil sehen.

Die Nomaden sehen die Daseinsform der Gegenstände wie die der Menschen an. Das bedeutet, das kosmische Geschehen als Kontinuität und Einheit aufzufassen. Daß die Natur den Nomaden nicht nur den Komfort des Minimums, sondern auch die Bürde der Kargheit in die Wiege legt, sagt Edmond Jabès poetisch:

»Während er eine Handvoll Sand aufnahm, sagte der Nomade: ›Das ist mein Leben‹ und, mit der anderen Hand dieselbe Geste wiederholend: ›Und das ist mein Tod. Alles andere ist Fata Morgana.‹«[4]

Aber ihnen ist auch die Leichtigkeit und das Freisein von Besitz gegeben. Das einzige, was Aborigines wirklich besitzen, hat spirituelle Qualitäten: die Lieder, die sie auf ihren Wanderungen singen und die ihnen auf den labyrinthischen Pfaden des australischen Buschs als Orientierung dienen. Das Flüchtige ihrer Vorstellungen vom Leben wie das ihres materiellen Daseins hat ebensowenig einen Begriff von Wahrheit hervorgebracht wie eine Vorstellung vom Sitzen, denn was der Aborigine nicht in sich trägt, hat keine Existenz, nicht einmal im Mythos. Nomaden orientieren sich an den Konstellationen der Gestirne, bewegen sich durch die Jahreszeiten hindurch in den Kreisläufen des Immergleichen und leben wie die Tiere, die ihnen Nahrung sind und die sie verehren. In der Form von Wissen, Gebautem oder Zukunftsplanung fügt der Nomade der Welt nichts Neues hinzu.

Mit der Seßhaftwerdung, der ersten Abkehr vom Nomadischen, erlangt der Mensch eine neue Stufe in seiner inneren Ökologie, in der die ungebundene Zuteilung des Weidelandes in ein Nehmen und Aneignen, ein Besetzen und Besitzen von Weiden und Neuland umgewandelt wird, eine Aneignungsform, die auch die inneren Weiden des Menschen, die Eingeweide, mit einbezieht. Das Territorium wird nicht mehr durchstreift, sondern begrenzt, besetzt, beherrscht. Seßhaftigkeit erweist sich als Einschnitt in den äußeren und inneren Haushalt und heißt Domestizierung, Bindung an den Domus, das Haus. Aber indem der Mensch seßhaft wird, erfindet er nicht das Sitzen auf Stühlen, sondern reduziert lediglich das Maß seiner inneren Ruhelosigkeit und seiner Liebe zum Horizont. Das Neolithikum ist der Beginn bauender Tätigkeiten und der Zucht von Pflanzen und Tieren. Es bindet den Nomaden an feste Orte und macht ihn seßhaft. Dank der hohen Erträge des Ackers führen die einstigen Sammler und Jäger ein gebundeneres und beständigeres Dasein. Jedes Bauen setzt innere Bezähmungen voraus, die es zugleich erzeugt. Deshalb erweist sich bereits die erste Krise nach dem biblischen Sündenfall als Konflikt zwischen zwei Maßen innerer Sedierung. Der Ackerbauer Kain erschlägt den Nomaden Abel, seinen Bruder, mit dessen Tod der Sieg der Seßhaftigkeit über das unstete Leben der Hirten errungen wird. Auch wenn Gott den ersten Städtebauer Kain zu ewigem Nomadenleben verdammt, die nachfolgenden Generationen sind seßhaft. Der Mythos von Kain und Abel bezeichnet die Grenze, an der der Begriff des Nomaden entsteht. Anfänglich ist das Bauen ein Frevel gegen Gott, da es als Einzäunung das Paradies wiederholt und die Gefahr babylonischer Anmaßung in sich trägt. Den Nomaden gilt der Boden als heilig und darf nicht mit Werkzeugen verletzt werden. Wer ihm nimmt, was er nicht von sich aus gibt, verstößt gegen Gottes Gebot. Das Bauen negiert den Kosmos, indem es den Bereich des Göttlichen öffnet, aus ihm einen Bezirk herausschneidet und zum Wohnort des Menschen macht. Mit der Seßhaftwerdung hält der Nomade inne, fixiert seinen Weg zum Ort der Rast und beginnt zu hausen. Jede Behausung, die Einzäunung eines Bezirks, ist ein Verdichten von Wegen, in dem sich die langen und schnellen Pfade des Außen brechen und zum Wohnen komprimieren: Wohnen ist das eingezäunte und angehaltene Laufen, die Kondensation der Fortbewegung, die Wege begrenzt, sich immer wieder überschneiden läßt und ineinanderschichtet. An den Mauern des Hauses bricht sich der Lauf des Menschen. Insofern ist die Seßhaftwerdung eine Verlangsamung und ein Stellen, kein Setzen. Sie bringt lediglich eine Neigung und erste Voraussetzung zum Sitzen zum Ausdruck.

Die noch unter steinzeitlichen Bedingungen lebenden Stämme der Papua auf Neuguinea sind seßhaft, aber ihre wenigen stuhlartigen Geräte sind keine Sitze, sondern geweihte Objekte zur Aufnahme des Nichtlebendigen. Tote, die man bei den Dani einäschert, plaziert man in Hockstellung auf einen hohen Stuhl (*pia*), bindet sie fest und bedeckt sie mit Pflanzen. Der Leichnam wird hoch aufgebahrt, damit der Geist des Toten nicht in die Erde verschwindet. Am folgenden Tag bindet man ihn los, salbt ihn mit Fett, nimmt den *pia* auseinander, das einzige Möbel der Dani, und verbrennt den Leichnam auf einem aufgeschichteten Holzstoß. Bei den Iatmutl steht während der beratenden Versammlung neben dem Mittelpfosten des Männerhauses ein Zeremonialstuhl, auf den Blätter der Kokospalme gelegt werden. Wer spricht, stellt sich

Kultstuhl aus Neuguinea

neben den Stuhl, nimmt das Bündel auf und legt es während der Rede Blatt für Blatt ab. Mit dem Ende des Gedankengangs sollen alle Blätter wieder auf dem Stuhl liegen, und der nachfolgende Redner kann das Bündel aufnehmen. Den Ungeübten und den Jüngeren fällt das Reden schwer, da die im Stuhl verkörperten Ahnen die Rede zu Zauberformeln machen. An der Seite des Stuhls, der die Form eines hohen Hokkers hat, steht eine große Figur in Menschengestalt, mit dem Stuhl aus einem Stück gearbeitet, das Bild der Ahnen.

Der Kultstuhl, der die Ahnen repräsentiert, bewahrt das Gedächtnis des Stammes. Es regelt das Geschehen im Männerhaus, in dem festgelegt wird, wie sich der Stamm nach innen und nach außen verhalten soll. Indem man dem Redner, der im Ablegen der Blätter Wort, Gestik und Handlung in Einklang bringt, großes Gewicht verleiht, zwingt man die übrigen, zuzuhören und die Rede zu kontrollieren. In dem Ritual zeigt sich ein großes Maß an Toleranz und Friedfertigkeit der Stammesmitglieder untereinander, da diejenigen, die nicht sprechen, zuhören. Den Papua dienen die Kultstühle als Medium zwischen Leben und Tod, zwischen erdhaften und spirituellen Kräften. Im Stuhl erweisen die Dani den Toten die letzte Ehre, indem sie dafür sorgen, daß der Geist sich von der Erde freimachen kann. Die Iatmutl bewahren in

Lama. Prior der Klosterstadt Gusinoosersky-Dazan, Transbaikalien (Museum für Völkerkunde, Berlin)

ihm den Zugang zu den Ahnen. In beiden Fällen ist der Kultstuhl die Instanz eines Gesetzes.

Aus dem Hocken und Kauern hat der Mensch schon früh eine asketische Haltung herausgebildet, in der er, wie später im Sitzen, in spirituelle Räume vordringen möchte, das Lotossitzen[5]. Es ist dies eine ökonomische Haltung, aber auch eine extreme Disziplin, in die der Mensch eingeübt werden muß. Weder die Nomaden oder die kauernden Seßhaften noch die Sitzenden haben jemals über ihre Leibeshaltung Rechenschaft abgelegt, die Yoga- und Lotossitzer hingegen haben schon früh ein Wissen etabliert, indem sie den engen Zusammenhang einer Geistesverfassung mit der Haltung des Lotossitzens zu erkennen glauben. Sie sind davon überzeugt, die Vorzüge der Haltung, ihre physiologischen Effekte und ihren inneren Sinn zu kennen. Das Lotossitzen erfordert neben der extremen Körperdisziplin auch eine extreme Askese des Geistes. Diese zweifache Disziplinierung hat besondere Formen der Gelassenheit, des Zulassens hervorgebracht: Genügsamkeit, Demut, Einfalt und der Glaube, man stelle den Einklang mit dem Kosmos her. Das Lotossitzen erreicht ein hohes Maß an innerer Sedierung und stellt einen kleinen Tod zu Lebzeiten dar.

Nicht nur frühere seßhafte und nomadische Völker kommen ohne das Sitzen aus, auch heute bilden in nicht westlich geprägten Gesellschaften wie bei den Ureinwohnern Südamerikas, Asiens und Australiens, wie bei den Völkern Afrikas, den Papua, den Orientalen oder den Grönländern Hocken, Knien und Kauern vorherrschende Leibeshaltungen. In westlichen Ländern sind es nur Kinder, die für geraume Zeit ein nomadisches Dasein, ein Leben auf dem Fuß führen, da hier

Typische Ruhestellung der Nuer (Nilotenstellung)

Canelo-Frau vom oberen Amazonas beim Formen eines Tongefäßes

sogar diejenigen, die ihren Beruf gehend oder stehend ausüben, Sitzende sind. Etwa die Hälfte der Menschheit hält sich heute noch, wie sich Kinder halten: kniend, liegend oder kauernd dem Boden verhaftet oder stehend.

Mit der Aufrichtung zum freien Stand und der Fortbewegungsart des Menschen gestaltet sich der Fuß um, da große Kräfte zu tragen und elastisch abzufangen sind. Die Fußsohle bildete sich an der gehenden Lebensweise aus und formte sich zu einem für den Menschen charakteristischen Längsgewölbe. Obwohl die Muskulatur, die das Gewölbe hält, im Stehen ermüdet, können Nomaden über lange Zeiträume wie in der Nilotenstellung[6] stehen oder sogar stehend schlafen. Aber nicht mit der Seßhaftigkeit, die den Lauf des Nomaden anhält und ihn stellt, gehen diese Fertigkeiten verloren, sondern erst mit der Einführung des Stuhls. Indem die Seßhaftigkeit den Nomaden stellt, liegt seine Sedierung lediglich im Begrenzen des Gehens, im Reduzieren des Territoriums und im Bebauen eines begrenzten Ortes wie Haus oder Acker.

Am Ende des 1. Kapitels steht die beinlose Rückenlehne des anthropologischen Stuhls. Sie hat beschrieben, daß Nomaden und frühe Seßhafte keine fremden Beine zu Hilfe nehmen, und kann als Bild für die kosmische Absolutheit des Nomadentums genommen werden. Das folgende Kapitel zeichnet das erste Stuhlbein und schildert, wie im Zuge der Seßhaftwerdung die ersten Throne entstehen, durch die der Gegensatz von Nomadentum und Seßhaftigkeit in seine äußersten Pole auseinandergebrochen wird: in die kosmische Genügsamkeit und die vielfältigen Möglichkeiten des Besetzens.

2. Kapitel
Das Urbild des Throns und frühe Herrschersitze

Das Urbild des Throns und der Thron des Königs

Die Geschichte der Menschheit ist vielleicht zwei Millionen Jahre alt, die des Sitzens weniger als fünftausend. Die Erfindung des Stuhls ist eng geknüpft an den Beginn der Selbstreflexion des Menschen und seiner Suche nach Antworten auf die Fragen nach dem Sinn des irdischen Daseins. Bevor jedoch die ersten Throne aufkommen, entstehen Bilder sitzend gebärender Göttinnen, die das Urbild des Throns darstellen.

Figürliche Darstellungen aus der Steinzeit sind nahezu ausschließlich weibliche Wesen: Es sind weibliche Gottheiten, nur gelegentlich geschlechtslose Wesen. Sie weisen wenige, aber stereotype Merkmale wie eine ausgeprägte Becken- und Gesäßpartie (Steatopygie) und Riesenbrüste auf, die die fruchtbare Leibesmitte betonen. Viele Figuren sind als Gebärende oder als schwangere Gottheiten der Fruchtbarkeit dargestellt, Bilder der Neuschöpfung des Kosmos. In matriarchaler Zeit werden diese weiblich-kosmischen Gottheiten stehend oder hockend dargestellt.

Aus der Zeit um 5750 v. Chr. hat man im südanatolischen Catal Hüyük Tonfiguren weiblicher Gottheiten gefunden, die in ihrer hockenden Haltung das Verhältnis von Fruchtbarkeit und Kosmos zum Ausdruck bringen. Sie weisen eine Gestaltung auf, die an spätere Throne denken läßt. Eine Tonstatuette zeigt eine solche hockende Göttin, die von zwei Großkatzen (Löwen) flankiert wird, deren Schweife von hinten auf die Schultern der Göttin gelegt sind. Die flankierenden Tiere sind sowohl begleitende als auch schützende Wesen. In der Darstellung der Göttin hebt sich besonders das steatopygische Gesäß hervor. Die Göttin scheint überhöht zu sitzen. Doch es ist die überproportionierte Fülle ihrer Beckenpartie, die den Raum zwischen den Löwen bis zum Boden so weit ausfüllt, daß die scheinbar erhöht Sitzende während des Gebärvorgangs auf dem Boden hockt, allerdings in der Haltung des Sitzens. Wegen der voluminösen Becken- und Gesäßform kann das Hocken, neben dem Stehen und Liegen in der vorseßhaften Zeit die dritte typische Haltung, nicht eingenommen werden. In ihrer

Statuette der gebärenden Göttin von
Catal Hüyük (ca. 5750 v. Chr.)

scheinbaren Unbeweglichkeit und Schwere bringt sie, direkt auf dem Boden hockend, eine enge Bindung an die Erde zum Ausdruck. In sich ruhend, zeitlos und überlegen, eins mit den Tieren, mit entspannt auf den Köpfen der Löwen ruhenden Händen veranschaulicht die Göttin das kosmische Symbol der Fruchtbarkeit. In ihm scheint der Kosmos den Atem anzuhalten, um der Gebärenden zu lauschen. Ein Bild vollkommener Anpassung und Hingabe, stiller Harmonie und Routine: Routine als Wiederkehr des Immergleichen. Die Göttin gibt sich dem Vorgang so weit hin, daß sie ihren gesamten Organismus auf das Ereignis eingestimmt hat, nur noch Geburtsorgan und Prozeß ist und das aktive Prinzip des Schöpferischen symbolisiert. Da die Figur zwar hockt, dies aber in der Sitzhaltung, vermittelt die Komposition der Statuette den Eindruck, als gebäre die Göttin nicht nur, sondern als throne sie. Es sind zwei Gründe, die diesen Eindruck hervorrufen. Zum einen vermittelt die Haltung der Sitzfigur eine Atmosphäre von Selbstgenügsamkeit, Ruhe und Würde. Andererseits liegen in dem Ensemble der hockenden Göttin mit dem ausufernden Gesäß und den beiden Löwen sämtliche Merkmale späterer Throne: das steatopygische Gesäß als Sitzfläche, die beiden Löwen als Armlehnen und Thronbeine und die über die Schulter gelegten Löwenschweife als Rückenlehne. Diese Darstellung einer gebärenden Göttin ist das Urbild des Throns.

Obwohl das Ensemble aus Löwen und Göttin das Bild aller späteren Sitzmöbel in sich trägt, kann es diese doch nicht repräsentieren. Was von außen betrachtet einen Thron charakterisiert, sind die stützenden Funktionen, die die Sitzebene in der Höhe halten. Dagegen bedarf die in der Figur veranschaulichte Gottheit keines Halts von außen. Sie hält sich in und durch sich selbst.

Die Sitzebene späterer Throne ersetzt das steatopygische Gesäß, das deshalb als Thron, auf dem die Göttin sitzt, angesehen werden kann. Insofern hat die hockende Göttin den Thron *an* sich. Zugleich ist sie in ihrer vermittelnden Funktion, als Medium eines kosmischen Gebärens, eine Art Thron geworden. Insofern trägt die hockende Göttin den Thron *in* sich. Und dennoch ist diese Große Mutter kein Thron. Sie ist als Thronwesen anzusehen, als das Wesen des kosmischen Throns, das den engen Zusammenhang von Schöpfung, Natur und Sitzen offenbart.[1] Auch die Beine späterer Throne ersetzen das Gesäß. Zum Zweck der Stützung der Sitzebene in Unterschenkelhöhe arbeitet man Nachbildungen der Löwen in den architektonischen Rahmen der Throne ein. Die flankierenden Tiere haben schützende und nur in einem metaphorischen Sinn stützende Funktion. Frühe ägyptische Throne verdeutlichen das Verhältnis der Tiere zum Thronsitz: Die in die Seiten eingearbeiteten Löwen haben je vier Beine, so daß den Sitz acht Beine tragen. Hier wird anschaulich, daß die Herrscher nicht auf den Löwen, sondern auf dem imaginären Gesäß der kosmischen Gottheit thronen. Die Armlehnen des Throns ersetzen Nacken und Köpfe der Löwen. Die auf die Köpfe der Tiere gelegten Hände der Göttin mögen Halt suchen, sie bedeuten aber vor allem das Einssein in der sympathetischen Berührung. Die harmonische Nähe eines Menschen zu einem starken Tier verweist immer auf die Mächtigkeit dieses Menschen. Das hat die Ägypter veranlaßt, präzise zwischen den wenigen Personen zu unterscheiden, die am königlichen Hof saßen. Nur dem Pharao gebührt der Löwenthronsessel, dessen Armlehnen mit Löwenköpfen gestaltet sind. Die Rückenlehne ersetzt die beiden auf die Schultern gelegten Schweife. Die Schweife geben dem Thronbild einen Rahmen und dem ungeschützten Rücken des Herrschers Sicherung. Da die Zeremonie fordert, daß sich der Herrscher nicht anlehnt, sondern mit geradem Rücken sitzt, zeigt die Rückenlehne am klarsten, daß sie keine stützende Funktion hat, sondern Schutz gegen den Angriff vom Rücken her bieten soll.

Die Selbstgenügsamkeit, mit der die Figur in sich ruht, bezieht sich sowohl auf ihren Ausdruck als auch auf ihre Form. Eine weitere Statuette aus Catal Hüyük veranschaulicht das abgeschiedene Insichruhen. Die hockende und kniende Figur kreist der Gestalt nach in sich. Sie sitzt mit dem oberen Teil ihres Leibs fest im unteren und ruht im Zentrum, im Schoß ihrer selbst. Als abstraktes Prinzip stellt sie Weltachse und Tempel dar, verweist auf den späteren Thron des Königs und ragt wie eine Pyramide aus der Erde, der sie entspringt und in deren Schoß sie mit dem eigenen Schoß ruht.

Schwer beweglich und in sich ruhend thront das Weibliche fest in der Mitte des Kosmos, so daß es vom metaphysischen Grund der Welt un-

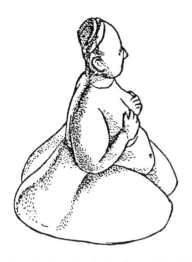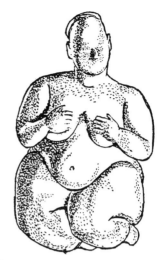

Die in sich ruhende Göttin von Çatal Hüyük

abtrennbar bleibt, wenn auch ganz an die Physis gebunden. Die beiden Gottheiten veranschaulichen diese Schwere, die sie mit dem Boden verhaftet, bringen aber eine Erhabenheit zum Ausdruck, die ihre Deutung als Urbild des Throns stützt. Denn die Erhabenheit und ihre Bezüge zum Thron liegen weder in einem räumlichen Anheben, noch weisen sie eine Tendenz in die Höhe auf, sondern spielen auf das Verhältnis von Thron zu Berg und von Höhle zu Höhe an. Daß sich das Thronen aus dem Bild eines weiblich-kosmischen Schöpfens ableitet, widerspricht einer These, nach der Thronkulte grundsätzlich in die Höhe führen.[2] Mit dem Thron in den Bergen, der immer Götter-, nie Königsthron ist, verbinden sich die Bilder wolkenumnebelter Gipfel und geheimnisvoller Bezirke. Ursprünglicher als Felsenthrone seien nur die Berge selbst als Sitze der Götter, zu denen kein Sterblicher ungestraft gelangt. So wie außer Mose niemand den Tempelbereich Jahwes auf dem Sinai betreten darf, so darf niemand in das dem Zeus geweihte Lykaion auf der Olympspitze eintreten. Aus den Kulten der Höhe seien die Kulte, die in der Nähe von Tempeln zelebriert werden, abgeleitet, und die ursprünglich leeren Throne hätten die Kultbilder erst später aufgenommen. Die Zikkurate[3] Mesopotamiens seien deshalb entstanden, weil die Sumerer auf ihrem Weg aus den Bergen ins flache Land diese künstlichen Erhebungen als Ersatz für die zurückgelassenen Berge auf die Ebene gesetzt hätten. Rampen und Treppen führen hinauf zu einem Tempel, in dem ein leerer Thron steht, in der Regel eine Kline, das Liegesofa. Die Verallgemeinerung der These impliziert, daß Völker der Ebene niemals Throne entwickeln. Aber Berg und Himmel sind weder die einzigen kosmischen Topoi noch die ursprünglichsten Reflexionsebenen, an die sich die Ideale einer Gemeinschaft heften lassen, sondern Göttersitz und Höhe werden erst nach vorangegangener Wertschätzung himmlisch. Tatsächlich werden in den Mythen Throne immer wieder als Berg und Hügel aufgefaßt. Aber deshalb müssen sie sich nicht zwangsläufig auf die Höhe beziehen, sondern können ebenso auf Höhle oder Verhüllung anspielen. Betrachtet man Hügel und Berg von außen, zeigen sie ihre räumlichen Aspekte von Höhe und Größe. Fühlt man sich dagegen wie das Tier, das Kafka in *Der Bau* beschreibt, in den Bau und Bauch des Berges ein, überwiegen die Qualitäten von Höhle, Dauer und Verbergen. Aber der Thron als Berg verknüpft sich ursprünglich auch mit der Geburt. Gebären, das ertragen, bringen und aushalten heißt, leitet sich von *bher(a)* ab, das regen, sich bewegen und sich heben bedeutet. In den Qualitäten durchdringen sich Thron und Berg, so daß auch der Thron hebt und trägt. Und auch er hebt sich, wenn man die hockenden Göttinnen als Bild eines kosmischen Thrones auffaßt. Es ist das Sichregen und Sichheben der Decke, die die noch zu gebärende Frucht schützt. Im Zusammenspiel der unterschiedlichen Konnotationen wird offenkundig, daß der Thronkult nicht in die Höhe führt. Gottheiten sitzen oft erhöht, insofern wäre die Höhe als ein Merkmal des Thrones nicht undenkbar. Aber die kleinen Skulpturen aus Catal Hüyük stützen eher die Vorstellung vom Berg als einer Höhle, als einer sich hebenden Geburt. So zeigt sich, daß das Thronen zwar eine äußere Erhebung im Raum sein kann, seine wesentlichen Qualitäten aber in der zeitlichen Erhebung findet, indem ein Neues in die Zeit entlassen wird. Es handelt sich um eine Hochzeit, in der sich Gottheit und Kosmos im Urhügel sympathetisch berühren. Es gibt zwar der Göttin zu Ehren viele Kulte, aber keinen Thronkult. Kulte um den Thron hält man männlichen Göttern zu Ehren ab. Nur in diesem Sinn, als bereits abgeleiteter Kult, führt der Thronkult in die Höhe. Erst dort, wo die mächtige kosmische Göttin verschwindet, entsteht der Thron.

Eine Antwort auf das Thronbild und das in ihm veranschaulichte Schöpfertum ist der auf dem Thron sitzende König. Indem die Elemente der Statuette – die Beine, Köpfe und Schweife der Löwen sowie das steatopygische Gesäß der Göttin – in die Beine, die Armlehnen, die Rückenlehne und den Sitz des Throns transformiert werden, ist das Bild zur Veranschaulichung des kosmischen Schöpfens durch eine neue Konzeption ersetzt: durch das herrscherliche Sitzen eines Königs auf dem Thron. Wie die weiblichen Gottheiten als im schöpferischen Zentrum des Kosmos lebend gedacht werden, so soll nun ein männlicher Herrscher die Mitte besetzen. Schöpfen heißt Ordnen und das Schaffen von Orientierungen. Dem Chaos, das sich in der Schöpfung bindet, wird eine Ordnung abgerungen, mit der das kreatürliche Leben

Isis mit dem König (Steinrelief im Tempel von Sethos I., Abydos, Ägypten, XIX. Dynastie, etwa 13. Jh. v. Chr.)

beginnt, da Ordnung die Bedingung des Lebendigen ist. Im entstandenen Raum, der erst in seiner Organisierung kosmisch wird, gibt der errichtete Thron dem Bereich des Sakralen eine Form. Der König ist der erste, der das Thronbild imitiert, indem er sich auf den Thron, der das Urbild verwirklicht, setzt. Sitzend nimmt er die Haltung der hockenden Göttin ein, bedarf aber im Gegensatz zu ihr eines Behelfsmittels: der Sitzebene des Throns. Es ist die mangelnde Steatopygie, die den künstlichen Sitz erfordert, wenn der Mensch sitzen will. Indem der König den Thron besitzt, besetzt er den kosmischen Schoß. Daß er den Schoß besetzt, heißt, daß er ihn sowohl besetzt als auch besitzt, also *hat*. Er setzt sich ins Zentrum, verschließt die ursprüngliche Mitte und gibt ihr im Thron eine neue Form zurück. Andererseits *hat* der König diesen Schoß, denn er ist derjenige, der sich auf geweihten Boden begibt, ohne zerstört zu werden.[4] Hierdurch wird er selbst Teil der geweihten Mitte. Doch die Absolutheit des Kosmos entzweit sich im Thronen, indem der König im Thron die göttliche Allmacht annimmt und ausübt. Seine Macht besteht darin, frei von den Anstrengungen des Alltags zu sein, dem Stamm vorsitzen und dienen zu dürfen, über Privilegien aller Art zu verfügen, ein Leben voller Sinn zu leben, da der Stamm ohne seine Substanz lebensunfähig wäre, und über Tod und Leben der Stammesmitglieder entscheiden zu können (bis hin zu jeder Form von Schreckensherrschaft). Darüber hinaus gilt er als Genosse der Götter.

Aber der König setzt sich nicht. Er wird auserkoren und gewaltsam gesetzt. Man glaubt, daß nur dann, wenn man ihn in seiner leiblichen Beweglichkeit hart begrenzt und er sitzend ruht, die kosmische Mitte in der Ruhe bleibt, die nötig ist, um segensreich wirken zu können.

Gelegentlich nimmt man an, daß bereits das Wenden des Kopfes oder das Heben der Hände kosmische Ereignisse wie Ernte und Wetter, Nachkommenschaft oder Siege und Niederlagen über die Feinde beeinflussen. Der Thron, der den König mit außerordentlicher Macht ausstattet, läßt ihn zugleich ohnmächtig sein, so daß Kargheit die andere Seite seines prunkvollen Lebens bildet. Seine Ohnmacht besteht in zweierlei: in den Prozeduren, denen er sich im Thronen zu unterziehen hat, und in den Launen der Natur, die ihm zur Last gelegt werden und für die man ihn straft. Bereits mit seinem Herrschaftsantritt, der Inthronisation und dem Abschluß seiner allmählichen Einübung in das Thronen, beginnt seine Entzweiung mit dem Stamm. Noch bis heute haben sich bestimmte Gemeinschaften das Recht vorbehalten – meist bis zur Unkenntlichkeit deformiert –, den König am Vorabend der Inthronisation zu martern. Es ist diesem Brauch zu schulden, daß Herrscher nicht selten behindert auf den Thron gelangten und mancher den Verletzungen infolge der rauhen Initiation erlag.

In zeremonielle Etikette eingeengt, in Netzwerke von Vorschriften und Tabus eingespannt, soll im Thronen nicht die Würde des Königs erhöht und seine Bequemlichkeit garantiert werden, sondern man begrenzt und opfert seine leibliche Beweglichkeit zum Zweck der Harmonie und der Dynamisierung der Kräfte zwischen Gemeinschaft und Kosmos.[5] Der König vermehrt im thronenden Nichtstun das Wissen des Stammes, weitet sich zum Behältnis für vergangene und gegenwärtige Ereignisse und soll das Schicksal der Gemeinschaft positiv mitlenken. Soll er sich zu einem solchen schöpferischen Hintergrund der Gemeinschaft entwickeln, muß er minutiös ins Thronen eingeübt werden, um in der Zurückhaltung des Sitzens der Lust nach Bewegung erfolgreich entgegenarbeiten zu können. Man fordert, daß er in seiner Askese Fähigkeiten ausbildet, die ihn für kosmische Kräfte aufnahmefähig machen, um sie für die Gemeinschaft zu nutzen. Da man glaubt, die herbeigesehnten Effekte seien durch analoges Verhalten zu beeinflussen, spricht man seiner leiblichen Festsetzung positive Einflüsse auf die Beweglichkeit des Stammes und der kosmischen Abläufe zu. Auch das Quantum seiner Begrenzung glaubt man kontrollieren zu müssen, da man auch ihm Wirkungen zuschreibt. Vom König von Loango sagt man noch heute, daß, je größer seine Macht, desto mehr Tabus zu berücksichtigen er verpflichtet sei. Von Kindheit an werden die Thronerben strengen Riten unterworfen. Mit der Zunahme des Alters nehmen die Regeln der Eingrenzung und Enthaltsamkeit zu, damit sich die Thronerben vom Moment der Thronbesteigung an nicht im Verhau von Riten und Tabus verlieren. Vom Stammesleben isoliert, formt man den König zu einer Puppe, zu einer Traumgestalt und zugleich zu einem gottähnlichen Wesen mit ungeheurer Macht.

Dem König gegenüber ist die Gemeinschaft machtlos, aber er ist es, dem man zum Beispiel mangelnde Eintracht der Stammesmitglieder oder die Launenhaftigkeit der Natur anlastet. Tatsächlich bildet die Gemeinschaft das komplementäre Element zum König. Ihre Macht besteht darin, daß der einzelne am gemeinschaftlichen Leben, von dem der König ausgeschlossen bleibt, teilhat: an Trauer und Ausgelassenheit, an gemeinsamer Arbeit und an wechselseitiger Anteilnahme. Der einzelne nimmt Haltungen ein, die ihn die Tradition gelehrt hat und die er beherrscht, aber die Komplementarität verbietet, die Haltung des thronenden Oberhaupts einzunehmen. Ihm gebührt weder das Privileg noch die Qual des Sitzens. Die Macht des Stammes gipfelt in der Möglichkeit, einen erfolglosen König gemeinschaftlich zu töten. Das höchste Maß an Ohnmacht ließen die Assyrer ihren Herrschern zuteil werden: Sie hatten für den Thronenden Ersatz bereit, da er für besondere Vergehen der Untertanen büßte und nicht selten mit dem Tod bestraft wurde. Dem Nachfolger saß sofort wieder ein Ersatzmann im Nacken. Mit der harten Maßnahme wollte man den König zwingen, die Zeremonien peinlich genau einzuhalten, damit er das für die Gemeinschaft nötige Maß an innerer Sedierung in sich sammelte. Es ist also nicht der stillgesetzte Leib, den die Gemeinschaft vom Thronenden fordert, sie will seine geistig-übersinnliche Qualität.

Wenn sich der König auf den Thron, das Ensemble aus Löwen und Göttin, setzt, nimmt er auf der zum Thron gewordenen Göttin Platz. Einerseits bleibt die weiblich-kosmische Schöpferkraft im sakralen Objekt des Throns erhalten, andererseits verschiebt sich die Ebene, auf der man sich das kosmische Schöpfertum vorgestellt hat. Im rabiaten Zwang des Königs zur leiblichen Anspruchslosigkeit erwies sich der Thron, das realisierte Thronbild, als die anschauliche Gestalt für die Entwertung des Leiblichen zugunsten einer übersinnlichen Geistigkeit und veranschaulichte ein vom Leib abstrahiertes Schöpfertum. Indem der thronende König das geistige Zentrum seines Stammes repräsentiert, liegt die Erhöhung des Thronens in einer Verschiebung der produktiven Ebene von Kosmos und Stamm: im Wechsel von einem weiblich-kosmischen zu einem männlich-königlichen Schöpfertum, im Anheben vom Schoß zum Kopf. Es ist ein zweiseitiges Bild, das die Erhöhung veranschaulicht: Zum einen wird die produktive Ebene kosmischen Schöpfens bildhaft vom Schoß in den Kopf angehoben, andererseits sitzt der König auf und damit über der zum Thron gewordenen kosmischen Gottheit. Die beiden Seiten bringen den Paradigmawechsel des Schöpfertums, der sich mit dem Königsthron vollzieht, zum Ausdruck, indem der thronende König zum Gegenbild des Weiblich-Kosmischen wird. Die matriarchale Ordnung wird von einer männlichen Ordnung abgelöst, in der der Thron entsteht, der den Männern vorbehalten bleibt. Sowohl zum nomadischen als auch zum weiblichkosmischen Weltentwurf bildet der Königsthron ein Gegenkonzept, mit dem sich die symbolische Ordnung des Stammes gewandelt hat.

Obwohl der König sowohl gedemütigt (erniedrigt) als auch mächtig gemacht (erhöht) wird, hat sich vom Thronen nur die Vorstellung des Hohen und Erhabenen erhalten. Da der Thronkult nicht in die Höhe führt und sich der Sitzende nur dem Hockenden und Liegenden, nicht aber dem Stehenden gegenüber räumlich erhebt, konnte die Vorstellung, der Thron erhöhe, nicht in einem äußeren Anheben im Raum liegen, sondern mußte in einer inneren Erhöhung gesucht werden. Uns gelten hoch und erhaben als positive Zuschreibungen. Sie leiten sich aus der physischen Ordnung des Sitzenden ab. Daß sie an das Thronen gebunden sind, haben wir, indem wir selbst sitzen, vergessen. Wer thront oder sitzt, verfügt über Qualitäten, die ihn über jene, die nicht sitzen, erhaben machen. Im Thron hat der Kosmos ein neues Bild zur Veranschaulichung der Formen und Kräfte seiner schöpferischen Mitte erhalten. Von da an sind die Bedingungen geschaffen, das Besetzen zu einer mächtigen und beispielhaften Form des Handelns auszuweiten.

Die unräumliche Struktur des Throns

Der Benbenstein als Zeitordnung des Throns

Wer thront, ruht nur scheinbar auf einem Sitz. In Wahrheit bildet die Sitzebene lediglich die geglättete und beruhigte Haut einer dynamisch quellenden inneren Struktur.

Ägypten gilt als das klassische Land der Sitzstatue, in dem Mumie, Tod, Osiris und Ka, die Verkörperung der individuellen Lebenskraft,[6] eng an den Thron gebunden sind. Aber obwohl die Herrscher auf ihren Thronen sitzen und sitzend dargestellt werden, zählen die Ägypter bis heute zu den afrikanischen Hockvölkern.

Dem modernen Abendländer gilt nahezu alles als räumlich. Er sieht deshalb leeren Raum als bedeutungsloses Behältnis an. Gegen eine solche Ansicht erweist sich der würfelförmige und scheinbar unbedeutende Raum unter dem Stuhlsitz als mit Kräften ausgestattet, die ursprünglich den Kosmos hervorbringen und zusammenhalten. Der Raum wird als Zentrum gedacht, in dem die kosmische Gottheit von Großkatzen flankiert thront und das Bild des Throns darstellt.

Aus der Differenz zwischen thronendem Herrscher und hockenden Untertanen hat Eduard Hahn eine aufschlußreiche falsche Folgerung gezogen: Da die Ägypter zu den Hockvölkern zählen, hätte auch den Pharaonen das Hocken komfortabel gewesen sein müssen. Da diese

Würfelhocker des Hor (um 775 v. Chr., Staatliche Museen zu Berlin, Ägyptisches Museum)

aber gethront hätten, seien sie keine Ägypter gewesen, sondern hätten einer fremden Volksgruppe angehört. Die Folgerung ist falsch und verdeckt einen Komplex von Widersprüchen, der für die Deutung des Sitzens relevant ist.[7] Tatsächlich hätte den ägyptischen Königen das Hocken angenehmer als das Sitzen sein müssen, aber ausgerechnet die Privilegierten leisten sich den Luxus nicht. Daß der König der eigenen Neigung entsagt, erscheint nur paradox, denn die Entsagung drückt ein ganz allgemeines mon(o)archisches Merkmal des Herrschens und konkrete, mit dem Thronen verbundene Verwundungen aus.

Das Mumifizieren des Pharaos deutet auf das Bemühen, ein Unzerstörbares herzustellen und zu bewahren, und offenbart zugleich die Einheit von Auferstehung, Tod und Sitzen. Die Kulte um den Tod bilden im antiken Ägypten den Mittelpunkt öffentlichen Daseins. Sie gründen im Bedürfnis, ein durch Sinn und Orientierung ausgezeichnetes Leben auch im Jenseits weiterzuführen. Zwischen Diesseits und jenseitigem Leben bildet das Grab räumliche Schnitt- und Fluchtpunkte, indem es dem Leben ein Fundament und den Lebenden eine Richtung gibt.

Der Glaube an die Unverletzlichkeit der Götter und Pharaonen wird zum Ende des Alten Reiches (um 2155 v. Chr.) erschüttert. Untertanen plündern Königsgräber und lehnen sich gegen die herrschende Schicht auf. Von da an lebt man, da sich die Götter nicht rühren, im Glauben, die Taten blieben folgenlos. Aber die Rache der Götter ist indirekt. Durch die Erkenntnis, daß Götter und Könige verwundbar sind, wird der einzelne auf sich zurückgeworfen. Er wird das Unvergängliche in sich selbst suchen müssen,[8] da im Verlust der entlastenden Funktionen durch die Mächtigen die Hoffnung auf Partizipation an einem Unzerstörbaren zur privaten Hoffnung schrumpft. Der Säkularisierungsprozeß zerbricht den Orientierungsrahmen des einzelnen. Für kurze Zeit werden Stühle für die Oberschicht obligatorisch, da man selbst die Heiligkeit des ehemals unberührbaren Throns anzweifelt. In dieser Krise entsteht die Skulptur des Würfelhockers, eine im Tempelbezirk aufgestellte Plastik für Privatpersonen. Im Würfelhocker bringt das ägyptische Volk die eigenen Vorstellungen einer repräsentativen Skulptur zum Ausdruck. Das Ideal mißt man nicht an den thronenden Königen, sondern an der eigenen Alltagshaltung, dem Hocken.

Mit Beginn des Mittleren Reiches (um 2040 v. Chr.) tritt neben die Verehrung des Atum-Re der Osirisglaube, und die Gottwerdung nach dem Tode bleibt nicht mehr länger Königen vorbehalten. Nun kann jeder Verstorbene zu Osiris werden, vorausgesetzt, er verfügt über die mystischen Formeln und erfüllt, was sein Ka fordert. Das aktive Prinzip, das zu Lebzeiten dem Leib zukommt, übernimmt im Jenseits das geistige Prinzip Ka, das immer dort wirksam wird, wo ein haltbar gemachter, toter Körper existiert. Die Mumifizierung macht den Körper unbeweglich und bewahrt seine Form. Erst dem starren Körper kann das Ka Leben einhauchen, indem es dem Bewußtsein Gleichgewicht, Stabilität und Dauer verleiht. Es ist der Doppelgänger des Menschen, da es, zwar immateriell, mit der Gestalt des Verstorbenen zusammenfällt. Die Mumifizierung soll den Sturz des Verstorbenen ins Chaos aufhalten und dem Sein eine feste Ordnung geben. Dazu geht das Ka mit dem Sitzen eine Verbindung ein, indem es die liegend begrabene Mumie des Osiris in den thronenden Osiris umgestaltet. Es produziert nicht nur ewiges Leben, sondern ewiges Sitzen im Gestaltmodus der Mumie. Der mumifizierte Leib liegt, aber mit Hilfe des Ka vermag sich der liegende Körper in einen Sitzenden umzuformen. Damit vermag jeder Verstorbene die Gestalt des gegenwärtig thronenden Pharaos anzunehmen.

Osiris wandelt sich vom Gott der Fruchtbarkeit zum Totengott. Doch während er Macht über die Unterwelt gewinnt, bewahrt man seine ursprünglichen Merkmale, so daß er derjenige bleibt, den man zerstückelt, um die Fruchtbarkeit der Vegetation zu garantieren. Vor allem aber wird er als toter Gott verehrt, so daß seit dem Mittleren Reich an der Spitze der ägyptischen Götterwelt ein toter Gott sowohl sitzt als auch liegt. Mumifiziert lebt dieser überall anwesend-abwesende Gott gleich einem Phantom. Er lebt durch ein unkörperliches Prinzip und gilt als Begriffsgottheit. Mit seinem zyklisch wiederkehrenden Tod stürzt auch der Kosmos und macht Osiris zum Bild einer Tragödie. Und auch der einzelne stürzt zurück ins Chaos, wenn er nach dem

Tode zu Osiris wird. Im Wandel des Glaubens von Amun-Re zu Osiris ist an die Stelle des Glaubens an eine umfassende Gottheit die Hoffnung getreten, daß der einzelne auf ein Göttliches in sich trifft, das nach dem Tode von seiner Person Besitz ergreift.[9] Damit beginnt das wahrhafte Leben des einzelnen mit dem Tod. Erst das Jenseits bringt den Sieg über die körperliche Anfälligkeit für Auflösung und Zerfall. Es ist die sitzende Mumie des Osiris, die Bilder leiblicher Stabilität produziert und zum Symbol der Überwindung des Todes wird.

Die Legitimation zur thronenden Herrschaft erbringt der Pharao durch den Nachweis seiner Abstammung aus einem Königshaus und seiner Einsetzung in sein Amt durch eine Gottheit. Der Begriff des Innehabens und Ausübens von Macht enthält den Begriff der Ruhe. Wenn Gegenstände oder Lebewesen die ihnen zugewiesenen Orte einnehmen, stehen sie mit dem kosmischen Geschehen in einem engen und harmonischen Austausch. Nehmen sie diese Orte ein, befinden sie sich in Ruhe. Urhügel, Weltachse, Tempel und Thron sind solche Orte der Ruhe, die mit *st*[10] bezeichnet werden. Da nicht die Natur, sondern eine schöpferische Gottheit die *st*-Orte festlegt, verstehen die Ägypter unter *st* Orte mit schöpferischen und kulturellen Qualitäten und unter Thron einen kulturellen Ort kosmischer Beruhigtheit. Als oberste Ruhepole gelten die schöpferischen Gottheiten. Das ägyptische Wort *nst*[11] bedeutet Träger und Stütze und entspricht etwa dem Griechischen *thrónos*. Allerdings spielt in Ägypten anders als in Griechenland der Thron immer auf hügelhaft oder hoch an, so daß der ägyptische Thron Macht, Höhe, Eigenschaften des Tragens und der Ruhe in sich vereint.

So wie die Sonne mit ihrem Erscheinen über dem Urhügel die Welt in ihre Schöpfung setzt, so wird die Inthronisation des Pharaos als Staatsschöpfung angesehen. Von Amenophis II. heißt es, daß er im Moment des Sonnenaufgangs den Thron bestieg und die Einweihungsriten vollziehen ließ. Mit der im Westen untergehenden Sonne bricht das Chaos in die Welt, so als wäre ein König gestorben und sein Thron verwaist. Um solche Gefahren kosmischer Unordnung zu umgehen, hat sich in Ägypten der Brauch entwickelt, den Königssohn schon zu Lebzeiten des Herrschers zum Mitregenten zu machen. Jeder Pharao gilt in zweifacher Hinsicht als Sohn des Vaters. Er ist der leibliche Sohn des königlichen Vaters. Aber dadurch, daß der verstorbene König zu Osiris wird, wird der Königssohn zum Sohn des göttlichen Osiris, zu Horus. In der doppelten Legitimation, in der Formel »Ich habe dir den Doppelthron deines Vaters Osiris gegeben«[12], wird der Thronende zum zweifachen Sohn und potentiell zum doppelten Vater. Sie macht den Thron zum Medium, das das göttliche und irdische Königtum des verstorbenen Vorgängers an den zukünftigen Herrscher weitergibt, und weist das Königtum von der Urschöpfung bis zur Gegenwart als legitime Institution aus. So gleicht der Mechanismus zur Inthronisation der Weise, wie man sich in Ägypten die Überwindung des Todes vorstellt: als zweifache Sohn- und Vaterschaft.

Götter- und Königsthrone stehen im antiken Ägypten in den unterschiedlichen Darstellungsformen immer auf einem Thronsockel. Die Sockel als flache Steinplatten oder Holzgerüste sind als Urhügel zu deuten.[13] Unter dem Urhügelmotiv versteht man das Bild des ersten Fleckens betretbarer Erde, von dem aus der Schöpfer sein Werk verrichtet. Jeder Tempel realisiert diesen mythischen Ort, und der ägyptische König, der seinen Thron im Tempel aufstellen läßt, gilt als Bewahrer der ursprünglichen Schöpfung. Der Thronsockel erhebt den Thron räumlich nur wenig. In der Regel ist er so flach, daß die vor den thronenden Gott oder den König Hintretenden kaum niedriger vor diesen stehen. Während der Sockel das Fundament bildet, nimmt der Thron zwischen Thronendem und gedachtem Urhügel eine mittlere Position ein. Das Gesäß berührt den Thronsitz, und die Füße stehen fest auf dem Sockel.

Diese Merkmale machen den Thronsockel zum Benbenstein. *Benben* geht zurück auf das Wort *wbn*, das glänzen oder aufgehen heißt. In Heliopolis ist Benben sowohl ein Steinmal als auch ein Erdhügel, der schon in den Pyramidentexten als Erscheinungsform des Schöpfergottes Atum angesehen wird: »Atum-Chepre, du wurdest hoch als Hügel, du gingest auf *(wbn)* als Benben im Phönix-Haus.«[14] Die jährlichen Nilüberschwemmungen prägen die Anschauungen der Ägypter über das Leben und vom Ursprung des Daseins. So werden Weltschöpfung und das Übertreten des Nils über die Ufer in denselben Bildern gesehen. So wie nach der Nilüberschwemmung das Wasser langsam zurückgehend inselartige Landflecken frei läßt, auf die sich der Benu, der Phönix oder Reiher, niederläßt, so taucht am Anfang aller Dinge das Land allmählich als Hügel inselartig aus dem Urgewässer des Gottes Nun auf. Das Erscheinen des ersten Hügels charakterisiert den Weltanfang, und als »herrliche Stätte des ersten Males« gilt der Benbenstein als das Zentrum Ägyptens. Als Benbenstein gilt der Urhügel als das Erhobene, aber er ist vor allem das »Ur« der Erhebung, der im zeitlichen Sinn erste Hügel. Thron und Thronsockel beziehen sich auf die inselartige Erhebung, auf der Gott schöpferisch tätig sitzt, doch bezieht sich der Thron nicht zwangsläufig auf eine räumliche Erhebung. Unter diesen Voraussetzungen wird der ägyptische Pharao auf seinem Thron vor allem zum Ersten, zum Repräsentanten des ersten Schöpfers, im zeitlichen und ursächlichen Verständnis. Die Wendung vom Raum auf die Zeit offenbart Aspekte der Ordnung des Throns und bringt das Thronen in eine direkte Verbindung mit dem Ursprung der Schöpfung. Der Pharao ist als Bild und Idee Zeuge und Zeuger der ersten kosmischen Frucht, als irdischer Herrscher bewahrt und vervollkommnet er thronend die ursprüngliche Schöpfung.

In einer Skizze hat Helmut Brunner dargelegt, in welcher Weise sich der Thron im Alten Testament mit den Begriffen Gerechtigkeit und Wahrheit verknüpft. Der Thron des Königs ruhe auf Gerechtigkeit, so daß »Gerechtigkeit den Thron festige, sein Fundament bilde«.[15] Die Behauptung trifft auch auf den ägyptischen Thron zu, doch in einem anderen als von Brunner benannten Sinn. Das Bild des thronenden Königs ist ein Bild des Ausgleichs, ein Bild, das zeigt, daß eine solche Zeugenschaft, eine so unmittelbare Teilhabe an der ersten Schöpfung, ohne ausgleichendes Opfer ungerecht wäre. Wer dem Mysterium der Zeugung und gar der Urzeugung unmittelbar beiwohnt, muß die ungewöhnlich hohe Auszeichnung durch ein gleich großes Opfer abgelten. Eines der Opfer liegt im Verbot des Königs, die körperliche Ruhehaltung des Hockens, die dem ägyptischen Volk eigen ist, einzunehmen. Doch trotz des Ausgleichs scheint der König privilegiert. Als Auffallender wird er zu demjenigen, der nach oben fällt und sich von allem zeitlich absetzt. Die Komponenten der zeitlichen und ursächlichen Erhebung statten den König mit Kräften des Heiligen und Mächtigen aus, machen ihn grundsätzlich opferfähig und veranschaulichen wesentliche Merkmale des Throns.

Ägypten hat der Nachwelt zwei Throntypen, den Löwen- und den Blockthron, hinterlassen, zwei unterschiedlichen Lebensbereichen zuzuordnende Sitze.

Das Thronen bildet Kultur transzendierende und Gemeinschaft differenzierende Qualitäten aus. Es erhebt den Sitzenden über persönliche Vorlieben und bindet ihn in überpersönliche Funktionszusammenhänge ein. Es befriedigt keine leiblichen Bedürfnisse, sondern macht den Sitzenden in der Sitzhaltung zum Behältnis, das wie das Throngefäß Geistiges sammeln, in sich bewahren und jederzeit abrufen lassen kann. Solche Behältnisse sind Block- und Löwenthrone.

Der Blockthron als Gefäß des Religiösen

Kenntnisse von der Entstehung ägyptischer Throne verlieren sich in vordynastischer Zeit. Mit dem Beginn der ägyptischen Kultur finden sich Throne bereits in all ihren charakteristischen Elementen fertig ausgebildet, so daß Darstellungen des Blockthrons bis in die erste Dynastie zurückreichen.

Der Blockthron ist ein würfelförmiger Sitz auf einem Sockel, der als nach unten offener Holzkasten oder als Steinblock gedacht werden kann. Dieser Thron, vermutlich in Heliopolis in Unterägypten entstanden, differenziert sich durch die Rückenlehne in zwei Typen, in den

Göttin Sachmet auf dem Blockthron
(um 1370 v. Chr., Staatliche Museen zu
Berlin, Ägyptisches Museum)

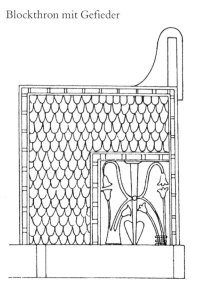

Blockthron mit Gefieder

Block ohne und den Block mit Rückenlehne. Während der Sitz ohne Lehne auf Reliefs und Rundplastiken des Alten Reiches beschränkt bleibt, gliedert sich der andere Typ durch die Art der Verzierung in zwei Untertypen. Die Lehne ist in der Regel so kurz gestaltet, daß sie nur die Lende abdeckt.

Nach der Art und Weise der Verzierung werden die Blocksitze mit Rückenlehne in den *hwt*-Thron, den auf beiden Seitenflächen ein mit Vereinigungszeichen eingeschriebenes Quadrat, und den *srh*-Thron, den auf den Seiten je eine Palastfassade ziert, unterteilt.

Der *hwt*-Thron bleibt in dynastischer Zeit nahezu unverändert. Das Vereinigungszeichen im Quadrat bezieht sich auf die Vereinigung von Ober- und Unterägypten und steht für das überzeitliche Ereignis der Staatsgründung des Ägyptischen Reiches. Es besteht entweder aus

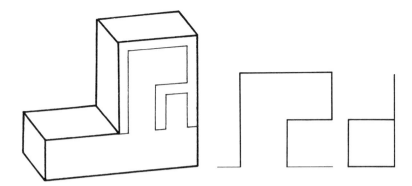

Die Zierleisten des Blockthrons verlaufen nur an den seitlichen und oberen Rändern.

Deutung des Thronquadrats: Das Mäander als Erde schließt das Quadrat, das einen Thron darstellt, ein.

dem Motiv der Papyruspflanze oder dem zweier mit weiblichen Attributen ausgestatteter Nilgottheiten, die als Vertreter beider ägyptischer Länder gemeinsam eine Papyruspflanze zusammenbinden. Während sich die Zeichen nur im Detail wandeln, schrumpft das Quadrat im Laufe seiner Entwicklung, bis es am Ende etwa ein Viertel der Seitenfläche ausfüllt. Die Seitenflächen des Thronsitzes und des Quadrats sind umrandet von rein geometrisch ornamentierten Bändern, meist als Zierleiste zur Verdeckung von Bearbeitungsspuren gedeutet, und schmücken immer nur die Seiten- und Ober-, nie aber die Unterkanten.[16] Da sich die Leisten ausschließlich an Thronen befinden, auf denen Götter oder zu Osiris gewordene verstorbene Könige sitzen, lassen sie sich vor allem durch zwei zusammengehörige Motive anders deuten. Das Weglassen der Bänder von den Unterkanten des Throns verhindert die Isolation des als Benbenstein zu deutenden Sockels vom Thron und garantiert die Einheit von Natur, Benbenstein, Thron und Kultur. Andererseits wird die Darstellung des Throns selbst als Ornament auffaßbar, das in ein Mäander und ein Quadrat zerfällt. Verlängert man eine Vertikale des Quadrats nach oben, kann man die entstandene Figur als Hieroglyphe des Throns ansehen und als Thron deuten, den die Erde umschließt.[17] Dabei ist das Komplementäre beider Formen wesentlich. Was der Erde zu ihrer Vollkommenheit fehlt, ist der Thron, während dem Thron das Umschließende mangelt. In der Zusammenfügung beider Elemente fallen Kultur und Natur in eins, bleiben aber unterscheidbar. Da die übrige Seitenfläche, die das Quadrat nicht bedeckt, in der Regel ein Federdekor ausfüllt, wird der Charakter des Mäanders hervorgehoben und zugleich ein Bezug über Horus zu Erde und König hergestellt. Als Falke ist Horus der gefiederte Gott, der in der Verkörperung des Königs über die Erde herrscht.

Blockthron-Theriomorph

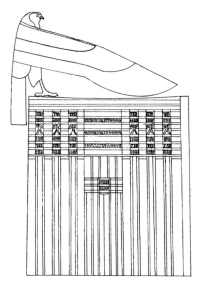

Im Palast- oder Tempelfassadenthron, dem *srh*-Thron, verdichtet sich der Bezug des Throns zu Horus. Oft wird gemeinsam mit der Fassade noch der hinter ihr liegende Palast- oder Tempelbereich in der Aufsicht abgebildet. Die erst im Neuen Reich unter Amenophis III. (ab 1400 v. Chr.) entwickelte Thronform gliedert sich in zwei Klassen, in die Throne mit niedrig gestalteter und solche mit theriomorpher Rükkenlehne. Die theriomorphe Lehnenform wird durch die ausgebreiteten Schwingen eines Falken oder Geiers gebildet und macht den Thron zu einem Symbol des mit Horus identifizierbaren Königs. Selbst der Tempelbereich steht für den gefiederten Gott Horus. »Dem Niederlassen des Falken auf der *srh*-Palastfassade entspricht auf seiten des Königs das Platznehmen auf dem *srh*-Thron.«[18] Hofbereich des Tempels und Tempelfassade machen aus dem Thron einen Eingang ins Heiligtum und das Heiligtum selbst.

Die Summe differenter Elemente weist den Blockthron mit seinen Untertypen als Götterthron aus. Federdekor und theriomorphe Lehne bilden die Symbole für einen Vogelgott oder für Horus; das Vereinigungszeichen erläutert den göttlichen Ursprung der ägyptischen Staatsgründung; Palast- und Tempeltorfassade machen den Blockthron zu einem Tempel; der Thronsockel verleiht über die Merkmale Benbenstein und Urhügel dem Blockthron eine zeitliche Dimension und seine Nähe zum Ursprung der Schöpfung und macht den auf dem Blockthron Sitzenden zum Ersten seiner Art. Die Summe der Merkmale macht den Blockthron zu einem Objekt, das als Symbol für eine bestimmte Gottheit stehen kann und jeden König, der auf ihm Platz

Thronstuhl aus dem Grab des Pharaos
Tutanchamun (1347–1338 v. Chr.,
Ägyptisches Museum, Kairo)

nimmt, zum Gott erhebt. Der Blockthron bewahrt das Wissen um den Ursprung der Schöpfung und gehört in den Bereich des Religiösen. Er erhebt den Sitzenden in die Zeit und in den Rang eines ewig Thronenden.

Der Löwenthron als Gefäß des Politischen

Unter Löwenthron versteht man einen stuhlförmigen Sitz, dessen Seitenansicht das Bild eines Löwen realistisch wiedergibt. Während sich die Löwenbeine der Stuhlform und die Löwenschweife der Rückenlehne mühelos einfügen, bleiben Darstellungen des Löwenleibs problematisch und werden unterschiedlich gelöst. Entweder ist das Sitzbrett an der Außenseite so verbreitert, daß es den Löwenleib andeutet, oder die Fläche zwischen Armlehne und Sitzebene enthält szenische Darstellungen. Die Beine der Löwenthrone stehen auf kleinen Holzstümpfen, in denen sich das Urhügelmotiv des Blockthrons wiederholt. In derselben Weise, in der die Rückenlehne die Blockthrone unterscheidet, differenzieren die Armlehnen die Löwenthrone in den Thronstuhl und den Thronsessel.

Der Löwenthronstuhl hat in der Regel keine Löwenköpfe an der Stirnseite und gilt trotz seines Namens nicht als Thron. Er erscheint in der 4. Dynastie und verdrängt in kurzer Zeit die rinderfüßigen Throne, die in der 5. Dynastie völlig verschwinden. Trotz aller Realistik fehlt es den Löwenthronstühlen an dem mächtigen Zeichen des Löwenkopfes, weshalb man sie als unvollkommene Sitze ansah. Das

Thronsessel des Pharaos Tutanchamun (1347–1338 v. Chr., Ägyptisches Museum, Kairo)

Bild des Löwen ohne Kopf läßt nicht nur den Schrecken, sondern auch die mit dem Löwen verbundene Kraft vermissen. Obwohl sie in realen Stühlen in die konstruktiven Elemente eingearbeitete und in bildlichen Darstellungen gemalte Vereinigungszeichen aufweisen, gelten sie infolge ihrer Unvollständigkeit grundsätzlich nur als Amtssymbol der ägyptischen Oberschicht. Erst in der Ausstattung mit Armlehne und Löwenkopf wird der Stuhl zum Thron.

Der Löwenthronsessel ist ein mit Armlehnen und Frauen- oder Löwenköpfen gestalteter Thron. Es sind zwei Löwen, die gedanklich zu diesem Thron gehören, die als den thronenden König begleitende, nicht ihn tragende Tiere aufgefaßt sind. Im Alten Reich und gelegentlich auch später stehen diese Throne auf acht Löwenbeinen und sollen den Eindruck zweier mächtiger Tiere vermitteln. Der Löwe ist schnell, ausdauernd und stark. Eben der König der Tiere. Vom Pharao, dem König der Menschen, möchte man dasselbe sagen können. Und man kann. Ausdauernd durch die lange Kette der königlichen Erbfolge, stark in seiner durch das Heer vermittelten Macht über andere und mythisch schnell durch seine mit der Inthronisation beginnende Bindung an den göttlichen Vogel Horus. Es ist das Bild, in dem der König seine Legitimation als irdischer Herrscher gibt und in dem sich die beiden Könige Pharao und Löwe begleiten. Vom Moment der Urschöpfung an bis in die Gegenwart sitzt das Geschlecht der Könige auf dem Löwenthron, der die Attribute des Löwen und die Beständigkeit des Herrscherhauses vermittelt.

Den Göttern kommt ausschließlich der Blockthron, den Mitgliedern der Oberschicht bestenfalls der Thronstuhl zu. In der Nahtstelle von Löwenthronstuhl und Blockthron sitzt auf dem Löwenthronsessel

Thronsessel der Thuju (XVIII. Dynastie, 2. Hälfte 14. Jh. v. Chr., Ägyptisches Museum, Kairo)

der König, isoliert und eingespannt zwischen göttlicher Sphäre und Menschenwelt. Zeichenhaft abgegrenzt zu den Menschen bleibt eine schmale Brücke zu den Göttern. Nie sitzen Götter auf einem löwenförmigen Thron, während sich der König gelegentlich, als Verstorbener oder im Zusammensein mit anderen Göttern, auf einen Blockthron setzt, an dem dann die ornamentalen Zierbänder fehlen müssen. Dagegen sitzt weder jemand aus nichtköniglichem Hause auf einem Thronsessel noch irgendein König auf einem arm- und löwenkopflosen Löwenthronstuhl. Nur für kurze Zeit vermag Echnaton ungeschriebene Gesetze solcher Art aufzuheben.[19] Daß nur der König auf dem Thronsessel sitzt, erfährt eine einzige Einschränkung. Auch die Königin hat das Recht, sich auf den königlichen Sessel zu setzen. Allerdings erfährt ihr Thron eine erhebliche Modifikation: die Löwenköpfe werden durch Porträtköpfe der Königin ersetzt. Auf dem Thron sitzend, flankiert sich die Königin mit Sphingen, in die sich die Löwen gewandelt haben.

Indem allein das Königspaar den Löwenthronsessel besetzen darf, gewinnt der Thron Eigenart und Kraft, das Königtum als eine besondere Form des Gemeinwesens zu veranschaulichen und Symbol des Herrscherhauses zu werden. Der Thron verkörpert und symbolisiert Vorstellungen und Bilder einer abstrakten Institution: staatliche Herrschaft und Macht. Der Staat ist abstrakt, keine räumlich existierende oder greifbare Gegebenheit. Obwohl er sich im Thron objektiviert, wird er in ihm nur zum Schein greifbar, denn die Verdichtung abstrakter Strukturen wie Urschöpfung und Opfer, Geburt und Tod im Thron erfolgen in einer Intensität, die den Thron für nicht Geweihte unberührbar macht. Der Staat wird im Thron partiell bildhaft, doch das Bild ist leer, denn es handelt sich um eine nackte Ordnung imaginativer Vorstellungen. Auch die Qualitäten, die sich mit dem Sitzen auf dem Löwenthron verbinden, transformieren den König in eine fiktive Person, in einen Spiegel staatlicher Ordnung. Es kommt nicht auf die tatsächlichen Qualitäten des Königs, auf seine Kraft, Ausdauer und Schnelligkeit an, sondern lediglich auf das treffende Bild für diese Qualitäten. So hat sich der Löwenthron in vielen Jahrhunderten zu einem Gerüst staatlicher Repräsentanz verdichtet und verdinglicht. Löwenthronsessel und Blockthron stehen zueinander in einer komplementären Beziehung legitimer Macht, indem sie die Bereiche des Religiösen und Politischen umfassen. Die Inthronisationsformel an den Pharao: »Ich habe dir den Doppelthron... gegeben« verweist auf die Vereinigung von Ober- und Unterägypten zu einem politischen Großreich, und das Thronen des Pharaos bis zurück auf den Beginn der Schöpfung legitimiert ihn als göttliche Hoheit. Die mit der Ordnung gegebene Ruhe im Außen garantiert der Pharao durch eine im Sitzen erworbene sedierte Leibesfassung.

Rosenstock-Huessy sieht im Ka eine staatsbildende Funktion. Das Ka werde dem König als Verkörperung des Vogelgottes Horus durch Horus selbst verliehen. Der Falke legt seine ausgebreiteten Flügel von hinten an und um den König und setzt ihn in seinen Ruf oder Beruf, indem er ihn von hinten beruft. In derselben Weise, wie der Gott den König von hinten anrufe, in derselben Form berufe der König die Untertanen. So brächten nicht Individualität und individualistisches Ich, sondern ein vorindividuelles Du die Berufe hervor.[20] Der Beruf überwinde den Stamm, der sich an den Namen binde, und verdeutliche die Prahlerei eines Pharaos, daß seine Mutter seinen Namen nicht wisse. Es sei der Ka-Name, den die Mutter von ihrem Sohn nicht kenne, und in ihrer Unkenntnis drückten sich die Überwindung des Stammes und der Sieg des Reiches aus.

Auf der Linie von Reich und Stamm überlagern sich die Bilder von Ka und Thron und durchdringen sich wechselseitig. In der von hinten erfolgenden Umarmung beruft Horus im Ka den Pharao. Da Berufung und Umarmung in der Einsetzung auf den Thron erfolgen, wird der Sitzende sowohl vom Ka als auch im Thron hufförmig eingefaßt. Dem seitlichen Anlegen der Arme des Ka entspricht die Einfassung durch Arm- und Rückenlehne, so daß Beruf und Sitzen zu einem Ereignis verschmelzen. Der König setzt sich also nicht auf den Thron und in die Herrschaft, er wird gesetzt, das heißt berufen. So offenbart sich im Gesetzt- und Berufenwerden des Pharaos eine sakrale und auf Opferung angelegte Ordnung.

Unterstellt man die von Rosenstock-Huessy gegebene Deutung als richtig, erwiese sich das Ka als Stifter der ägyptischen Sitzstatue und

Das Ka auf der Statue des Horus, aus Daschur (XIII. Dynastie, 1785–um 1655 v. Chr., Ägyptisches Museum, Kairo)

wäre zugleich, obwohl es als ein persönliches Medium gilt, auch eine spirituelle Instanz, die in sich überpersönliche Vorstellungen aufbewahrte. Das Ka wäre wie der Thron ein Prinzip zur Herstellung eines politischen Bewußtseins.

Wie das Ka vermag auch der Djed die Thronstruktur zu erläutern. Er gleicht einer von vier Platten gekrönten schlanken Säule, die als stilisierter entlaubter Baum oder als aus Rohrpalmen gebundener Pfeiler gedeutet wird. Mit der Aufnahme des Zeichens in die ägyptischen Hieroglyphen nimmt er die Bedeutung von Dauer an und geht sehr rasch eine Verbindung mit dem Osiriskult ein. Osiris wird von seinem Bruder Seth im Sarg eingeschlossen, im Nil ertränkt, von demselben ein zweites Mal getötet und zerrissen. Isis, verschiedentlich als Personifikation des Throns gedeutet,[21] sammelt die verstreuten Teile und setzt ihren Bruder wieder zusammen. Den nicht auffindbaren Phallus ersetzt sie durch ein Stück Holz und zeugt mit Osiris den Sohn Horus. Der Holzphallus ist Kultur, und in der Kulturhaftigkeit bewahrt Osiris seine Fruchtbarkeit und sein Leben im Tode. Isis, berichtet ein anderer Mythos, findet den Sarg mit dem toten Osiris in einem als Stützpfeiler eines Gebäudes dienenden Baumstamm.[22] Baum und Holz sind als langlebige Materialien in Ägypten, wo die Vegetation rasch wechselt, heilige Objekte. Deshalb gelten Sarg, Baumstamm und Holzphallus als heilige Zeichen des Osiris. So wie der Baum, gewachsen und doch von Dauer, so ist Osiris als Gott der Vegetation und des zyklischen Vergehens Überwinder der Vergänglichkeit. Osiris wird zerstückelt, um das Zerstückeltwerden des Menschen endgültig zu überwinden. Mumifiziert liegt der amputierte Osiris auf einer Insel begraben, die ein Hügel ist. Wenn er sich und die ganze Schöpfung erneuert und aufersteht, sich sozusagen stellt, setzt er sich. Er setzt sich auf den Thron, der auf dem Hügel, der eine Insel ist, stehend gedacht wird. Wer sitzt, verkörpert immer diese gebrochene Struktur des Osiris.

Hiermit ist das Sitzen zum erstenmal auf den Punkt gebracht. Es ist die enge Verschränkung von Opfer, Stabilität, Sitzen und Mumie in diesem zweigeteilten Gott, die die Mechanismen des Sitzens erkennen läßt. Als Gott der Fruchtbarkeit und der Toten, als die Gestalt, die immer dann, wenn sie lebt, scheitern muß, damit andere leben können, ist Osiris die Verkörperung des Gegensätzlichen. Es ist die osirische Form der Flucht, in die jeder Sitzende getrieben wird. Wer sitzt, sitzt zwar gegenwärtig, hier oder dort, aber er muß sich denkend nicht in derselben Weise auf diese Orte beziehen. Leiblich hier, kann er geistig überall sein, sogar hier und dort zugleich. Im Sitzenden findet die Bilokation, dem Denken nicht zwangsläufig eigen, die Bedingungen zu ihrer Entfaltung, indem sie den Sitzenden zum Abwesend-Anwesenden macht. Zwar lebt er an den Ort des Sitzes gebunden, doch kann er zwischen den unterschiedlichen Formen der einen Ewigkeit geistig hin und her reisen. Osiris verkörpert diese Ordnung: Er ist meist anwesend, gerade in seiner Abwesenheit. Seine Wirkungen entfaltet er zwischen Werden und Tod, zwischen Wechsel und Dauer, den Merkmalen des Djed, der die Kastriertheit und Starre der Osirismumie sowie den hölzernen Phallus zeichenhaft vereint. Der sitzende Osiris ist das Bild für die Verwandlung in der Flucht: dort zu sein, wo man nicht ist.

Der englische Übersetzer des Ägyptischen Totenbuches, Budge, hat den Djedpfeiler als Baumstamm mit aufgesetztem Sakrum gedeutet. Danach sind die vier Linien im oberen Abschnitt des Djed nicht als Aststümpfe, sondern als die vier auf jeder Seite des Sakrums angeordneten Nerveneintrittsöffnungen (foramina sacralia) zu verstehen. Das Sakrum als unterer Abschnitt des Rückgrates wird bildlich auf den Baumstamm gehoben. Da den Ägyptern der verknöcherte Teil der Wirbelsäule, das Sakrum, als Sitz der Männlichkeit und der Baumstamm als Symbol der Wirbelsäule gilt, erweist sich der Djed als Zeichen für die in die Kopfregion gehobene Männlichkeit. Von der Weisheit spricht das 155. Kapitel des Totenbuches:

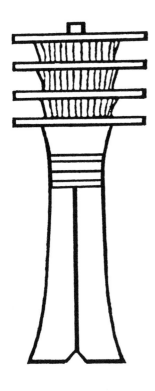

Der Djedpfeiler

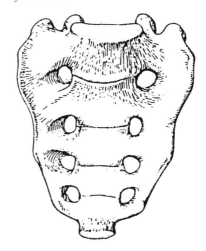

Das Kreuzbein (ventral) mit den *foramina sacralia*

»Steh auf, Osiris! / Dein Rückgrat besitzt du jetzt, / O Gott mit dem stillgestandenen Herzen! / Dein Hals ist gekräftigt, gefestigt / Steige auf deinen Thron, o Osiris! / Sieh, ich gieße das geheiligte Wasser, um deine Füße zu weihen / Und ein goldenes Djed bringe ich dir... / Erfreue dich, Osiris, beim Anblick dieses magischen Zeichens.«

Auf dem alle dreißig Jahre stattfindenden Sed-Fest und am Vorabend einer jeden Thronbesteigung wiederholt sich eine Zeremonie: Der Pharao richtet gemeinsam mit Priestern den Djedpfeiler auf. Es handelt sich um die rituelle Wiederherstellung des versehrten Osiris, den der Pharao im Aufrichten des Pfeilers in seine Rechte einsetzt. Zugleich weist sich der Pharao als legitimer Nachfolger aus, der den Rückfall ins Chaos abwendet. Indem der König die Krise überwindet und jedem seinen rechtmäßigen Ort (*st*) zuweist, gilt er als Vollender des osirischen Auftrags und tritt »aus dem Mythos in die Geschichte«. Am Tag nach der Djedaufrichtung beginnen das Neujahrsfest und die Thronbesteigung. Daß die Aufrichtung des Djedpfeilers vor der Inthronisationsfeier stattfindet, bedeutet, daß Rückgrat und Sakrum des Osiris vor jeder Thronbesteigung aufgerichtet sein müssen.

Die Errichtung des Pfeilers bedeutet dreierlei. Sie symbolisiert die Aufrichtung des in Dedu liegend begrabenen Rückgrats des Osiris und

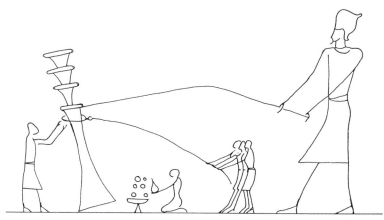

Das Aufrichten des Djedpfeilers durch den Pharao und Priester am Vorabend der Inthronisation

bedeutet, daß sich Osiris auf seinen Thron setzt. Da mit dem Djed symbolisch auch das Sakrum aufgerichtet wird, was im Vorgang des Setzens wirklich geschieht, ist die Aufrichtung des Djedpfeilers als ein Bild des Sitzens zu deuten. Das auf den Baumstamm gestellte Sakrum macht anschaulich, daß sich die männliche Virilität vom Becken in die Kopfregion erhöht hat, und bringt die Erhöhung vom Schoß zum Mund zum Ausdruck. Der sitzende Osiris wird zum Bild des errichteten Djed, der aufgerichtete Djedpfeiler zum Symbol des sitzenden Osiris.

In Ägypten thronen Götter und Könige. Sie sitzen in einer Haltung, in der die Oberschenkel waagerecht oder zu den Knien hin leicht geneigt nach unten verlaufen und das Sakrum eine vertikale Lage einnimmt. In der Hockhaltung werden nur adlige Frauen, Handwerker, Pharaonen als Kind, Würfelhocker und unter Echnaton das Königspaar wiedergegeben. Die Ägypter hocken auf Matten oder niedrigen Hokkern.

Die Position, die das Sakrum beim Sitzen einnimmt, erlaubt es, zwei Grenzen zu ziehen.[23] Die Elemente Virilität, Vertikalität des Sakrums und das Sakrum auf dem Baumstamm unterscheiden die Geschlechter; die Elemente Sitzen, Virilität und Geistigkeit, Askese, Ordnung und Gesetz machen das Sakrum zu einem Organ, das die zivile von der nichtzivilen Menschheit unterscheidet.

Osiris gilt als diejenige Gottheit, die den Ägyptern Feldarbeit gibt, Gesetze verordnet und Ägypten zur Gesittung führt. Immer verbindet man mit ihm abstrakte und ordnende Prinzipien, die erhöhte Schaffenskräfte zum Ausdruck bringen. Geistiges Schöpfertum und Erhabenheit, Arbeit, Gesetz und Gesittung sind die Spuren, die das Sitzen hinterläßt, erste Hinweise auf die Möglichkeit, den Menschen festzusetzen. Aber die Gottheit, die die Gesetze verordnete, war ein Rätsel und das Bild einer Tragödie des Gesetzseins. Die Welt war den Ägyptern ein kosmischer Sarkophag. Im Zentrum befand sich Osiris, das Bild vom geschundenen kosmischen Menschen, gefesselt, eingekerkert, paralysiert, sein Leib den Kräften des Bösen preisgegeben.[24]

Das Sitzen bringt sowohl ein Erhöhtsein als auch eine Gebrochenheit zum Ausdruck und bildet Bedingungen aus, unter denen leibliche Prozesse und spirituelle Vermögen auseinanderfallen. Sitzbrett und Beckenboden bilden die komplementären Pole für solche Separationen. Ihre Ebenen verdecken das Runde und Ruhende und Quellende. Wer sitzt, lebt wie Osiris in der Differenz.

Thróna als Gewandverzierung des Saums

Anders als in Ägypten stehen in Griechenland die Kulte kriegerischer und sportlicher Pflege des männlichen Körpers im Vordergrund des öffentlichen Lebens, nicht der Totenkult. Die sich hinter den Kulten verbergenden Vorstellungen prägen die Formen und die bildlichen Gestaltungsmöglichkeiten des Sitzens wesentlich mit. In der Zeit von Homer bis in die Blüte attischer Demokratie fallen Aspekte der Malerei, Literatur und Bildhauerei auseinander. Indem die Literatur manches über das Sitzen mitteilt, was die anderen Künste nicht zum Ausdruck bringen, werden Zusammenhänge zwischen Sitzen und seinen verborgenen Motiven sichtbar, in denen der nackte Oberschenkel des Mannes eine Rolle spielt.

In Griechenland beginnt die Darstellung des sitzenden Mannes direkt mit einem Wunder: Die von Pheidias geschaffene Riesenstatue des sitzenden Zeus gilt als eines der Sieben Weltwunder. Obwohl man vermuten wird, daß die Statue den Höhepunkt einer allmählichen Entwicklung darstellt, beginnt mit ihr die Epoche, den Mann in Griechenland sitzend darzustellen.

Throne und andere Sitzmöbel wie der Dreifuß, auf dem die delphische Pythia orakelt, sind in der Götterwelt wie in der Welt des Adels begehrte Objekte, die verschenkt oder gestohlen werden oder um die man sportlich kämpft. Homer beschreibt Sitzmöbel ebenso detailliert wie die Rangordnungen am Tisch von Göttern und Adligen. Das Sitzen in der Welt der Götter weist gegenüber dem des Adels eine entscheidende Differenz auf. Göttinnen, Götter und adlige Männer sitzen rechtmäßig auf Thronen, den *thrónoi*, während adlige Frauen mit dem armlehnlosen Klismos[25] vorliebnehmen müssen. Der Unterschied scheint darin begründet, daß der Thron einen wesentlichen Bestandteil

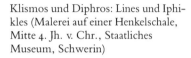

Griechischer Thrónos

Klismos und Diphros: Lines und Iphikles (Malerei auf einer Henkelschale, Mitte 4. Jh. v. Chr., Staatliches Museum, Schwerin)

des Symposions bildet, von dem die Frau grundsätzlich ausgeschlossen bleibt. Die Beiläufigkeit, mit der die Mitgliedschaft am Symposion den Thron indirekt adelt, findet im thronenden Zeus der Literatur eine Bestätigung. Wenn Zeus auf einem Klismos oder *thrónos* ruht, thront er nicht, sondern wird als in menschliche Aktivitäten verstricktes Wesen dargestellt, dem die Würde eines obersten Gottes nur beiläufig zukommt. Erst wenn Zeus auf seinem natürlichen Götterthron, dem Olymp, sitzt, offenbart er göttliche Qualitäten. Erst hier repräsentiert er seine göttliche Macht und zeigt sich als höchste Instanz, als bewegungsloser Punkt äußerster Ruhe. Und nur vom Thronsitz des Olymps aus greift Zeus ins kosmische Treiben ein und vermag das gesamte Erdreich zu erschüttern.[26]

Deshalb überrascht es, daß bis etwa 600 v. Chr. keine Darstellungen sitzender Männer existieren. Dem Wunder von Pheidias geht allerdings ein vereinzeltes Relief von 680 voraus, das die Geburt der Göttin Athene aus dem Haupt des auf einem *thrónos* sitzenden Zeus wiedergibt. Die frühe männliche Sitzfigur findet sich überraschenderweise nicht in der Darstellung eines gemeinsamen Gastmahls, sondern in einer Geburtsszene, die sich erst hundert Jahre später zum Kanon griechischer Bildkunst entwickelt.

Bis zur Mitte des 7. Jahrhunderts gibt man den Mann im kurzen Chiton[27] oder nackt wieder. Erst nach 650 erscheinen auf Vasen oder Reliefs halblange und lange Umhänge, die in dem Moment üblich werden, in dem der Mann um 600 sitzend abbildbar wird. Da Zeus im Relief von 680 sowohl einen für die Zeit unüblichen Chiton trägt als auch eine unzeitgemäße Körperhaltung einnimmt, entsteht die Vermutung, daß die Abbildungen des Mannes in sitzender Haltung und mit langem Chiton bekleidet denselben gesellschaftlichen Ursprung haben. So beurteilt die griechische Gesellschaft bis in die nachhomerische Zeit hinein den Mann nach der Maßgabe körperlicher Qualitäten: breite Schultern und breite Brust, muskulöse Arme, starke Schenkel und bewegliche Knie, wobei Knie und Schenkel die größte Beachtung genießen. Je weniger Tracht den gestalteten Körper verhüllt, desto stärker treten die Merkmale hervor.

Odysseus, den der Trojanische Krieg erschöpft hat und der sich auf der Heimfahrt befindet, fühlt sich gegenüber jugendlichen Sportlern noch stark genug, daß er eine Herausforderung im Speerwerfen annimmt, aber den Vergleich in der Disziplin des Laufens scheut er (*Odyssee* 8, 230). Kirke bezeichnet Odysseus als kraftlos und schwach (10, 463), was wörtlich übersetzt schenkellos oder schwachschenklig bedeutet. Während sich Hektor und Achill durch gewaltige Schenkel (*Ilias* 8, 473) auszeichnen, gilt Aias als der Mann mit den kräftigen und Ares als der Held mit den blühenden (*Ilias* 15, 112) Schenkeln.

Homer hat das heldische Ideal in seinen Epen als Vitalität, körperliche Kraft und als eine permanente Kampfbereitschaft beschrieben, wobei Vitalität die Potenz jederzeitigen Ausbrechens aus einer beliebigen Position meint. Solche Möglichkeiten erlauben Gehen und Stehen, nicht aber Liegen und Sitzen.

In dem Ideal liegen die Gründe für die Differenz der unterschiedlichen Künste. In bildlichen Darstellungen entsprächen der heldischen Vorstellung nackte oder mit kurzem Chiton bekleidete stehende, gehende oder in sportliche und kriegerische Aktivitäten eingebundene Männer. Während das Epos auch den im langen Gewand Gekleideten als mit kräftigen Schenkeln Ausgestatteten beschreiben kann, vermögen Bild und Skulptur dies nicht. Das lange Gewand deckt das Element Schenkel zwangsläufig zu. Auch literarische Beschreibungen sitzender und jederzeit zu aktivem Handeln bereiter Männer sind möglich. Dagegen verfügt die bildliche Wiedergabe Sitzender nicht über die Mittel, den Eindruck ständiger Bereitschaft zum Ausdruck zu bringen.[28] Malerei und Bildhauerei bedingen für die Darstellung des Mannes als dynamische und zugleich würdevolle Person das *tertium non datur*: entweder mit langem Gewand oder mit bloßem Schenkel. So hat man nach Helmut Jung das lange Gewand geopfert, da sich die Vitalität des Mannes zum entscheidenden Element des archaischen Griechenlands entwickelt habe und der nackte Schenkel des Mannes das Element geworden sei, dem sich die gesamte Bildthematik der griechischen Kunst in der Zeit untergeordnet habe. Erst Modifizierungen des

Homerischen Heldenideals hätten einen Wandel der Bildthematik erlaubt.[29]

Sitzfiguren vor 600 sind ausschließlich Darstellungen weiblicher Gottheiten oder adliger Frauen. Im antiken Griechenland bedeutet das Thronen tragen und stützen und bezieht sich nur nebenbei auf die Erhabenheit. Die Bedeutung leitet sich von *thróna* ab, dem Begriff für die vegetabile Verzierung des weiblichen Gewandes. Homer legt den Göttinnen Eos, Hera und Artemis die der Verzierung entsprechenden attributiven Beiworte *chrysothrónos, arkurothrónos* oder *poikilothrónos* bei. Die Beiworte heißen etwa *auf goldenem, reich verziertem Thron* und werden nur von weiblichen Gottheiten prädiziert, auch wenn die Göttinnen ursprünglich nicht als auf einem Thron sitzend gedacht werden. Thronen als Sitzen und *thróna* als Gewandverzierung beziehen sich lediglich dadurch aufeinander, daß die sitzend abgebildete Frau immer das lange Gewand trägt. Allerdings kehrt sich das Verhältnis von der bildnerischen Gestaltung sitzender Frauen und Männer im Vergleich zum Sitzen in der Gemeinschaft um. Während der Mann beim Symposion auf dem *thrónos* sitzt, darf er sitzend nicht dargestellt werden. Demgegenüber bleibt es der Frau, die sitzend abgebildet werden darf, versagt, auf dem *thrónos* zu sitzen. Im Mythos, in der bildlichen Darstellung und in bezug auf die Speisegemeinschaft erweist sich das Sitzen in Griechenland als eine geschlechtsspezifische Leibeshaltung.

Saumverzierungen an Gewändern sind ein Kennzeichen von Anmut und Adel sowohl der Frau als auch des Mannes. Die bildnerische Kunst separiert die Gemeinsamkeit. Kraft und Beweglichkeit des Mannes lassen sich nicht mit der langgewandigen Darstellung kombinieren, so daß das lange Gewand zum Kennzeichen körperlichen und geistigen Adels allein der Frau wird, in bezug auf den Mann verhüllen die Aspekte von Zierde und Würde die heldischen Ideale.

Im Mythos sind Frauen Weber- und Knüpferinnen. Die Nereiden, Ariadne oder die Parzen spinnen mythische Fäden zu Geweben des Schicksals. Auch die Frau der griechischen Gesellschaft spinnt Gewebe, reale Gewebe, die sie zu Gewändern verarbeitet. In dieser Kunstfertigkeit erweist sich Penelope als so tüchtig, daß ihr mit der Spindel das gelingt, was Odysseus kraft seiner Schenkel und seines Geistes vollbringt: die Befreiung von den Freiern. Frauen gelten als die Wesen, die über Textur oder Gewebe, über den Text des Lebens, bestimmen. Der stoffliche Text wird zu einer ins Kosmische ausgeweiteten Textur, in deren Zentrum die webende Frau sitzt und thront. Und nur so kann es nicht überraschen, wenn die Benennung der von ihr gewirkten Verzierungen, die sie dem Saum der Gewänder gibt, zum Namen für die mit der Sitzhaltung verbundene Würde und Erhebung wird, die sich zunächst mit dem Thronen, später mit jedem Sitzen verbindet.

Der Zeitraum, in dem sich die Darstellung sitzender, langgewandeter Männer ausbildet, wird von einem ungewöhnlichen Ereignis begleitet. Der griechische Mann übernimmt von den Assyrern eine neue Haltung und legt sich seit etwa 600 mit seinen Genossen zum Symposion auf die Kline. In dem historischen Moment, in dem sich der Mann zum gemeinsamen Mahl hinlegt, hebt man auch das Tabu auf, ihn sitzend abzubilden.

Dem Ereignis geht aber ein Wandel des Männlichkeitsideals voraus. Homer entwirft noch eine aristokratisch überhöhte Hofgesellschaft, doch mehr und mehr erstarken die Städte, und die Polisbürger ordnen das Gemeinwesen in eine Gemeinschaft mit demokratischen Prinzipien um und verjagen die Tyrannen. Im selben Maß, in dem die aristokratische Welt zerfallen sei, habe sich eine Individualisierung des Menschen herausgebildet, die beim Mann zur Differenzierung von Verhaltenspositionen beitrug, die die Konnotation des Bildtyps »Auf dem Thron sitzender Mann« für neue Inhalte frei gemacht hätte.[30] Das Liegen beim Symposion hat das Sitzen des Mannes beim Mahl abgewertet und für neue Zuordnungen freigegeben.

Tatsächlich hat Homer ein idealisiertes Bild des Menschen entworfen, doch Rahmen und Inhalt seiner Epen machen deutlich, daß er bereits eine gebrochene Welt zeichnet, ausgestattet mit einer für den Adel untypischen Moral. Die *Odyssee* und die *Ilias* berichten vordergründig von Abenteuern und Kriegen, aber Homers Interesse liegt in der Frage nach den Gründen für Siege oder Niederlagen. Und seine Antwort lautet immer gleich: Wer über das richtige Maß an innerer Beruhigung verfügt, wird siegen. Deshalb sollen Emotionen, vor allem die negativen Zorn- und Rachegefühle, gedämpft und in kommunizierbaren Formen vermittelbar gemacht werden. Die *Ilias* schildert das Verderben, in das ein Gemeinwesen durch das Ausagieren von Wut, Zorn und Rache geraten kann. Der Zorn des Achill auf Agamemnon und sein Ausscheren aus dem Kriegsheer wird zum Prüfstein für Sieg oder Niederlage der Troja belagernden Griechen und ist die Leitidee des Epos. Die äußerste Bedrängnis der Griechen und der Tod des Freundes bringen Achill auf den Kampfplatz zurück. Achill ist zornig wie zuvor, doch sein Zorn ist ein gewandelter, einer, der die individuellen Kräfte in den Dienst der Gemeinschaft zu stellen erlaubt. Dagegen knüpft die *Odyssee* ein Netz von Abenteuern, in die die handelnden Personen verstrickt werden und die nur der planende Odysseus besteht. Mit seiner Weitsicht und der Fähigkeit, Emotionen bis zum geeigneten Zeitpunkt innen zu halten, besiegt er nicht nur Hitzköpfe, er begegnet den Widrigkeiten der Natur gelassen und immer erfolgreich.

Aber gerade dieses Aufschieben von Gegenwärtigkeit mit der Absicht, private Antriebe für die Gemeinschaft nutzbar zu machen, widerspricht den Idealen der griechischen Tyrannis und Aristokratie. In der zweiten Hälfte des 7. Jahrhunderts ist der Adel in Griechenland dann so weit ausgehöhlt, daß sich allmählich eine vom Polisbürgertum getragene Moral herausbildet.

Unausgeführt blieb der Gedanke, warum sich der Mann beim Symposion zu Tisch legte und wodurch es möglich wurde, daß mit dem Zutischlegen die Geschlechterdifferenz sitzender Gestalten in bildlichen Darstellungen verschwindet. Daß sich der Mann zum Symposion legt, bedeutet, daß er in sich Regeln und Gesetze ausgebildet hat, durch die das Sitzen am Speisetisch seinen hohen Wert verliert und aufgegeben werden kann. Deshalb gilt die Demonstration dem Nichtsitzen, weniger dem Liegen. Aber das Sitzen hört auf, Ausdrucksmittel männlicher Macht zu sein. Im Gegenteil, in diesem Kontext, und nur in ihm, wird das Nichtsitzen, das Liegen zu Tisch, Demonstration erneuter Überhebungen und weitet sich zum Luxus. Die Aspekte der Disziplin in der Körperzucht der Griechen entsprachen dem Sitzen, die Beweglichkeit dem Liegen. Da sich Disziplin und Beweglichkeit zwar aufeinander bezogen, aber auch noch unabhängig voneinander bestanden und das Sitzen noch keine die griechische Gesellschaft prägende Haltung war, konnte das Sitzen auf dem *thrónos* während des Speisens auch wieder aufgegeben werden.

Die Attribute des matriarchalen Weiblichen sind in antiken Darstellungen der griechischen Frau, die nur eine passive Rolle spielt, verschwunden, und die Zeichen ihres Schöpfertums, Nacktheit und Betonung der Leibesmitte, aufgegeben. Das Gefäß, dessen aufnehmende Wände einst die nackte Haut war, bildet das zur äußeren Haut gewordene Gewand. Das Weibliche gilt nicht mehr als Bild kosmischer Kräfte, da keines seiner Merkmale auf Ursprung, Wandlung oder Tod verweist. Es sind die Darstellungen des Mannes, die Attribute des Weiblichen zeigen: Vitalität, Nacktheit und Aspekte des Schöpferischen. Aber im Sport und in der Ausbildung zum Krieger unterliegt der Körper des Mannes einer Zucht, so daß die starken Schenkel kultivierte Beine sind, die ein hohes Maß an spiritueller Arbeit aufbewahren. Die sitzende Männerfigur konnte, um die herausragende Position des Mannes innerhalb der griechischen Gesellschaft zu veranschaulichen, nicht problemlos aus dem Vorbild sitzender Frauen abgeleitet werden. Der Mann bedurfte des Nachweises seiner schöpferischen Qualitäten, die in sportlichen Aktivitäten und in seinen das Gemeinwesen kriegerisch bewahrenden Fertigkeiten liegen. Dieser Nachweis scheint um etwa 600 erbracht, und die Demonstration nackter Männerbeine wird obsolet. In der Geburtsszene mit Athene trägt Zeus das lange Gewand, ein von Frauenhand gewirktes Produkt, ein Kulturerzeugnis, das Haut und Beine bedeckt. Wie auch sollte Zeus in einer

Geburt der Athene (Malerei auf einer Amphora, 6. Jh. v. Chr., Musée National du Louvre, Paris)

Szene, in der er seine Fruchtbarkeit aus dem Kopf demonstriert, seine nackten Schenkel zeigen? Gerade der mit Gewand und *thróna* (Gewandverzierung) verhüllte Schenkel wird zur Voraussetzung, ein männliches Schöpfertum thronend aus dem Haupt zu veranschaulichen. Deshalb bleibt der innere Vorgang verdeckt: Metis, die Göttin der Weisheit, von Zeus in andere Umstände gebracht und danach verschlungen, hockt oder sitzt im Bauch des Zeus und gebiert Athene, die Zeus dann aus dem Haupt hervorbringt. Das Bild leiblicher Schöpfungskräfte weicht dem Bild des geistigen Schaffens, da die zwei divergierenden Prinzipien sich weder in einem Bild noch in einer Vorstellung vereinen lassen. Im Paradigmawechsel vom Schenkel, den man auch Schoß nennt, zum Haupt zeigt sich die ans Sitzen geknüpfte Erhöhung, so daß das Bildmotiv der Geburtsszene Athenes aus dem Haupt des Zeus den Ursprung des Throns und die mit dem Sitzen verbundene Ordnung zum Ausdruck bringt. Die innere Erhöhung findet im Sitzen statt, deren Kern in der Wandlung leiblicher Vorgänge in geistiges Vermögen liegt.

In diesem Bild liegt zum erstenmal die Möglichkeit, den ruhelosen Zeus zum Philosophen umzugestalten. Es ist Platon, der die gesamte Gemeinde homerischer Götter, die bis dahin den Olymp bewohnte, in den Himmel hebt. Nach seiner Erkenntnistheorie müht sich von nun an der vom Eros getriebene Erkennende, die himmlischen Sphären zu erreichen, um einen erinnernden Blick ins Reich der ewigen Ideen zu werfen. Ein Reich platonischer Ideen auf dem Olymp wäre unvorstellbar. So findet der Aufwärtsdrang seine Heimat an einem Ort pneumatischer Luftigkeit. Geistiges wie die Ideen Platons lassen sich nur wieder in einem geistigen Medium wie dem Himmel aufbewahren. In der Nachfolge Platons etabliert sich von Aristoteles bis Thomas von Aquin eine Form des Geistes, die sich als Versuch erweist, das Bewegliche des Seins festzusetzen: die Ontologie. Während der einst rastlose Zeus von Aristoteles in einen Gott absoluter Ruhe umgestaltet wird, in den unbewegten Beweger, setzt Thomas das gesamte Weltall in einer Hierarchie des Seins fest, indem er allem Seienden einen festen Ort zuweist. Allerdings bleiben diese Vorstellungsformen und ihre Setzungen noch frei beweglich im Kontext des Sozialen und binden sich wie das Sitzen[31] nur sporadisch an den Alltag, durchdringen ihn nicht, sondern bleiben auf besondere Bereiche begrenzt.

Mit dem Urbild des Throns und seiner Realisierung hat die Rückenlehne ihr erstes von zwei Beinen erhalten. Seine Beschreibung hat sichtbar werden lassen, daß man in den seßhaft gewordenen Gemeinschaften beginnt, ein Mitglied mit Macht auszustatten und ihm dafür abverlangt, Hocken und Kauern aufzugeben und sich zu setzen. Das Thronen früher Könige, eine der vier Säulen für das Sitzen, erweist sich als ein politisches und religiöses Ritual zur Zähmung. Das folgende Kapitel entwirft das zweite Stuhlbein.

3. Kapitel
Das Kreuz als christliche Form des Throns

Die Genesis als Ordnung des göttlichen Throns

Der Riß im Zaun des Paradieses

Die Christenheit ist eingeklemmt zwischen zwei Stühlen: zwischen Genesis und Apokalypse. Die Differenz der inneren Ordnung beider Stühle entfaltet die gesamte Bewegung christlich-biblischen Geschehens.

Die Ordnung der Genesis hat die Form eines nach christlichem Verständnis unfertigen Stuhls, der dennoch ein göttlicher Thron ist. Was dem Stuhl mangelt, ist eine menschlich vermittelte Gestaltung. Das erste Menschenpaar hat teil an der Existenzweise Gottes und gilt als heilig. Der Mythos bindet beide Gestalten in einen friedfertigen Kosmos, in eine Ordnung des Stuhls mit den Elementen Ruhe, Garten, Gehege, Insel und Gehorsam. Der Ungehorsam entheiligt sie, bringt sie aber in den Besitz von Unterscheidungsfähigkeiten. Erst diese Entzweiung und der Durchgang des Menschen durch die verschiedenen Stadien des Daseins transformieren den ausschließlich göttlichen Zustand des Paradieses in eine *humane*[1] Form, in die Apokalypse. So erweist sich die paradiesische Erkenntnis als ein Mittel, das erste Menschenpaar aus dem heiligen Bezirk hinaus auf den Weg nach der Suche zu einem geeigneten Stuhl zu bringen.

Der Austritt aus dem Garten Eden ist aber nicht nur der Weg von Paradies zu Paradies, sondern zugleich die Erhöhung vom Irdischen ins Himmlische. Die Bibel ist der mythische Bildervorrat für Wege und Prozeduren zu dieser Erhöhung, die Kreuzigung und Himmelfahrt Christi in eindrucksvollen Bildern veranschaulichen.

Aller Anfang ist Ungeschiedenheit. Ein solches ungeteiltes Ganzes ist ein Heiliges und darin selbstgenügsam und absolut. Auf der Ebene des Begreifens impliziert die Selbstgenügsamkeit Widersprüche, auf der Ebene der Geschlechter Androgynität. Der Anfang der Schöpfung und sein Bild zeigen ihr Genüge darin, daß aus dem Chaos, der reinen Möglichkeit des Anfangs, ein winziger Bezirk herausgebrochen und eingezäunt wird. Das Eingezäunte[2] konzentriert in sich die Fülle der gesamten Realität und repräsentiert damit auch den ausgegrenzten komplementären Bereich. Das Bild eines paradiesischen Anfangs trägt von vornherein Tendenzen zur Überwindung des Zauns in sich. Durch den Druck der Überfülle an Realität reißt der Zaun des heiligen Gartens bereits im Moment seiner Entstehung.

Mythos ist ein Paradigma archaischer Kultur, Bilder und Handlungsanweisungen der Götter für den Menschen. Bereits die bloße Nachahmung des ursprünglichen Bildes garantiert Erfolg, der aus der Identität von Bild und Wirklichkeit resultiert. So gilt der Schöpfungsmythos als ein Beispiel dafür, wie die Welt entstand und wie alle zu vollziehenden Anfänge zu gestalten sind. Der Mythos entfaltet die ursprünglichen Bilder, und alles, was sich ereignen wird, ereignet sich nach der Maßgabe der Bilder, und alles, was der Mensch gestaltet, gestaltet er der Logik der Bilder gemäß. Die Wahrheit von Mythen ist nicht diskursiv, sie ereignet sich, bricht durch die Oberfläche des Bildes und drängt sich als ein Ganzes auf, das intuitiv angenommen wird. Diese Art, mythische Bilder anzunehmen, entspricht der Art, wie Realität aufgefaßt wird. Die Wahrheit des Mythos liegt in seiner Vereinheitlichung, die gerade das verhindert, was den Diskurs ausmacht: das Auseinanderlaufen.

Als höchste Realitäten bleiben Götter der Kritik unzugänglich, da attributive Zuschreibungen der Form ihrer Macht widersprächen. So müßte man erstaunt sein, wenn die obersten Gottheiten nicht männliche und weibliche, zumindest aber androgyne Gottheiten wären. Dem Erstaunen wird man im Alten Testament ausgesetzt. Es gibt nur einen Gott, und der ist absolut.

Israels[3] Religion ist der Glaube an einen einsamen Gott, dessen Zeugungskräfte im Wort liegen, und der biblische Schöpfungsmythos das Gesetz, das die Bilder aus dem Dasein der Israeliten eliminiert. Man stellt die Welt als durch das Wort geschaffen vor und verabscheut das in anderen Kulturen in Bildern objektivierte Heilige. Deshalb gibt es von Abraham, Mose, David oder Hesekiel keine bildlichen Überlieferungen. Die mit dem Heiligen verbundene Angst hat bei den Hebräern eine so große Wunde hinterlassen, daß vermutet worden ist, in dem Trauma den Schlüssel zum Wesen Israels finden zu können.

Religion und Mythos spiegeln gesellschaftliche Verhältnisse nicht eindimensional wider, weshalb Weltbilder mehrfache Ursprünge haben. Sie entstehen als Entwurf irdischer Bedingungen eines Volkes in den Kosmos und als Projektion kosmischer Erscheinungen auf die Konditionen des Volkes. So stehen die Genese eines Volkes und dessen Kosmogonie jenseits der Dualität von Erfahrung und Realität. Spricht man unter solchen Voraussetzungen von einem Trauma des israelitischen Volkes seinem Gott gegenüber, muß man auch vom Trauma des biblischen Gottes gegenüber dem von ihm auserwählten Volk sprechen. Und auch sein Trauma muß groß gewesen sein.

Es sind die dem Bild des göttlichen Throns entspringenden Irritationen, die den Menschen in die Sünde und Gott in die Rolle des Richters drängen. Am Ende stehen Mit-sich-identisch-Sein und ein neues Maß innerer Sedierung.

Der Weg des Menschen zum ewigen Thron

Sünde heißt Besonderung und verweist auf eine Differenz. Der durch Frevel wissend gewordene Mensch entzweit sich von Gott und hat das enge Band von Wissen und Frevel bis heute nicht lösen können. Die durch Sünde hervorgerufene Absonderung aus einer ursprünglichen Einheit bestimmt das Los des jüdischen Volkes und der Christenheit. Die Genesis als Ordnung eines unvermittelten Gesetztseins bedeutet, daß der Frevel dem Baum eines spezifisch geformten Lebens gilt. Dem Frevel geht ein inneres Unbefriedigtsein voraus, mächtiger als die Furcht vor der Vergeltung Jahwes, denn das Paradies befriedet den Menschen nur von außen. So läßt sich die Bibel als Weg lesen, den der Mensch, zur Erbsünde verurteilt, gehen muß, um sich einen menschlichen Stuhl anzumaßen.

Mit dem Eintritt in die Geschichte zerbricht die Statik des Paradieses; die Gültigkeit der Bilder wird aufgehoben. Die Austreibung aus dem Paradies eliminiert das Göttliche aus dem Menschen und das Bildhafte aus Gott. Im gegenseitigen Verlust treffen sich die ersten traumatischen Erlebnisse von Gott und Mensch. Vom Menschen aus betrachtet wird Gott das ganz andere, der Deus absconditus, von Gott aus gesehen wird der Mensch das ganz andere Wesen, eine Hervorbringung gegen Gott, eine Gegenschöpfung[4], die mit dem Eintritt in die Geschichte die Suche nach einem *humanen* Paradies und Stuhl aufnimmt. Die Suche des jüdischen Volkes nach einem besetzbaren Ort erweist sich als ebenso tragisch wie sein späteres Zerriebenwerden zwischen den Großreichen. Israels Religion ist eine Geschichte der Abtrünnigkeit von seinem Gott. In Zeiten des Friedens und relativer Wohlhabenheit neigen die Hebräer der Verehrung des bildreichen kanaanitischen Gottes Baal zu. Die Propheten warnen davor, sich von den Geboten Jahwes zu weit zu entfernen, und sehen das schwere Los des zahlenmäßig kleinen Volkes in der häufigen Abtrünnigkeit. Wenn Jahwe sich in Zeiten solcher Abkehr dem jüdischen Volk zeigt, offenbart er seine anthropomorphe Seite und tobt in kriegerischen Exzessen rächend seinen Grimm an den Stämmen Israels aus. Wer danach Gottes innewerden will, muß ihn beim Namen nennen und den Namen auslegen. Aber wie legt man einen Namen ohne die Verwendung von Bildern aus? Indem die Gebote in bedingungslosem Gehorsam angenommen werden. Die Gebote Jahwes sind die Moral eines asketischen Lebens, eine Form des Sedativen, wie sie später im Thron und im Kreuz Jesu Christi offenbar wird.

Zeiten von Abtrünnigkeit und Depression folgen Zeiten der Stabilität und neuer Verträge. Mose empfängt am Sinai die steinernen Tafeln mit den Geboten, und nach der Anweisung Jahwes: »Sie sollen mir ein Heiligtum machen, damit ich in ihrer Mitte wohne« (3. Mose 25, 8) errichten die Hebräer ihrem Gott die thron- und altargleiche Bundeslade, die das hebräische Volk auf seinem vierzigjährigen Weg in die künftige Heimat mitschleppt. So wie das nomadische Volk lebt, will auch sein Gott leben: nomadisch und im Zelt. Erst Salomo, der zweite König der Juden, erbaut nach der Seßhaftigkeit dem jüdischen Gott einen festen Wohnort, den Tempel in Jerusalem und den ersten Königsthron.

Der Ruf nach einem jüdischen König kommt einer erneuten Abtrünnigkeit gleich. Die Motive für den Beginn des jüdischen Königtums liegen im Dunkel. Vordergründig betrachtet liegen sie in der Korruption der Richter und im Bedürfnis des Volkes nach einer Regierungsform der wohlhabenden Nachbarn. Der König, kraft göttlicher Entscheidung gewählt, wird der irdische Vertreter Gottes, der dem Königtum Nachfolge (»Ich werde den Thron deines Königtums festigen für ewig«, 2. Sam. 7, 14) und Schutz garantiert (»Setze dich zu meiner Rechten, bis ich deine Feinde gemacht habe zum Schemel deiner Füße«, Psalm 110, 1). Der jüdische König ist keine göttliche Person, zu absolut ist Gottes Einzigartigkeit, zu groß die Bildhaftigkeit des Königs. Allerdings werden im König Momente des Göttlichen bildhaft.[5]

Auch die Wahl des ersten Königs, Saul, liegt im Dunkel. Das Alte Testament nennt drei Varianten. Saul zeichnet sich durch außergewöhnliche Leistungen als Heerführer aus, verfügt über hervorragende körperliche Qualitäten, man macht ihn durch Losentscheid (1. Sam. 10, 20–23) zum König. Im Zusammenfassen der Eigenarten Sauls liegen die Vorstellungen der Juden von einem König: ein Kopf größer als das übrige Volk, ein überdurchschnittlicher Kämpfer, jugendlich und außerordentlich schön. Dennoch muß selbst ein mit solchen Qualitäten Ausgestatteter durch Los erwählt werden, da die Differenzen zwischen Privatmann und König oder Teppich und Thron gewußt und gescheut werden. Nimmt man die drei Varianten zusammen, offenbaren sich Geheimnisse des Königtums. Der König ist der Potentat, der verschwenderisch leben kann, aber auch der Schnittpunkt gemeinschaftlicher Notwendigkeiten, die ihm Opfer abverlangen. Ungewöhnliche Menschen sind auffällig, fallen nach oben und erheben sich, maßen sich Hohes an und gelten schnell als heilig und verdammt zugleich. Als auffallende Menschen sind Herrscher gleicherweise Quelle der Gefahr und des Segens für eine Gemeinschaft. Es ist diese sich ergänzende Ordnung von Opfer und Macht sowie erniedrigender und erhebender Konsequenzen, die den vom Los getroffenen Saul in das bergende Versteck treiben. Saul fällt auf durch Schönheit, Körpergröße und gute Führerschaft. Sein Auffallen bindet ihn eng an das kosmische Geschehen und macht ihn unberührbar und heilig, doch daß er sich versteckt, deutet darauf hin, daß er um das Ende seiner unbeschwerten Tage und das Opfer, das er als König zu geben hat, weiß. Saul ist der Weg der Juden zu einem Königtum, aber an dem Weg steht nur der Schatten eines Throns, denn neben seinem Amt bleibt er Bauer, der sowohl Prunk als auch Opfer scheut. Saul weiß, je geringer seine Macht, desto geringer die Etikette, in die man ihn spannen wird. Mit diesem Wissen scheut er vor dem Thron zurück.

Der religiöse Mensch erfährt den Raum nicht als homogenen, sondern als rissigen Raum unterschiedlicher Dichte. Die Inhomogenität des Kosmos gliedert ihn in Räume verschiedenartiger Heiligkeit und scheidet den heiligen Bezirk, das Fanum, von einem ungeweihten Bereich, dem Profanum. Im Zentrum eines Heiligtums liegt immer die gedachte Mitte der Welt, über der sich ein zweites Element erhebt: die Weltachse oder *axis mundi*. So wie die Achse den Kosmos durch Berg oder Baum aufspannt, so falten Leiter, Tempel, Altar und Thron den Kosmos des Menschen auf. Die kosmische Mitte dient der Orientierung. Man sucht ihre Nähe, um darin zu leben, da heilige Orte Quellen des Lebens sind: Brunnen der Fruchtbarkeit, der Macht und der Wunder. Indem der Mensch um die *axis mundi* herum in deren Nähe lebt, partizipiert er an den Kräften des Heiligen. Da der Mythos offenbart, auf welche Weise Realität zur Existenz gelangt, offenbart er, warum das Profane am wahren Sein keinen Anteil hat: Das Profane ist durch keinen Mythos ontologisch gegründet und verfügt damit über kein exemplarisches Modell.[6] Nur das Heilige als Vorbild und Bild menschlicher Verrichtungen gilt als Nabel, Quelle oder Ursprung. Der erfolglose König, der den Zugang zu den kosmischen Quellen verloren hat, droht den Stamm ins vorweltliche Chaos zu stürzen. Der König wird ein zweites Mal geopfert, denn den Sturz kann nur die Vernichtung des Thronenden bannen. Er bietet die Möglichkeit der exemplarischen Tötung des Drachens oder der Schlange und hilft, das Leben des Volkes zu reinigen und vor Chaos zu bewahren, das in der Entthronung eines Königs entsteht. Die Bibel zeigt Bilder von diesen Vorgängen.

Die Worte Thron und thronen kommen im Alten Testament spät vor. Thronen, das im Alten Testament gelegentlich, im Neuen überhaupt nicht vorkommt, taucht bis zu den Büchern der Könige nur zweimal als »thronen über den Cherubim« auf. Bis zum Ende des 2. Buches Samuel ist sechsmal von Thron die Rede, einmal heißt es metaphorisch Thron der Ehre (1. Sam. 2, 8), ein andermal »fürwahr, die Hand ist am Thron Jahwes«, was auch »die Hand am Feldzeichen des Herrn« (2. Mose 17, 16) heißt. Die anderen Stellen beziehen sich auf ägyptische Pharaonenthrone, so daß im Alten Testament bis zum Buch der Könige ausschließlich von irdischen Thronen die Rede ist. Erst nachdem das Wort Thron vom 2. Buch Samuel an drei dutzendmal als Thron der Könige Davids und Salomos vorkommt, spricht die Bibel auch vom Thron Gottes. Von da an werden himmlische und irdische Throne gleichermaßen erwähnt und oft ununterscheidbar verwendet. David spricht, daß Gott »meinen Sohn Salomo erwählt« hat, der »auf dem Thron der Königsherrschaft des HERRN über Israel sitze« (1. Chr. 28, 5), während es bei Jeremia »in jener Zeit wird man Jerusalem den Thron des HERRN nennen« (Jer. 3, 17) heißt. Gott thront erst, nachdem das jüdische Volk den Salomoschen Thron besitzt. Wie Gott den Menschen nach seinem Ebenbild formt, so stellen sich die Juden den göttlichen Thron nach dem Bild des menschlichen Throns vor. In dem zweifachen Bezug treffen zwei unterschiedliche Ordnungen, eine reale und eine imaginäre, aufeinander. Im realen Sinn ist der Thron Opfertisch, im imaginären ein Schnittpunkt, an dem das Heilige seine Transzendenz offenbart. Aber auch als konkretes Ding wird der Thron zum abstrakten Zeichen für Macht und die richterliche Gewalt Gottes.

Weil man sich vom biblischen Gott kein Bild machen darf, erlebt man das Bildhafte des Thronens als Gefahr. Ein göttlicher Thron weckt Vorstellungen an ein sitzendes, also anthropomorphes Wesen. Deshalb spricht das Alte Testament spät von einem göttlichen Thron. Aber Thron meint hier das Sinnbild herrscherlicher Macht, nicht das architektonische Objekt. Der Thron Davids versinnbildlicht die von Gott garantierte Herrschaft der Davidschen Familie. Gott thront inmitten des himmlischen Hofstaates, aber das Sitzen ist ein Bild abstrakten Herrschens. Der Himmel selbst wird zum Thron, zum abstrakten Sitz göttlicher Macht. In der Metapher des Himmels sind alle wesentlichen Merkmale des Throns verdichtet. Durch den Propheten Jesaja spricht Gott: »Der Himmel ist mein Thron und die Erde der Schemel meiner Füße« (Jes. 66, 1), doch es heißt auch, daß sich der Thron im Himmel befinde. Es ist die Anwesenheit des Throns im Himmel, in der sich das Göttliche ausdrückt: Herrschaft und Majestät, richtende Gewalt und Gerechtigkeit.

Während die abstrakte Vorstellung des Throns als Herrschaft in den konkreten Begriffen »Jerusalems Thron« oder »Thron Salomos« aus dem historischen ein himmlisches Jerusalem macht, kommt in der detaillierten Beschreibung des Salomoschen Throns zum erstenmal die Neigung der Hebräer zum Bildhaften faßbar zum Ausdruck.

Salomo löst das Versprechen Davids ein, für die Bundeslade einen Tempel zu errichten. Der Thron Salomos, Zentrum des Königspalastes, steht dem Tempel und der Bundeslade gegenüber. Der Tempel besiegelt endgültig das Nomadentum der Juden, der Thron macht Jerusalem bildreich und oberflächlich: »Und der König machte einen großen Thron aus Elfenbein und überzog ihn mit reinem Gold. Sechs Stufen hatte der Thron, und einen runden Kopf hatte der Thron auf seiner Rückseite; und Armlehnen waren auf dieser und jener am Sitzplatz, und zwei Löwen standen neben den Armlehnen; und zwölf Löwen standen da auf den sechs Stufen, auf dieser und auf jener Seite. Niemals ist so (etwas) gemacht worden für irgendwelche (anderen) Königreiche.« (1. Kön. 10, 18–21)

Daß es solche Pracht niemals zuvor gegeben hat, beschwört einen Neuanfang. Tatsächlich ist uns dieser Thron aber wohl bekannt. Der Bibeltext ist eine Beschreibung ägyptischer Pharaonenthrone aus der Zeit Ramses' II. Auch der Thron ist ein Zeichen dafür, daß die Juden an jeden neuen Bund mit ihrem Gott ein außergewöhnliches Ereignis und eine auffällige Persönlichkeit, die am Göttlichen teilhat, knüpfen: Wie die Bundeslade im Salomoschen Thron ihr Gegenbild erhält, so wird Salomo zum Bild Gottes. Und auch Salomos Wort muß fruchtbar sein und Wirkungen zeigen und zugleich als unnahbar und übermächtig vorstellbar sein. All das verkörpert Salomo: ob seine Weisheit als sprichwörtlich gilt, ob nur er mit wenigen auserwählten Priestern sich der Bundeslade, die in völligem Dunkel steht, nähern darf oder ob man berichtet, er habe über tausend Frauen gehabt. Wann immer man von Salomo spricht, immer schüttet man sein menschliches Wesen mit Superlativen zu, um ihn zu erhöhen. Der Thron Salomos erweist sich als eine erste Ausbeute der Suche nach einem dem Menschen angemessenen Stuhl.

Nachdem im 8. vorchristlichen Jahrhundert die Assyrer die hebräischen Stämme nahezu restlos vernichtet hatten, läßt Nebukadnezar etwa hundert Jahre später Palast und Tempel in Jerusalem verwüsten und Zehntausende von Juden ins Exil nach Babylon verschleppen. Mit seinem entwurzelten Volk wird auch der jüdische Gott heimatlos. Doch in der Gefahr, restlos ausgelöscht zu werden, nehmen die Juden ihren unbegreifbaren und bildlosen Gott an, bedürfen nicht länger äußerer Offenbarungen und willigen in die Vorstellung ein, daß der Glaube an Jahwe in einer inneren Umwandlung liegt. Hundert Jahre nach der Verschleppung sind Tempel und Palast wieder errichtet, aber die äußerlichen Zeichen Gesetzestafel, Thron, Bundeslade bleiben unerwähnt. Daß sie unerwähnt bleiben, macht die Wandlung des jüdischen Glaubens in der Zeit äußerster Depression deutlich. In seiner tiefsten Krise überwindet das jüdische Volk den Baalkult und söhnt sich mit seinem Gott aus. In Zukunft gilt als einzige Manifestation des jüdischen Gottes sein geschriebener Name, da man seit der Zerstörung des Jerusalemer Tempels nicht mehr weiß, wie man den Namen ausspricht. So sammeln sich im geschriebenen Gottesnamen Wille, Macht und allumfassende richterliche Gewalt.

Die jüdische Religion erhält ihre verbindliche Form, nachdem man die Bücher Mose in Babylon auf Papyrus geschrieben hat, die Esra um die Mitte des 5. Jahrhunderts nach Jerusalem bringt. Das Königtum weicht der Theokratie. Die Hohepriester werden Anwälte Gottes, und mit der Festlegung der Gesetze erlischt die Funktion der Propheten. Gleichzeitig bildet sich die Idee eines Messias aus, der von Gott gesandt auf die Erde kommt und mit dem jüdischen Volk die gesamte Menschheit aus der hoffnungslosen Sündhaftigkeit erretten wird. Aber das jüdische Volk hat sich mit einer solchen Wucht in seinen abstrakten Gott verbissen, daß es den Messias, der Christus vielleicht doch war, nicht erkannte oder das Christliche in sich und seiner Religion nicht länger ertrug und aus sich herauspressen mußte. Auch umgekehrt gilt, daß im Werden begriffene Christen Juden einspannten, einen Menschen zu kreuzigen, damit die Vorgänge um das Kreuz eine neue Religion etablieren konnten.

Von zwei Seiten her erweist sich das Kreuz als ein abstraktes Zeichen. Vom Christlichen aus betrachtet ist es das Zeichen für die inneren Vorgänge um die Kreuzigung, vom Jüdischen aus das Bild einer Lücke, einer noch nicht vollzogenen Versöhnung des jüdischen Volkes mit seinem Gott durch den Messias. Es sind vier Aspekte, die eine sachliche Identität von Thron und Kreuz begründen: Man bildet das jüdische Königtum infolge seines Scheiterns in eine Theokratie um und formt den königlichen Thron Salomos zum Kreuz; indem man den bildlosen Gott annimmt und die bildhafte Struktur des Salomoschen Throns im Kreuz zur Unkenntlichkeit deformiert, nimmt man das Kreuz als Zeichen dafür, daß die Aussöhnung noch nicht stattgefunden hat. Christus ist König, der neue Salomo, aber er ist den Christen König, nicht den Juden; der semiotische Aspekt verweist auf die Gleichheit von Kreuz und Thron, indem sich Kreuz und Thron zeichenhaft ineinander umformen lassen; im Zeichen des Kreuzes verknoten sich die inneren Vorgänge um die Kreuzigung. Christus stirbt nicht am Kreuz, um sich in den Himmel zurückzuziehen, sondern um eine neue Religion zu stiften und für immer zu bleiben. Er stirbt, um mit den Tugenden der Liebe, des Gehorsams und der Duldsamkeit den Leib zu überwinden, den Menschen zu erhöhen und mit Gott auszusöhnen. Die Versöhnung besteht darin, daß der Sohn göttlicher Vater und Mensch zugleich ist und am Kreuz die Schuld auf sich nimmt und tilgt. In der Form des Kreuzes ist der Stuhl ein Zeichen für die Anwesenheit wie die Abwesenheit des Messias, das Zeichen für die Negation eines paradiesischen Seins der Juden. Den Christen gibt das Kreuz eine Identität und söhnt sie mit dem Vater aus, so daß mit dem Beginn des Christentums der Weg geebnet ist, die Herrschaft Gottes auf den Menschen zu übertragen. Das Mittel zu dieser Transformation ist der Thron in der Form des Kreuzes.

So erweist sich das Kreuz Christi als die zweite von Menschenhand geformte Gestalt auf der Suche nach einem dem Menschen angemaßten Stuhl. Es formt sich auf der Schwelle zwischen den beiden Paradiesen von Genesis und Apokalypse und wird der Umschlagpunkt, an dem den Christen das Göttliche ins Menschliche drängt. Im Kreuz erlangt das Sitzen seine abstrakteste, der Thron seine unerträglichste Gestalt.

Die Apokalypse als Ordnung des menschlichen Throns

Wenn Bilder kippen

Wenn in Rom Bilder kippen, wird ein Kaiser gestürzt. Rebellion beginnt immer mit diesem Ritual. Und fast immer ist es die *sella curulis*[7], von der die römischen Herrscher fallen.

Innerhalb der frühen Christengemeinde gibt es kein Bilderkippen, weil es keine Bilder gibt. Aber man kennt auch noch keine christlichen Throne. Allerdings erhält der neugewählte Bischof schon früh das Recht, in den Kirchen seines Sprengels sein Bild anbringen zu lassen.

Beide Testamente legen das Verhältnis zum Bild widersprüchlich an. Man soll sich von Gott weder Bild noch Gleichnis machen. Aber Gott schöpft den Menschen nach seinem Bild. Das Johannesevangelium beginnt mit: »Im Anfang war das Wort, und das Wort war bei Gott, und das Wort war Gott.« Aber Gott kommt in der Gestalt Jesu Christi zu den Menschen. Es scheinen gerade die Widersprüche zu sein, die das Mysterium Christi bergen, und man diskutiert in der christlichen Theologie, ob Christus im Bild dargestellt werden kann und darf. Trotz der biblischen Unbestimmtheit bleibt der Kern des Christentums die bildlose Verehrung. Gott spricht: »Du kannst (es) nicht (ertragen), mein Angesicht zu sehen, denn kein Mensch kann mich sehen und am Leben bleiben.« (2. Mose 33, 20) Der christliche Gott ist kein der Erscheinungswelt analoges Wesen, sondern abstrakter Logos. Noch Eusebius und Epiphanius gilt als heidnisch, Übersinnliches in toten Stoff bannen zu wollen. Gott sei der unfaßbare Logos und Jesus Christus zwar Mensch, vor allem aber Mittler zwischen Gott und den Menschen. Der Gottesdienst könne nur im Dienst für die abstrakte Wahrheit geleistet werden, und es komme darauf an, das unsichtbare Bild der Seele mit den Farben der geistigen Tugenden auszumalen. Solcher Positionen wegen hat es zwei Jahrhunderte nach Jesu Tod neben der christlichen Theologie keine christliche Kunst gegeben. Erst seit dem 3. Jahrhundert wachsen in der Distanz zur christlichen Theologie Bedürfnisse nach Bildern.

Die Bildwerdung des Heiligen entwickelt sich stufenweise: Sinnbilder, Christus in der Gestalt thronender Herrscher, die Bilder der Maria, die einfache Form der Trinität, die Passion Jesu Christi, das Bild Gottes, der Gnadenstuhl, die entfaltete Form der Trinität. Immer finden die Hauptmotive des Heiligen oder die heiligen Gestalten im Thron Christi ihre letzte Ausformung.

Uneinigkeit in bezug auf das Bild konzentriert sich auf die Abbildbarkeit Jesu Christi. Die Kirchenlehrer Klemens von Alexandria und Tertullian erlauben symbolische Darstellungen wie Taube, Fisch und Lyra. Aber ihre Zugeständnisse erweitern rasch den Kanon erlaubter Sinnbilder, die mit der Zeit zu festen Typen und immer häufiger mit christlichen Motiven unterlegt werden. Konstantin der Große verhält sich in dem Streit indifferent, macht aber mit dem Labarum der christlichen Kunst ein profanes Symbol darstellungswürdig. Das römische Feldzeichen schlägt mit seiner Aufwertung eine Bresche in die Front von Bilderfeinden und Theologen, indem man es zum christlichen Symbol erhebt. Mit der Neigung zum repräsentativen Kirchenbau und der Kathedra des Bischofs unterstützt Konstantin die Tendenz zum Bildhaften.

Indem sie sich auf Dionysios Areopagites berufen, finden die Bilderfreunde, die Ikonodulen, zu Beginn des 7. Jahrhunderts ihre Lehrmeinung. Dionysios behauptet, die Welt der Sinne spiegele die Welt des Geistes wider und der Mensch gelange anhand der Symbole stufenweise durch die sinnliche Ordnung zur Einheit Gottes. Johannes von Damaskus, für die byzantinische Kunst der anerkannte Theoretiker bis heute, fügt hinzu: Wenn das Bild des Königs so gut sei wie der König selbst, so sei auch das Bild Christi so gut wie Christus, da die Verehrung nicht dem Bild, sondern der im Bild verehrten Persönlichkeit gelte. Die Empfänglichkeit für die sichtbare Schönheit sei ein notwendiges Stadium auf dem Weg zum Verständnis absoluter Schönheit, die nur die menschliche Seele wahrnehme. Die Menschwerdung Gottes habe den Weg zur wahren Erkenntnis Gottes gewiesen: »Sichtbare Abbilder Christi in seiner menschgewordenen Natur tragen dazu bei, uns zu seinem wahren Wesen zu führen.«[8] Allein die göttliche Natur dürfe nicht wiedergegeben werden. Zwar unterstellt Johannes die vollkommene Ähnlichkeit von Bild und Urbild und die grundsätzliche Andersartigkeit im Materiellen, aber wenn Jerusalem durch den Salomoschen Thron oberflächlicher wird, veräußerlicht die christliche Religion mit dem sitzenden Christus auf dem Gottesthron ein innerliches Prinzip. Das im Jahre 729 von Leo III. eingeführte Bilderverbot (Ikonoklasmus), das die Darstellung Jesu Christi und heiliger Gestalten verbietet, wird 843 aufgehoben. Aber mit dem Sieg der Ikonodulen bleibt ein heidnischer Stachel im Fleisch des *corpus christi* erhalten. In der bildlichen Auslegung wird das Wort der Bibel nicht mehr verstanden. Die Mitte der evangelischen Botschaft, der undarstellbare Glaubensgehorsam, ist nicht mehr faßbar. Das Wort verliert seinen Vorrang vor dem Bild, und aus dem Hören wird ein Sehen, eine Schau, in der die geistige Begegnung mit dem Wort Gottes in eine Begegnung mit dem Bild Gottes umgewandelt wird.⁹

Wenn das Kippen von Bildern die Entthronisierung nach sich ziehen kann, müssen Wirklichkeit und Bild eng miteinander verknüpft sein. Die symbolische Tat liegt vor der realen Handlung. Wenn dagegen der römische Kaiser zur Inthronisation sein Bild in die römischen Provinzen sendet, um es in großen Prozessionen feierlich einholen und aufstellen zu lassen, liegt die reale Tat, die Machtübernahme, vor der symbolischen Handlung der Aufstellung des Bildes. Die Relation von Aufstellen und Umwerfen eines Bildes offenbart Zusammenhänge. Das Umkippen ist ein befreiender, ein anspornender, das Aufstellen ein stabilisierender Akt, das Suggerieren einer abwesenden Anwesenheit. Die Inthronisation des Königs, das Erzeugen von Ausgleich und der königliche Fall, der mit Tod endet, sind in den Umgang mit Bildern eingegangen. Ihr Umkippen erweist sich als Ersatzhandlung für das Entthronen eines Herrschers. Das Bild kann die wesentlichen Handlungsschritte begleiten. Wenn dagegen die Bilder des thronenden Jesus Christus kippen, müssen Ketzer am Werk sein, denn nur dann wird Christus rechtmäßig inthronisiert.

Der Bildwerdung Christi geht die Verdichtung von Sinnbildern und Symbolen römischer Kunst, die Darstellung thronender römischer Kaiser als übermenschliche, göttliche Gestalten und die Analogie von weltlichem und christlichem Königtum voraus. Christliche Bildkunst, im Untergrund der Katakombenkunst als Wandmalerei und Reliefkunst entstanden, setzt zu Beginn des 4. Jahrhunderts ein.

Vom gekreuzigten zum thronenden Jesus Christus

Der älteste Christus der Kunstgeschichte ist kein strahlender Held, dem thronenden römischen Kaiser vergleichbar. In der Gestalt des

Philosoph und Orantin, gerahmt von christlichen Szenen (Sarkophag in Santa Maria Antiqua, Rom, spätes 3. Jh.)

philosophicus cynicus ist er der unansehnliche Christus der Armen und Kranken,[10] ein stehender Christus, der im Stehen seine innere Herrschaft zum Ausdruck bringt.

In einem Sarkophagrelief aus dem 3. Jahrhundert hat man einen Philosophen zwischen dem Guten Hirten und einer Betenden (Orantin) angeordnet. Von da an gilt als wahrer Philosoph immer mehr derjenige, der nicht nur die gedankliche Überwindung der Unsterblichkeit lehrt, sondern der sie auch selbst vollziehen kann. Ein solcher Philosoph ist Jesus Christus. In der Auferweckung des Lazarus beweist er sein wahres Philosophentum. Mit dem Motiv des Philosophen sind zum erstenmal alle Elemente entwickelt, die eine Darstellung Jesu Christi möglich machen: der Gute Hirte als Erlöser, seine komplementäre Figur, die Orantin, als Bild der Fürbitte und Reue sowie die Gestalt des Philosophen als Überwinder des Schreckens vor dem Tod. Drei Personifikationen des Sedativen. In der bloßen Einordnung der Elemente in biblische Szenen formt sich aus den konzentrierten Einzelbildern die Gestalt Jesu Christi nahezu von selbst. Konsequenterweise als erste Gestaltwerdung in der Szene der Auferweckung des Lazarus, die das Sinnbild der Unsterblichkeit zum Bild des Wunders verdichtet, zum Mysterium der Auferstehung des Fleisches. In der Komposition bricht Christus als Philosoph der Philosophen und als König der Könige aus dem Dickicht der Vielfalt ins Bild, und mit der Entwicklung der Auferweckung des Lazarus zur Kardinalszene der Katakombenkunst werden die Szenen des Alten Testaments uneingeschränkt bildwürdig. Von da an setzt sich die christliche Kunst von der christlichen Theologie rasch ab.

Motive aus beiden Testamenten werden nun in den Szenen ein- und zweizoniger Sarkophagfriese dichtgedrängt nebeneinandergestellt. Hirte und Philosoph haben ihre Funktion, Christus bildwürdig zu machen, erfüllt und treten aus den Szenen allmählich zurück. Lediglich

Statuette des jugendlichen Christus
(Museo Nazionale, Rom, um 330)

die Orantin als Mittlerin zwischen dem Alten und dem Neuen Bund bleibt inmitten der Szenen erhalten. Indem die beiden anderen Gestalten zurücktreten, wandelt Jesus Christus als alter und bärtiger Philosoph grundlegend sein Erscheinungsbild. Vor allem aber: Der aus dem Philosophen herausgewachsene Christus sitzt. Ein jugendlicher, bartloser, mit Lockenhaar gestalteter antiker Heros, dessen Tugenden Jugend, Kraft und Schönheit, aber auch geistiges Durchdrungensein heißen, sitzt auf dem Thron der römischen Kaiser, der *sella curulis*, die später zur Kathedra des Bischofs wird. Mit solchen Attributen ausgestattet, tritt Jesus Christus in Konstantinischer Zeit ins Bild, und die Beliebigkeit der nebeneinandergestellten Szenen mündet in eine thematische Eigenständigkeit.

Die Passion Christi ist das früheste selbständig durchgeformte Thema christlicher Kunst.[11] Die erste Darstellung des Themas findet sich auf einem Sarkophagrelief aus der Zeit um 340. Fünf Szenen zeigen die Gefangennahme Christi, Christus bei Pilatus, die Kreuztragung, Dornenkrönung und das Zeichen Christi. Das Relief konfrontiert den stehenden Christus mit dem sitzenden Pilatus. Die Passion bringt nicht das Leiden, sondern den Sieg Christi über Tod und Leid zum Ausdruck. Die Dornenkrönung zeigt keine Verspottung, sondern eine Auszeichnung, denn Christus trägt, wie die römischen Kaiser, einen Lorbeerkranz. Die Szene der Kreuztragung zeigt keinen leiblich zerstörten Christus: Simon von Kyrene trägt das schwerelose Kreuz und leistet seinem König den selbstverständlichen Dienst. In der Szene

Passion Christi (sog. Passionssarkophag, Lateranmuseum, Rom, ca. 340)

wird das Kreuz an den Menschen weitergegeben. Das in der Mittelszene angeordnete, an das Labarum angelehnte Zeichen Christi wird zur siegverkündenden Herrscherstandarte.[12] Während Christus sich in dem Relief noch am Anfang seiner Herrschaft befindet, demonstriert man seine ganze Macht bereits auf einem zehn Jahre später entstandenen Sarkophag. Thronend herrscht er, gleich einem römischen Kaiser, die Füße auf dem Mantel des Himmelsgewölbes. In der Art, wie Christus von seinen Aposteln umgeben thront, stellt man die römischen Kaiser mit den Kaisern zweiter Klasse herrschend dar. Die Überwindung des Leidens und schließlich des Todes macht Christus zum himmlischen Herrscher und weltlichen Kaiser. Die Passionsdarstellung veranschaulicht nicht Leiden und Erniedrigung, sondern setzt seinen Sieg über Schmerz und Tod ins Bild. Sein Tod kann nicht als Verlust, er muß als Gewinn gewertet werden, an dem die gesamte Menschheit partizipiert. Der Sieg Christi, errungen durch den Tod, macht das Leiden vergessen. Dem Christen ist das Leiden an der materiellen Welt sekundär geworden, er orientiert sich an der Zukunft und an der Überwindung von Leib und Tod. Das Passionsrelief ist das Urbild dieser geistigen Haltung. Nicht der rückwärtsgewandte Blick in die leidvolle Vergangenheit, nicht das trostlose Verharren in der Gegenwart, sondern der frohe Blick auf das neue Paradies. Das Relief zeigt eine idealisierte Passion, in der das Gegenteil dessen offenbar wird, was das Wort besagt: Passion ohne Leiden. Ohne Anzeichen von Schmerz thront Christus in der Geste weltlicher Herrscher. Von Pilatus, der in derselben Haltung am äußersten Rand des Reliefs thront, geht kein Glanz mehr aus, symbolisch hat er als weltlicher Herrscher abgedankt. Christus als der König des Himmels ist in seiner geistigen Kraft der Überwinder des Materiellen und deshalb der wahrhafte Herrscher. Das Mysterium seiner Kraft und das Mysterium der Inkarnation Gottes in seinen Sohn sind bildwürdig geworden. Damit gerät die Struktur innerer Herrschaft an die Oberfläche und wird ihrer ursprünglichen Qualitäten beraubt.

Christus thront über einer Personifikation des Kosmos, zu beiden Seiten biblische Szenen (Sarkophag, San Pietro in Vaticano, 350–370, Rom)

So erscheint Christus in der ersten einheitlichen Komposition als Sitzender. Er thront und herrscht, nachdem er gelitten und das Kreuz auf sich genommen hat. Die erste Darstellung der Passion möchte Aspekte des Vorgefallenen, Leiden und Tod eliminieren: Was bleibt, ist die Überwindung, das Leiden hat sich verflüchtigt. Aber das Relief gibt das enge Band zwischen Leiden und Überwindung des Todes in der Leibeshaltung preis, die Christus einnimmt, im Sitzen: Daß er nicht am Kreuz hängt, heißt, er leidet nicht mehr; daß er auf dem kaiserlichen Thron sitzt, heißt, er hat die Herrschaft angetreten; aber es heißt zugleich, daß er nicht nur in der Vergangenheit gelitten hat, sondern noch leidet. Christus leidet in und an der Gegenwart, denn so wie Opfer und Herrschaft das Bild des Kreuzes strukturieren, so ordnen die Mechanismen des Throns die Weise, in der man den Leib überwinden will. Das Werkzeug hat seine Erscheinungsform gewandelt. In Christus vollzieht sich die Wandlung von einer nomadischen – über ein Leben auf das Kreuz hin – zu einer seßhaften und an den göttlichen Thron gebundenen Lebensform. Indem man ihn zum König macht, ersetzt man das Kreuz, selbst eine Form des Throns, wieder durch den Thron. Christus nachleben heißt zwar, das Kreuz auf sich nehmen, aber es zielt nicht darauf, daß man sich am Kreuz, sondern sitzend formen läßt. Hierzu machen die Bilder Christi und die Apokalypse ihre Vorgaben. Die offizielle Kirche hat immer davor gewarnt, daß der Gläubige tatsächlich das Kreuz auf sich nimmt und ein rein asketisches Leben führt und zu viele als Märtyrer sterben. Denn die christlichen Ideale sollen weitergegeben und gesellschaftsfähig gemacht werden. So entwickelt sich das Kreuz, das abstrakte Zeichen für die innere Herrschaft Christi, im Thron zum Zeichen für die Veräußerlichung dieser Herrschaft. Die Vorgänge um das Kreuz sind Bemühungen, vermittelt über den Leib Christi dem Gesellschaftskörper ein erhöhtes Maß innerer Sediertheit zu erteilen. Da das Kreuz die Aspekte des Throns und des Sitzens in sich trägt, durchdringen sich in ihm reale mit imaginären und leibliche mit spirituellen Kräften. Die abstrakten Vorstellungen des Heiligen werden vorwiegend als Thron und Kreuz gedacht und im Bild veräußerlicht. Am Ende sind alle christlichen Aspekte des Heiligen in Bildform gegossen: die Mutter Gottes, das Meßopfer und die Dreifaltigkeit.

Maria und Gottvater als Throne Christi

Die Ikonographie von Maria wächst aus den Bildformen Christi heraus. Hier wiederholt sich der Vorgang, daß der König auf dem Schoß einer weiblichen Gottheit Platz nimmt. Die Differenz zum ursprünglichen Bild besteht darin, daß Maria nicht mehr sitzend die Gestalt des Throns annehmen muß, sondern auch stehen kann. Maria erscheint zunächst in Szenen, die auf Christus verweisen: Verkündigung, Weissagung, Geburt und Anbetung. Begleitende Szenen treten zurück und sichern die Konzentration auf Maria und Christus. In der Isolierung, die die Gestalt der Maria gegenüber anderen Bildinhalten selbständig machen, gleicht sie sich kompositionell dem thronenden Christus an, bis die *maiestas domini* ihr Gegenstück in der *maiestas Mariae* findet. In einem Elfenbeindiptychon des 6. Jahrhunderts aus Konstantinopel hat sie bereits die Formen der kaiserlichen Macht und Würde angenommen, die für Christusbildnisse gelten. Baldachin, Nische und Thronsessel als Insignien der Kaisermacht werden Maria als Königin der Menschen zugestanden. Die thronende Maria mit dem Christuskind auf dem Schoß wächst anders und rascher als Christus in die abstrakte Ordnung des Logos hinein, die zur häufigsten Form der Mariendarstellung wird.

Das langdauernde Unverständnis der Juden für ihren absoluten und nur in unvorstellbaren Vorstellungen vorgestellten Gott wiederholt sich mit der Aufnahme Marias in die christliche Kunst und Theologie. Die als heidnisch und anstößig bekämpften Bilder des Weiblichen drängen mit ihr ins Zentrum christlicher Vorstellungen. Allerdings nimmt die Form der Mariendarstellung den revolutionären Impulsen die Vehemenz, denn Maria wird nicht als fruchtbares Weib, als liebende Frau oder Mutter wiedergegeben, unter ästhetischen und religiösen Aspekten erscheint sie als transparentes Zeichen einer Ordnung des Wortes. Ihre Fruchtbarkeit scheint in einem dem schöpferischen Wort Gottes analogen Prinzip zu liegen, so daß sie einem männlichen Gott gleicht, keiner Sophiagestalt. Dennoch hat das Christentum viel gewagt. Beides, die Einführung einer weiblichen Gottheit und die Attribute des Weiblichen wie Erde, Wärme, leibliche Schöpferkraft und Erotik, hätten das Evangelium aushöhlen müssen. Denn anders als die Fruchtbarkeitsreligionen erblickt das Christentum nicht in der leib-

Thronende Maria (Elfenbeindiptychon, Konstantinopel, Mitte 6. Jh., Skulpturengalerie, Berlin, Staatliche Museen Preußischer Kulturbesitz)

lichen Geburt das Mysterium des Muttertums, sondern in der unleiblichen Empfängnis, so daß auf eine merkwürdige Weise dem Christentum recht gegeben werden muß. Es ist eine abstrakte Ordnung, nicht das konkrete Weibliche, über die Maria zur Bildwerdung gelangt: Maria veranschaulicht die Ordnung des thronenden Christus.

Vergleichbar dem ältesten Mariengebet, das mit »*sub tuum praesidium*«[13] anfängt, beginnt die bildliche Darstellung der Maria in Gestalt der thronenden Muttergottes. Das Wesentliche der Marienbildnisse liegt darin, daß die weibliche Gestalt trotz ihrer Abstraktheit die Nähe eines himmlischen Wesens am ehesten verbürgt und die in der Anbetung erhoffte Hilfe wahrscheinlich macht. Bei einem Angriff der Awaren im Jahre 626 gegen Konstantinopel läßt man Marienikonen an die Stadttore malen, und bei der etwa um hundert Jahre später stattfindenden Belagerung durch die Araber trägt man eine Marienikone der Stadtmauer entlang. In beiden Fällen tritt die ersehnte Wirkung ein, Konstantinopel wird errettet. Eine besondere Bedeutung unter den

Bildnissen thronender Madonnen kommt den tragbaren, auf Holztafeln gemalten Ikonen zu, die im Laufe des 6. Jahrhunderts in großer Zahl entstehen. Bei den Ikonen weist man immer wieder auf die Porträtähnlichkeit der Abgebildeten mit der historischen Mutter Christi hin, und die Ikonen mit der thronenden Maria entwickeln sich rasch zum Andachtsbild, in dem die Frontalität der Abgebildeten kanonisch wird. Mit den Bildern der Maria verfügt das Christentum über heilige Objekte, an die sich die Gläubigen direkt richten können. Es ist das Sophiaprinzip, das durch die abstrakte Form der Darstellung hindurch aufgenommen wird. Während man sich bei den ersten Christusdarstellungen von den Bildern weltlicher Herrscher leiten läßt, gewinnt die Maria trotz der abstrakten Struktur der frühen Bildnisse ihre Nähe zu den Gläubigen über die Aspekte des Weiblichen.

Seit dem 5. Jahrhundert nimmt die Figur der Maria häufig das Bedeutungszentrum der Apsisgestaltung ein. Die älteste mit einer thronenden Maria gestaltete Apsis findet sich in der Basilika Eufrasiana in Parenzo in Istrien.

Die Darstellung im Apsismosaik der Kirche Pangia Kanakaria auf Zypern ist in der Form einmalig. Maria thront wie das Christuskind in Majestashaltung innerhalb einer Mandorla auf der Weltkugel. Da Weltkugel und Mandorla Zeichen für Christus sind, wird Maria in dieser Darstellungsform zum Hintergrund, zum Gefäß für das thronende Christuskind. Maria wird versachlicht und zum Attribut Christi gemacht. In der Rücknahme ihrer Qualitäten zugunsten der Betonung des Sohnes liegt ihre Fertigkeit, schützen und helfen zu können. Die dienende Funktion macht Maria zur Stütze und zum Halt für den Gottessohn.

Auch die stehende Maria hält den Christusknaben sitzend. In der stehenden Haltung der Maria Hodegetria gilt sie als Wegführerin. Sie steht streng frontal und hält das sitzende Christuskind vor dem Körper. Mit der linken Hand hält sie die Knie, mit der rechten die Schulter des Kindes. Doch meist sind die Hände nur angelegt. Sie geben weder Halt, noch tragen sie. Christus wird nicht gehalten, er *schwebt* und behält in der Schwebe die sitzende Position. Er thront, während Maria steht. In einem Apsismosaik in Nicäa ragt über dem Kopf der stehenden Maria die Hand Gottes aus den Wolken und macht die Darstellung zu einer Epiphanie des göttlichen Logos. Auch hier sitzt Christus, ohne daß Maria ihn stützt. Das einmal angenommene Schema des sitzenden Christus läßt sich nicht unbegründet modifizieren. Christus muß sitzen, gegebenenfalls auch ohne Halt. Aber vor allem sammeln sich in der Form die Motive des Thronens und dessen Bezug zu Maria. Das Thronen löst sich hier von seiner materiellen Basis, von einer stützenden Ebene und veranschaulicht die Unabhängigkeit des Thronens

Maria in Mandorla

Stehende Maria (Apsismosaik der Koimesiskirche in Nikaia, um 850)

sowohl vom Sitz als auch vom Sitzen. Christus erscheint in seiner nacktesten Gestalt, als abstraktes Zeichen des Thronens. Indem sich der christliche Gott mit dem Thronen verbindet, wird das Thronen zum Bild der Ordnung des Göttlichen.

Gemessen an der Fülle und Prägnanz der Bezüge weicht die Gestalt der Maria sachlich und formal zurück. Sie wird zum Bild für den bettenden Hintergrund des abstrakten Motivs, das sich im Bild des Kindes sammelt, welches die göttliche Ordnung offenbart. Maria erweist sich gerade dann als Bindung und Halt, wenn sie dem Christuskind keinen Halt im architektonischen Sinn gibt. Es ist die Funktion, die Christusgestalt in einen Hintergrund einzubetten, die Maria zum Thron Christi macht.

Stärker noch als bei Maria wächst die Ikonographie des christlichen Gottes aus den Bildformen Christi heraus. Selbst als Schöpfer wird Gott bis ins 12. Jahrhundert hinein in der Gestalt des präexistenten Christus wiedergegeben. Gott ist das letzte Glied der heiligen Gestalten, die bildwürdig werden. Erst nachdem man ihn abbilden darf, läßt sich das Mysterium der Heiligen Dreifaltigkeit angemessen darstellen. Die Christenheit geht davon aus, daß es in Gott eine Wesenheit in drei Personen (Hypostasen) gibt und jede Person das ganze Wesen in sich trägt. Die christliche Kunst hat sich bemüht, der abstrakten Struktur eine prägnante Bildform zu geben.

In der Kirche Santa Maria Maggiore in Rom hat sich ein Mosaik erhalten, das Bildelemente späterer Trinitätsdarstellungen enthält. Das Mosaik gibt zwei Szenen von Abraham im Tal Mambre wieder. Im oberen Abschnitt verbeugt sich Abraham vor drei Männern, im unteren bewirtet er die drei als Gäste in seinem Haus. Dieselbe Statur und

Abraham und die drei Männer (Wandmosaik, vor 440, Santa Maria Maggiore, Rom)

die gleichen Kleider machen aus den drei Männern drei identische Wesen. Daß es sich bei dem Mosaik um eine Trinitätsdarstellung handelt – man kann sie unentfaltete Trinität nennen, da die drei Männer noch nicht in drei Personen unterschieden sind –, verdeutlichen Details und die Geschichte des Bildtyps. Der perspektivisch verkehrte Tisch deutet auf eine Distanz zwischen Abraham und den drei Gestalten. In der Entwicklung des Bildtyps nimmt die anfängliche Distanzierung zu, wie ein Mosaik von 547 in Ravenna zeigt. Neben der zunehmenden Separation entwickelt sich eine Trennung der Begrüßungsszene von der Bewirtungsszene. Da Thematik und Darstellungsform der Abrahamszene byzantinischen Ursprungs sind und sich vom 6. bis zum 12. Jahrhundert kein Beispiel abendländischer Kunst findet, in dem die Bilder dieses Typs auf Abraham Bezug nehmen, ist zu schließen, daß beide Szenen aus dem Kontext gelöst und für sich genommen Sinn vermittelt haben. Dieser Sinn ist die Trinität gewesen. Eine Abbildung von 1340, die sich auf dieselbe Tradition beruft, stellt Christus dar, umgeben von vier Medaillons, die jeweils eine mögliche Bildform der Trinität zeigen: Gnadenstuhl, Dreikopfwesen und beide Abrahamszenen. Der Titel des Blattes lautet »*alta trinitate beata*«. So galten beide Abrahamszenen als Bildnisse der Dreifaltigkeit, wobei die Szene der Bewirtung in der abendländischen und der byzantinischen Kunst eine jeweils eigene Entwicklung nimmt.

Die byzantinische Kunst entwickelt aus der Bewirtungsszene des Abrahammotivs eine eigenwillige und endgültige Trinitätsdarstellung. Sie gilt in der orthodoxen Kirche bis heute als Vorbild für alle Bildnisse der Dreifaltigkeit und stammt von Rubljow aus dem Jahre 1410. Während sich in den Ikonen die dargestellten Figuren frontal dem Betrachter präsentieren müssen, kreisen in Rubljows Ikonen die drei engelhaften Gestalten intertrinitarisch[14] in sich. Das In-sich-Kreisen

Andrei Rubljow, *Drei Engel im Hain Mamre oder alttestamentliche Dreieinigkeit* (um 1410, Tretjakow-Galerie, Moskau)

zeigt die Selbstgenügsamkeit der zu einer Einheit zusammengeschlossenen Gestalten. Mit der formalen Komposition führt Rubljow die Trinitätsdarstellung auf einen meditativen Punkt. Sitzend kreisen die drei Gestalten der einen Wesenheit auf dem einen Thron in sich und bedeuten Würde, Bedürfnislosigkeit und meditative Ruhe. Die einheitliche Komposition und das In-sich-Kreisen der engelhaften Wesen veranschaulichen die Trinität als eine Ordnung des Sedativen.

Das Abendland leitet das Bild der Dreifaltigkeit nicht aus dem Abrahammotiv ab, sondern findet sie in einer Form, in der die drei Gestalten in den Sohn (Christus), die Taube (Heiliger Geist) und den Vater (Gott) unterschieden sind. Diese Form der Darstellung, die man entfaltete Trinität nennen könnte, setzt die Bildwürdigkeit des christlichen Gottes in der anthropomorphen Gestalt des Vaters voraus.

Die frühesten Darstellungen der ersten Person der Trinität als anthropomorphes Wesen entstehen im 12. Jahrhundert im Zusammenhang mit der Wandlung der Christusgestalt vom Logos zum Anthropos.[15] Bis dahin wird Gott sinnbildlich als geöffneter Himmel oder rechte Hand, die aus den Wolken ragt, als Auge, als Tetragramm JHVE im Nimbus oder als Etimasia dargestellt. Und bevor man Gott mit den Attributen des Vaters wiedergibt, stellt man ihn ausschließlich in der Gestalt des Sohnes dar, im präexistenten Christus als Weltenschöpfer oder im Gnadenstuhl.

Während sich die Gestaltungsweise des Vaters, der in der Gestalt des Sohnes wiedergegeben wird, an der *maiestas*-Darstellung Christi orientiert, wandelt sich die Darstellungsform Christi im Zuge der Passionsmystik vom himmlischen Herrscher zum leidenden Menschen. Das Eigenbild Gottes als Vater entsteht im 12. Jahrhundert, wird aber erst im 15. allgemein akzeptiert. Die erste Person der Trinität bildet

Römisch sitzender Christus (Apsismosaik, um 400, Santa Pudenziana, Rom)

man als Greis ab, von dem sich der jugendliche Christus wie im menschlichen Verhältnis von Vater und Sohn unterscheidet. Mit dem Heraustreten der Gestalt des Vaters aus der Gestalt des Sohnes entwikkeln sich zwei Bildmotive der Trinität: die Dreifaltigkeit im Gloria und im Kontext der Passionsmystik der Gnadenstuhl.

In frühen Apsiden sind die göttlichen Zeichen Lamm, Kreuz, Christus und die Hand Gottes vertikal angeordnet. Dann setzt man Christus auf den irdischen, später auf den himmlischen Thron. Raffael hat das Motiv in seiner *Disputà* behandelt. So entwickeln sich aus der Bewirtungsszene des Abraham die vielfältigen Himmelsthrondarstellungen, in denen die zunächst gleichgestaltigen Wesen der Trinität mit den Attributen Christi sitzen. Erst allmählich differenzieren sich die drei Wesen in die Gestalten des Vaters, des Sohnes und der Taube. Parallel hierzu entwickelt die Apsiskunst ein Motiv, das sich mit der Bewirtungsszene zur Dreifaltigkeit im Gloria zusammenschließt. In der *Disputà* von Raffael wird der Fußkreis der Apsiskuppel zur Wolkenbank, auf der Christus thront und die Erde und Himmel scheidet. Die heiligen Gestalten werden in den Himmel gehoben. Raffael hat die Vertikale zurückgenommen und im thronenden Christus konzentriert, über dem der anthropomorphe Vater steht. Im Hinblick auf die Abrahamszene ist es ein kleiner Schritt, Gottvater neben den Sohn auf den Thron zu setzen, wie dies Tizian in *La Gloria* (1551–1554) getan hat. Mit Tizians Werk hat sich die vertikale Gliederung der heiligen Zei-

Raffael, *Disputà* (1508–1509, Stanza della Segnatura, Vatikan)

Tizian, *La Gloria* (1551–1554, Prado, Madrid)

chen Gottes in eine Horizontale umgewandelt, und Vater, Sohn und Taube befinden sich auf derselben räumlichen Ebene. Diese Bildform zum Ruhm Gottes wird das Vorbild für die unzähligen *civitas-dei*-Darstellungen, in denen die drei Gestalten des einen göttlichen Wesens auf dem himmlischen Thron sitzen. Formal betrachtet arbeitet sich die Gestalt Christi vom ebenerdigen Thron in den Himmel hinein und zum

Soester Gnadenstuhl (engl. Alabasterrelief, um 1300, St. Maria zur Wiese)

Vater hinauf, während der Vater vorübergehend zu seinem Mensch gewordenen Sohn niederkommt. Da sich in Tizians *La Gloria* die Veranschaulichung der Erhöhung Christi abschließt, scheint auch das Bild der Aussöhnung des Vaters mit seinem Sohn und Gottes mit der sündigen Menschheit abgeschlossen. Dennoch ist dem Abendland die Darstellung der Dreifaltigkeit im Gloria nicht die verbindliche Trinitätsdarstellung geworden. Es hat für die Dreifaltigkeit ein Motiv erfunden, das den Aspekt der Versöhnung stärker von seinem inneren Mechanismus her befriedigend veranschaulicht: den Gnadenstuhl.

Das Motiv des Gnadenstuhls zeigt die drei göttlichen Wesen. Der Vater sitzt auf dem Thron und hält das Kreuz in seinen Händen, an dem der leidende Sohn hängt. Er reicht das Kreuz der Menschheit, um das Sühnemittel als Opfer anzunehmen.[16] So erläutert das Motiv des Gnadenstuhls vor allem die Zusammenhänge von Gekreuzigtsein, Sitzen, Versöhnung und Erhöhung.

Das Wort Gnadenstuhl stammt von Luther. Der ungewöhnliche Begriff wird ausschließlich in der deutschen Sprache auf dieses Motiv der Trinität angewendet. Als erster übersetzte Panofsky die Gnadenstuhl genannten Bildnisse mit *throne of mercy* ins Englische. Luther faßt unter den Begriff zwei zunächst unterschiedliche Vorstellungen, um ihn dann auf den oben beschriebenen Darstellungstyp zu übertragen. Während er die beiden Hebräerstellen *o thrónos thēs káritos* und *ilasterios* mit

Gnadenstuhl übersetzt, steht das griechische Wort *ilasterios* für den Deckel der Bundeslade. Die Elberfelder Bibel übersetzt die erste Passage entsprechend mit Thron der Gnade, die zweite mit Versöhnungsdeckel. Doch trotz der formalen Differenzen zwischen Elberfelder und Lutherübersetzung sind die inhaltlichen Differenzen gering, so daß Luther mit der Wortschöpfung Gnadenstuhl die Relationen von Gnade und Thron, Opfer und Kreuz gut ausgedrückt hat. Gott hatte Anweisungen für die Bundeslade gegeben:
»Dann sollst du eine Deckplatte ... herstellen ... Aus (einem Stück mit) der Deckplatte sollt ihr die Cherubim machen an ihren beiden Enden. Und die Cherubim sollen die Flügel nach oben ausbreiten, die Deckplatte mit ihren Flügeln überdeckend, während ihre Gesichter einander zugewandt sind. Der Deckplatte sollen die Gesichter der Cherubim zu(gewandt) sein.
Lege die Deckplatte oben auf die Lade! In die Lade aber sollst du das Zeugnis legen, das ich dir geben werde. Und dort werde ich mich dir zu erkennen geben.« (2. Mose 25, 10–22)
Bereits Paulus setzt die Deckplatte der Bundeslade einem Altar gleich. Die Deutung scheint Luther inspiriert zu haben: Der Deckel der Bundeslade sei Altar und Stuhl, auf dem sich Christus opfere, um die Menschen mit Gott zu versöhnen. Eine solche Auslegung erlaubt erst das Neue Testament, so daß man zu Recht vermutet hat, daß Luther den Begriff Gnadenstuhl zunächst für die Paulusworte verwendet, um ihn von hier aus auf den Abschlußdeckel der Bundeslade zu beziehen.[17] Auch die Elberfelder Bibel spricht von Sühneort (Röm. 3, 25) und Versöhnungsdeckel (Hebr. 9, 5) und bemerkt, daß die Begriffe durch dasselbe hebräische Wort repräsentiert seien, so daß »wahrscheinlich der thronartige Deckel der Bundeslade« (Röm. 3, 25, Anm. 29) gemeint sei. Darüber hinaus erwähnt sie, daß das hebräische Wort für den Dekkel von einem Zeitwort abgeleitet sei, welches zwar ursprünglich verdecken und bestreichen, gewöhnlich aber sühnen und versöhnen bedeute (2. Mose 25, 17, Anm. 14). Bezieht man Versöhnung und Sühne auf das an Mose gerichtete Gotteswort: »Dort [nämlich auf der Deckplatte] werde ich mich dir zu erkennen geben«, wird Luthers Wiedergabe des Deckels mit Gnadenstuhl verständlich. Auf dem Stuhl der Gnade nimmt Gott die angebotene Versöhnung durch das Sühneopfer Christi an.
Auch der kluniazensische Abt Suger hegt in der Mitte des 12. Jahrhunderts ähnliche Gedanken. Er berichtet von der von einem vierrädrigen Wagen getragenen Bundeslade, auf der Gott sitzend mit beiden Händen das Kruzifix hält. Die Schrift unter der in einem Chorfenster befindlichen Abbildung habe gelautet: »Auf der Bundeslade ist aufgerichtet der Altar mit dem Kreuz Christi; hier will das Leben sterben für

Gnadenstuhl-Bildnis aus einem Missale in Cambrai (um 1120)

einen neuen Bund.«[18] Da die Inschrift von einem neuen Bund spricht, Luther sich auf den Zusammenhang von Altar, Stuhl und Gnade bezieht und die Gnadenstuhl genannten Bildnisse vom 13. bis zum 16. Jahrhundert als Trinitätsdarstellungen gelten, stellt sich die Frage nach dem Verhältnis von Gnadenstuhl und Trinität aus der Perspektive der Messe neu. Tatsächlich leitet sich der Gnadenstuhl nicht aus den Motiven der Trinität ab, sondern aus dem Bemühen, das Mysterium der heiligen Messe, in der Christus zugleich Erlöser und Opfer ist, anschaulich ins Bild zu setzen. Die erste Frucht der Bemühungen ist eine Miniatur in einem Missale aus Cambrai von 1120. Unter der Miniatur stehen die abgekürzten Anfangsworte der römischen Kanongebete TE IGIT, CLEM TISSIME PAT (Dich, gütiger Vater). Im Missale heißt es weiter: »Wir bitten dich in Ehrfurcht durch deinen Sohn, unseren Herrn Jesus Christus: Nimm diese Gaben und Geschenke an und segne dieses reine Opfer.«[19] Der Gnadenstuhl, der selbst das Bild eines Altars darstellt, nimmt seinen Ausgang in den Vorgängen um den Altar, und seine Motive entwickeln sich im Kontext um die Bitte des Priesters in der Messe, das Kreuzopfer Christi anzunehmen.[20]

Die Zusammenhänge von Messe und Trinität veranschaulichen drei Abweichungen vom charakteristischen Schema des Gnadenstuhls. Die bildliche Wiedergabe Gottes bleibt immer fragwürdig, deshalb gibt man den göttlichen Vater oft in der Gestalt des Sohnes wieder. Wäh-

Luca di Tommè (Werkstatt), *Kreuzigung und Trinität* (um 1360, New York)

rend eine Miniatur des Landgrafenpsalters von 1212 den thronenden Vater in der Gestalt Christi darstellt, zeigt die Miniatur aus Cambrai die erste Person der Dreifaltigkeit deutlich als den Vater des am Kreuz hängenden Sohnes. Die zweite Variante des Gnadenstuhls ist das Fehlen des Kreuzes und, gelegentlich, des Throns. Die ersten Bildnisse dieser Art entstehen im 13. Jahrhundert. Gott nimmt den Sohn selbst in die Arme und in den Schoß, nimmt ihn ohne Mittel zu sich. Es ist dasselbe Jahrhundert, das Christus im Vesperbild in den Schoß der Mutter Maria und die Arme des Vaters legt. Mit der Pietà der Madonna entsteht die Pietà des Vaters. Man nennt das männliche Vesperbild Not Gottes, weil Gott als Vater Not leidet und durch das Leiden des Sohnes Schmerz empfindet. Aber es handelt sich nicht um bloßes Mitleiden, es ist das eigene Leiden Gottes, da er der Sohn selbst ist.

Die dritte Variante verweist bereits in ihrer Komposition direkt auf die Trinität und zeigt, warum sich das Motiv des Gnadenstuhls zur maßgeblichen Bildform der Trinität für das Abendland entwickelt: Es ist der gegenseitige Bezug von Messe und Trinität. Drei gleich gestaltete Personen, für sich genommen eine unentfaltete Darstellung der

Trinität, halten, auf einem Thron sitzend, das Kreuz, an dem Christus hängt. Damit aber machen sie die gesamte Komposition zu einer Darstellung des Gnadenstuhls, nicht der Trinität. So überlagern sich in der Komposition zwei Bildtypen: die unentfaltete Trinität und der Gnadenstuhl. Da sich eine der drei Hypostasen immer auf Christus bezieht, hält sich Christus auf dem Thron sitzend selbst als der am Kreuz Leidende. Aber das Mysterium von Tod, Leiden und Auferstehung bezieht sich nur der Gestalt, nicht dem Wesen nach auf Christus, da es sich dem Wesen nach auf alle drei Hypostasen bezieht. Dieses vereinzelte Gnadenstuhlbild weicht in seiner Bedeutung nicht von den kanonisch gewordenen Gnadenstühlen ab, es beseitigt nur die verdeckende Oberfläche und macht deutlich, daß der Gnadenstuhl unter der Oberfläche seines Dreifaltigkeitsmotivs Schichten des Mysteriums Christi birgt, das in jeder Messe neu erlebt werden kann und soll. Da Wesen und Gestalt der Dreifaltigkeit auseinanderfallen, ist Gott in der Gestalt des Sohnes Opfer und Erlöser, in der Gestalt des Vaters Erlöser und Opfer. Die wechselseitigen Relationen weisen Gottvater selbst als den Geopferten aus. Deshalb die Not Gottes in der Pietà. Als Herrscher sitzt der christliche Gott auf dem Thron, um den geopferten Christus der Menschheit darzureichen. Gott leidet Not, als der Geopferte, während Christus aufersteht und zum neuen Herrn wird. Er leidet gemeinsam mit dem Sohn, der er selber ist, und gibt sich den Menschen zum Opfer, um sie zu erlösen. Es ist das Bild der Aussöhnung des Vaters mit seinem Sohn und Gottes mit den Menschen. Unter einem solchen umgekehrten Blickwinkel wandelt sich der richtende Vater zum leidenden Sohn, und der leidende Sohn besteigt den himmlischen Thron des Vaters.

Im Gnadenstuhl lassen sich Kreuz und Thron strukturell nicht mehr unterscheiden. Dem Wesen nach sind sie identisch. Aber sie unterscheiden sich der Gestalt nach. Im Gnadenstuhlbild nimmt der Thron das Kreuz in derselben Weise in sich zurück wie der Vater den Sohn. In der Gestalt des Vaters offenbart der christliche Gott seine Gefäßqualitäten. Er wird zum männlichen Schoß und Thron Christi und verdichtet sich zum Bild äußerster Sediertheit. Den Aspekt der Erhöhung veranschaulicht die Taube, die als Heiliger Geist zwischen dem menschlichen Sohn und dem himmlischen Vater vermittelt. Konsequenterweise ist das erste zentralperspektivische Bild der Neuzeit ein Gnadenstuhl. Bei diesem Typus gibt man den Vater gelegentlich stehend, ohne Thron, wieder, so daß sich die Identität von Kreuz und Thron noch einmal verdichtet: obwohl der Thron fehlt, handelt es sich um ein Gnadenstuhlbild. In ihm wird das Kreuz, nun Hauptmotiv des Bildes, zum Stuhl, zum Stuhl der Gnade.

Mit der Darstellbarkeit Gottes, mit der alle Elemente des Heiligen bildwürdig geworden sind, beginnt bereits ein gegenläufiger Prozeß. Das Göttliche zieht sich in den Himmel zurück. Allerdings um sich auf Erden um so fester zu binden. Wolfgang Schöne hat die These vertreten, daß die Bilder des Heiligen und der heiligen Gestalten auf die Erde gekommen seien, dieselben Stationen wie Christus durchlaufen und wie dieser eine Himmelfahrt erlebt hätten.

Der Prozeß dauert bis zum Ende des 18. Jahrhunderts. Danach ist das Heilige bildlich nicht mehr darstellbar. Sein abruptes Verschwinden fällt mit einem anderen gesellschaftlichen Ereignis zusammen: mit dem Sichsetzen des Bürgers. Da das christliche Kreuz die extremste Form eines Throns darstellt und man sich die christlichen Ereignisse vorwiegend als Thron und Kreuz vorstellt und auch bildlich wiedergibt, wird das Heilige im Christentum als Thron und Thronen gedacht. Deshalb zeigt das Verschwinden des Heiligen in dem Moment, in dem sich der Mensch setzen will, daß das Bürgertum eine heilige Haltung auf sich bezieht, sie anwendet und eine ehemals auszeichnende Haltung entweiht, indem es sie zur Norm für alle macht. Allerdings kehrt in der Normierung das verlorene Heilige im Bild des sitzenden Bürgers zurück. Daß man das Heilige nicht mehr darstellen kann, bedeutet lediglich, daß die Darstellung des Sitzens im Bild keine Aussagekraft mehr hat. Sitzen und Stuhl haben die Elemente des Heiligen, das Thronen und den Thron, absorbiert und scheinbar verflüchtigt, so daß sich über ihre Bildformen das Heilige nicht mehr veranschaulichen läßt.

Vielleicht könnte das Heilige noch dargestellt werden, aber es wäre sinnlos. Der Sitzende bedarf keines Abzeichens seiner selbst, um das Heilige auszudrücken, er ist selbst sein eigener Ausdruck, Fleisch gewordenes Bild des Heiligen. Im Sitzenden fließen Gestalt und Wesen zusammen, und in dem Moment, in dem sich Sitzen gesellschaftlich als Alltäglichkeit etabliert, etabliert sich der Bürger in der Gestalt des Homo sedens als Bild und Wesen des Heiligen. Die Bilder sind Wirklichkeit geworden. Sie können sich deshalb in den Himmel zurückziehen, denn von nun an wird die Erde mit Zentren von Heiligtümern übersät, da sich über jedem Stuhl die *axis mundi* erhebt.

Im Bürger fließen die unterschiedlichen Gestalten des Heiligen zusammen: die Trinität im Gloria als Himmelsthron, Maria als Halt und Thron, Gottvater als Schoß und Thron und die Trinität als Gnadenstuhl. Der Bürger wird Chiffre und Ersatz für die christlichen Bilder, die sich auflösen, um in gewandelter Form zu bleiben, in der Form des Homo sedens.

Die christlichen Bilder des Heiligen haben ihre Aufgabe, Leitbilder zu sein, um den Menschen in Kreuz und Stuhl zu nehmen, erfüllt. Sie sind Bilder der Erhöhung und des Sedativen, die im sitzenden Bürger real geworden sind. Indem der Stuhl um 1800 seine sedierende Arbeit aufnimmt, erleben die christlichen Bilder ihre Himmelfahrt.

Himmelfahrt als Inthronisation Christi

Die Himmelfahrt als Inthronisation Christi, die den gläubigen Christen als Vorbild und Perspektive dient, faßt die genannten Gestalten des Heiligen in einem konzentrierten Bild zusammen.

Die ersten Darstellungen der Himmelfahrt zeigen, wie Christus, von der Hand Gottes, die aus den Wolken ragt, geführt, den heiligen Berg zu Fuß erklimmt. Im Himmel steht für den Gottessohn der Thron bereit, aber bereits der Berg ist Thron. Christi Himmelfahrt ist das Bild für die Inthronisation Christi, das Besteigen des himmlischen Throns. Leiden, Tod, Auferstehung und Himmelfahrt gelten als Stationen der Initiation zu einer neuen Stufe der Religiosität und der inneren Sedierung. Der für Christus bereite Sitz steht zur Rechten des Throns des Vaters. Aber es handelt sich um denselben Thron, da auch hier das Verhältnis der Trinität gilt: Wie »ich ... mich mit meinem Vater auf seinen Thron gesetzt habe«. Und wie Osiris wird sich Christus, wenn er aufersteht, setzen.

In seiner Vision auf Patmos sind Johannes die Vorgänge um den Thron des Jüngsten Gerichts offenbart worden, die er in der *Apokalypse* niedergeschrieben hat.

»Und siehe, ein Thron stand im Himmel, und auf dem Thron saß einer. Und der da saß, (war) von Ansehen gleich einem Jaspisstein und einem Sardion, und ein Regenbogen (war) rings um den Thron, von Ansehen gleich einem Smaragd. Und rings um den Thron (sah ich) vierundzwanzig Älteste, bekleidet mit weißen Kleidern, und auf ihren Häuptern goldene Siegeskränze. Und aus dem Thron gehen hervor Blitze und Stimmen und Donner; und sieben Feuerfackeln brennen vor dem Thron, welche die sieben Geister Gottes sind. Und vor dem Thron (war es) wie ein gläsernes Meer, gleich Kristall; und inmitten des Thrones und rings um den Thron vier lebendige Wesen, voller Augen vorne und hinten.« (Offb. 4, 2–8)

Der Thron des Jüngsten Gerichts ist in bildlichen Darstellungen ein leerer, mit den Attributen des Heiligen ausgestatteter Thron. Er ist das Bild für den bereiten Thron, die Etimasia, bereit für die Wiederkunft und das Gericht Christi. Bis heute hat sich der Begriff des Thronens als eine aktive Haltung erhalten. Wer thront, demonstriert, daß er über ungewöhnliche Kräfte verfügt. Der Gott des Alten Testaments thront auf seinen Bergen, und wer neben ihm Macht gewinnt, wird wie Christus in der Vorstellung des christlichen Glaubensbekenntnisses zu seiner Rechten sitzen. Die apokalyptischen Bilder binden die beiden Ge-

Himmelfahrt (Elfenbeinrelief, um 400, Bayerisches Nationalmuseum, München)

stalten des Vaters und des Sohnes in die eine des thronenden Richters zusammen. Solche Visionen haben die Geltung und die Bedeutung des Thrones für die christliche Kirche mitbestimmt und bis heute erhalten.[21] *Rom*, der wörtlich-bildliche Ausdruck konzentrierter Autorität der Kirche, gilt nicht nur der Christenheit als identisch mit der *sancta sedes*, dem Heiligen Stuhl,[22] wobei sich Autorität und Innehaben der Macht in zweifacher Hinsicht an den Besitz binden. Nach katholischer Anschauung gilt der Papst als Inhaber des Heiligen Stuhls nur dann als unfehlbar, wenn er *ex cathedra*, also sitzend, vom Thronsitz des heiligen Petrus aus, spricht. Bei Karl dem Großen hat man das Bild noch übersteigert. Sitzend auf einem Thronsessel bestattet, hat er bei der Ankunft im Jenseits gleich seinen Stuhl mit, auf dem er der Vorsehung nach bis in alle Ewigkeit thronen wird.[23]

Der Himmel gilt nicht nur als Wohnort Christi, Gottes und der Engel, auch selige Menschen leben dort. Das Alte Testament berichtet von Entrückungen dorthin. Das späte Judentum erwartet, daß die Gerechten ewig bei Gott sein werden, und nach dem Neuen Testament sind die Namen der Jünger Jesu im Himmel eingeschrieben, aber auch die gläubigen Christen finden bereits auf Erden ihre Heimat im Himmel. Sie werden dort einst mit Christus sitzen und vor Gottes Thron stehen. In der engen Bindung an Christus erhält der Gläubige das Anrecht auf einen himmlischen Sitz. »Unser Bürgerrecht ist in den Himmeln, von woher wir auch den Herrn Jesus Christus als Heiland erwarten.« (Phil. 3, 21) Als Ziel im engeren Sinn dient der Aufenthalt im

Himmel der Umrüstung des Gläubigen, dessen »Leib der Niedrigkeit« Christus umrüsten und »zur Gleichgestaltung mit seinem Leib der Herrlichkeit« (Phil. 3, 21) machen wird. Wer gottgefällig lebt und Buße tut, dem gibt Christus das Versprechen: »Wer überwindet, dem werde ich geben, mit mir auf meinen Thron zu sitzen, wie auch ich überwunden und mich mit meinem Vater auf seinen Thron gesetzt habe.« (Off. 3, 21) Die Bilder vom Vater und vom thronenden Sohn sowie von Christus und von thronenden Gläubigen gleichen einander und machen den Gläubigen würdig, sich auf Gottes Thron zu setzen.

Absicht auf bestimmte Gegenstände impliziert immer das Absehen von anderen Objekten, und indem man absieht, hat man Absichten. Als Streit zwischen Objekt und Intention bedeutet Absicht immer Ziel oder Zweck.

Das Überwinden, von dem Christus spricht, ist das Absehen von einem besonderen Objekt, vom eigenen Leib. In der Absicht zur Überwindung des Leibs liegen die Möglichkeiten zu einem sündefreien Dasein. Der Leib der Herrlichkeit wird das Medium zu einer leiblosen Existenz. In der Abstraktion vom Leib aktivieren sich auch die Motive und Möglichkeiten für die Bildlosigkeit Gottes. Bildlosigkeit meint eine asketische Ordnung aus den Elementen Gehorsam, Keuschheit und Demut, eine Teilstruktur des Sedativen. Indem es dem Gläubigen nach und nach gelingt, sich in der Askese seinen Gott bildlos vorzustellen, wandelt er sein Wesen in Demut, Keuschheit und Gehorsam, wird selbst bildlos und überwindet imaginativ die Bindung an den Leib, überhöht ihn und wird strukturell Gott ähnlich. Als einer der Wege zur Überwindung gilt die geschlechtliche Enthaltsamkeit, eng verwandt der Erkenntnis. Die Genesis knüpft Erkenntnis und Sünde eng zusammen, aber der Ungehorsam führt zu Wissen und erzwingt zum Erhalt des Menschen die Geschlechtlichkeit. Dem Wort keusch liegt *conscius* zugrunde, das bewußt wissend bedeutet. So erzeugt das Enthalten des Geschlechtstriebs ein bewußtes Wissen, setzt die Erbsünde um ein erhebliches Maß herab, die Sedierung um dasselbe Maß herauf. Keuschheit wird als Bedingung zur Überwindung einer der Wege in eine unbildliche und spirituelle Ordnung, die den Tod aufhebt. Indem der Gläubige den eigenen Leib überwindet, macht er ihn zu einem Glied des Leibs Christi. Eine solche unleibliche Körperordnung bindet sich an den göttlichen Thron und verschafft Anrechte auf dessen Besitz.

Mit dem Christuswort »Wer überwindet...« wird das Thronen zum Bild für Auserwähltheit, die ihre Basis in einer spirituellen und sedativen Verfassung hat. Auch Christus muß sich überwinden, ehe er sich neben den Vater setzt, und nur wer wie er das Kreuzopfer der Duldsamkeit und Entsagung auf sich nimmt, darf sich neben ihn setzen. Das in der Keuschheit praktizierte Absehen von leiblichen Begier-

Die Bibel zwischen Genesis und Apokalypse. Das Kreuz verbindet die Pole.

den führt den Gläubigen auf den Pfad von Demut und Gehorsam, die beide die mit der Keuschheit gegebene leibliche Zurücknahme verstärken. Die Überwindung separiert im Menschen das Menschliche vom Göttlichen. Wie sich Christus durch Leiden, Tod und Auferstehung in eine reine Gottheit rückverwandelt, so transzendiert der Gläubige im bedingungslosen Glauben seine im Sündenfall erworbene *humane* Menschlichkeit in eine göttliche Menschlichkeit.

Aus dem Versprechen Christi auf den himmlischen Thron leitet sich das Recht auf das irdische Sitzen auf Stühlen ab. Dem Protestanten als dem Asketischeren unter den Christen gelingt es, mit Hilfe von Handwerk und List (Technik) paradiesische Zustände auf Erden zu installieren.

Die Apokalypse erweist sich als Zielpunkt einer Entwicklung, die ihren Ausgang im Schöpfungsmythos nimmt. Das Ziel, das sich der Mensch selbst gesteckt hat, ist ein dem Menschen angemessener Thron, der Stuhl des alltäglichen Gebrauchs. Die Stufen der Entwicklung zu ihm hin lauten: Paradies – Thron Salomos – Kreuz Christi – Herrscherthron – Gebrauchsstuhl. Im Gebrauchsstuhl sind der apokalyptische Thron und die unterschiedlichen Throne Christi verarbeitet. Realisiert werden die Bilder von Erhöhung, Überwindung und Sitzen im Kloster, in einer Maschinerie zur inneren Formung, im Chorgestühl. Durch in Erkenntnis vermittelte menschliche Arbeit wird der unfertige Stuhl der Genesis umgestaltet und erhält am Ende die Form eines unrepräsentativen Stuhls. Die Ausdauer, mit der heutige Abendländer sitzen, verbürgt den göttlichen Rang der Sitzhaltung, denn Bild und Vorstellung der Apokalypse sind das Thronen in Ewigkeit. Die Apokalypse, die *humane* Seite der Genesis, erweist sich als eine Thronordnung mit einem Maß an innerer Sediertheit, welches das der Genesis bei weitem übertrifft.

Mit Genesis und Apokalypse ist die Rückfront des Stuhls fertig. Das zweite Bein steht für die christliche Form des Throns, für das Kreuz. Indem die Rückenlehne auf zwei Beinen steht, sind zwei der vier Stützen des Stuhls ausgeführt: die königlichen und die christlichen Aspekte des Throns. Das folgende Kapitel zeichnet das dritte Stuhlbein und beschreibt, mit welchen Mechanismen die im 3. Kapitel dargelegten Aspekte des Kreuzes ins mönchische Sitzen eingearbeitet werden.

# 4. Kapitel
Chorgestühl und Klosterzelle als Basis des Stuhls

Die Kirche als Gefäß für heilige Stühle

Das Sitzen auf Stühlen hat neben seinen abstrakten Implikationen zwei Wurzeln: das reale Thronen des Königs und die Kreuzigung Jesu Christi. Der Chorstuhl betont die Aspekte des Kreuzes.

Das Gestühl, das im Chorraum entwickelt wird, ist ein Produkt der Klosterbewegung, und die Benediktinerregel, aus der es sich ableitet, stellt eine Ordnung des Sitzens dar.

Kirchengestühl entwickelt sich innerhalb des Christentums erst spät: wegen der Besonderheit der Sitzhaltung und weil es bis zu Beginn des 4. Jahrhunderts noch keinen Raum für christliche Kulte gibt.

Ungeachtet dessen drängt es die Klosterbewegung schon früh vom Gestelltsein zum Sitzen. Aber der Raum, den das Sitzen in der Nähe der geweihten Vorgänge fordert, bedarf selbst einer geeigneten Ordnung. Sie entsteht mit den christlichen Bauten, die sich auf dem Weg des Christentums zur Staatsreligion und aus den Formen der sich wandelnden liturgischen Praxis entwickeln.

Vieles an der Gestaltung und den Inhalten der christlichen Kulte ist bereits aus dem 1. nachchristlichen Jahrhundert bekannt, dagegen bleibt die Struktur der christlichen Kultstätten bis in die Zeit Konstantins des Großen im Dunkel. Für die antike Kultur der Griechen und Römer gilt das Gegenteil. Kultbauten gelten seit dem 7. vorchristlichen Jahrhundert als gut bekannt, während man die sich im Innern und vor den Tempeln vollziehenden Kulte nicht kennt. Die Antike verehrt nicht nur das im Tempel aufgestellte Bild als Teil des Göttlichen, sondern sieht im Tempel zugleich den sichtbaren Ausfluß des in ihm aufgestellten Kultbildes. Zwar vermag die Gottheit mehr als das Bild, aber im Vollzug des kultischen Handelns verlegt sich sein Wesen in das Kultbild.[1] Da die frühen Christen weder das Bild noch den gesprochenen Namen ihres Gottes kennen, gibt es für sie keine einem Tempel vergleichbare Raumvorstellung. Der Raum, in dem sich der christliche Kult vollzieht, ist kein Bestandteil des Kultes. Nichts am Raum weist über Räumliches hinaus, so daß der christliche Kult nicht ins Räumliche dringt. Die zentralen Elemente des frühen Christentums liegen in der Handlung: kein Raum, kein Name, nur das bildlose Sakrament. Erst allmählich, ausgehend vom abendlichen Mahl der frühen Christengemeinde bis hin zum Raum für den Chor in der Karolingerzeit, bildet sich ein Geflecht aus Raum, Liturgie und Leibeshaltung aus, die für den Kult Bedeutung haben.

Daß sich der frühchristliche Kirchenbau aus der Gerichts- und Marktbasilika der Römer ableitet, ist ein kunst- und baugeschichtlicher Topos. Doch selbst wenn die Ableitung zuträfe, hätte man wenig Freude an ihr: Sie besagt nichts. Motive und Funktionen beider Bautypen sind zu divergent, und zwar gerade dort, wo sie sich architektonisch gleichen.

Unter Basilika versteht man einen mehrschiffigen Saal, dessen Mitteltrakt sich über die Pultdächer der Seitenschiffe erhebt und durch eigene Fenster erhellt wird. Die antike Basilika ist ein Profanbau für den Handel, den Markt und die Gerichtsbarkeit. Benutzt vor allem bei extremer Witterung, vollzieht sich in ihr ein ungerichtetes Treiben, ein scheinbar orientierungsloses Hin und Her von Abläufen. Zu Gericht sitzt man an der gelegentlich mit einem apsisähnlichen Rund versehenen Schmalseite: erhöht in der Mitte auf einem (Katheder genannten) Armlehnsessel mit Rückenlehne der Prätor, erniedrigt auf (Subsellien genannten) meist steinernen und dem Rund angepaßten Bänken die Geschworenen. Doch trotz der Akzentuierung dieses Raumabschnittes bleibt der Gesamtraum richtungslos und ohne Bezug auf die Apsis. Neben dem Markt- und Gerichtsbau kennt das antike Rom noch die Palastbasilika, die in der Residenz des Kaisers dem Zweck der Repräsentation dient. In ihr sitzt an der mit oder ohne Apsis gestalteten Schmalseite der von wenigen Auserwählten umgebene Kaiser auf seinem Thron, um den sich in gebührendem Abstand Hofstaat und Volksmenge versammeln.

Die frühchristliche Basilika teilt mit der römischen die Apsis und das überhöhte Mittelschiff, unterscheidet sich von beiden aber in den Proportionen des Innenraums und in der Bedeutung der Säulenstellung. Die Nutzung des Rauminnern vollzieht sich als Sitzen einer auserwählten Person an der Schmalseite und im Gegenüber einer größeren anonymen Menge. Strenggenommen kann man bei den Profanbauten nicht von einem Gegenüber sprechen, da sie im Grundriß eher quadratisch als rechteckig sind, so daß dem Innenraum eine Opposition der Raumabschnitte fehlt. Im Gegensatz hierzu charakterisiert den christlichen Kirchenbau von Anfang an das, wofür die römischen Bauherren kein Interesse zeigen: das in hierarchischer Komposition von Teilräumen erzeugte Hinführen und Konzentrieren auf ein Bedeutungszentrum. Die sich von den profanen Basiliken unterscheidenden Funktionen entspringen den Formen der gottesdienstlichen Praxis.

Indem man nichtjüdische Christen in die Gemeinde aufnimmt, hält man die Versammlungen, die bis dahin in der Synagoge stattfinden, immer häufiger in privaten, nicht zum Zweck gemeinsamer Andacht errichteten Gebäuden ab. Diese Zusammenkünfte, die *kyriake ekklesia*, bilden die christliche Kirche. Bei den Versammlungen dienen als Kultgegenstände ein einfacher Tisch, Brot und Wein, und wenn die Gemeinde am Abend zum Mahl zusammenkommt und sich um den Tisch herum nicht setzt, sondern niederlegt, werden Speisen und Getränke so reichhaltig mitgebracht, daß auch die nicht anwesenden Kranken und die Armen gespeist werden können. Immer wieder unterbricht man das Mahl durch Gespräch, Psalmengesang, Gebet, Lesen von Bibeltexten und das Segnen der Speise. Es ist eine Feier der Liebe (Agape) und des Dankes (Eucharistie), bei der man schon früh dem zelebrierenden Presbyter[2] Diakone zur Seite stellt. Der Raum, der den Tisch, die Gemeinde und die zelebrierenden Personen aufnimmt, bildet eine geschlossene Kreisform um den Tisch. Noch die um 110 verfaßte Kirchenordnung der Didache[3] schreibt diese Form des Gottesdienstes vor, doch bereits ein halbes Jahrhundert später bestimmen die Kirchenordnungen des Hippolytos und Tertullians, daß Agape und Eucharistie getrennt zu zelebrieren sind. Sie verlegen das abendliche Mahl auf den Sonntagmorgen und verändern seinen ursprünglichen Charakter grundlegend. Am sonntäglichen Vormittag beginnt das eucharistische Opfermahl mit Lesungen aus den Testamenten und einer Predigt, an denen Nichtchristen, Ungläubige und Katechumen teilnehmen dürfen. Danach beginnt die eigentliche Eucharistiefeier, von der Nichteingeweihte ausgeschlossen sind. Das zentrale Element der Kommunion besteht darin, daß dem Priester Brot und Wein gereicht werden, über denen er das Gebet spricht. Indem man die Handlungen des gemeinsamen abendlichen Mahles und die Heiligung der Speisen aus ihrem unmittelbaren Zusammenhang herausnimmt, löst man die Form der Liturgie in ein rein symbolisches Tun auf. Zugleich hebt man die anfängliche Einheit des Raums auf, indem Gemeinde und Klerus sich räumlich distanzieren und den Kreis um den Tisch in ein Rechteck transformieren.

Dem Wandel liturgischer Formen entsprechen eine Aufwertung des *episkopos* gegenüber der Gemeinde (*laios*)[4] und eine Differenzierung innerhalb des Klerus. Der *episkopos*, der zunächst durch die Wahl der Gemeinde dieser vorsteht und die weltlichen Belange regelt und später neben dem weltlichen auch das priesterliche Amt übernimmt, wird mit seinem Machtzuwachs dem Einfluß der Gemeinde entzogen und von einem Gremium anderer *episkopoi* gewählt.

Gründe für den Formwandel der Liturgie liegen nur untergeordnet in der rasch wachsenden Zahl der Christengemeinden, der zunehmenden Distanzierung von Klerus und Gemeinde oder in der Differenzierung innerhalb des Klerus. Es handelt sich eher um Bemühungen, nach der schweren Zeit der Verfolgung und des Ausgegrenztwerdens selbstbewußt die Ausgrenzung Andersgläubiger zu betreiben, um den eigenen Glaubenshorizont zu festigen. So bilden sich Gruppen von Beobachtern (*skopoi*), die über (*epi*) den Gemeinden stehen, um die eigenen, gerade gewonnenen Grenzen des Gemeindelebens zu sichern und abzustecken. Der Aufseher (*episkopos*), von dem sich Bischof ableitet, sitzt schon früh während der kirchlichen Zeremonie der Gemeinde und den Presbytern auf seiner *cathedra* vor, so daß bereits zum Ende des 2. Jahrhunderts *cathedra* zum Begriff für das Bischofsamt wird.

Und doch gibt es, obwohl um die Mitte des 3. Jahrhunderts im eine halbe Million Einwohner zählenden Rom zwanzig- bis fünfzigtausend Christen leben, in dieser Zeit noch keinen dem christlichen Glauben adäquaten Kirchenraum. Noch immer sind es Räume, die wohlhabende Gläubige der Gemeinde zur Verfügung stellen. Der Kult hat seinen Raum noch nicht gefunden, doch der Formwandel des Gottesdienstes und die Separation der Gemeinde in Laien und Kleriker bilden Übergänge vom privaten zum öffentlichen Leben der Christen. Drei Kirchen sind erhalten, die gemeinsam die Grenze markieren, an der sich die Christengemeinde einen eigenen Kirchenraum schafft, in dem das Heilige aufbewahrt und in geweihten Handlungen aktiviert werden kann und in dem der Bischof auf der Kathedra, die Priesterschaft auf Bänken sitzt.

Die früheste erhaltene Hauskirche, ein für christliche Zusammenkünfte umgebautes Wohnhaus, stammt aus dem 3. Jahrhundert. Es steht am Westufer des Euphrat in Dura. Nach dem Umbau ist neben einem Kirchenraum ein Taufraum (Baptisterium) entstanden, der mit einer tiefen Wanne unter einem Tonnengewölbe und Wandmalereien ausgestaltet ist, die sich auf die Taufe beziehen. Im Baptisterium kommt es auf die Handlung und die Handlungsfolge an: die symbolische Hingabe an den Tod, die Befreiung von den Sünden und die Auferstehung zu einem neuen Leben. Zum erstenmal erlangt in Dura der das heilige Geschehen einfassende Raum durch Gestaltung und Malerei eine christlich gefärbte Bedeutung. Dagegen bietet der Kultraum vor allem durch seine Maße von fünf mal dreizehn Metern und ein kleines Podest an der Schmalseite Anhaltspunkte für einen christlichen Kirchenraum. Das Podest hat den Stuhl des Presbyters getragen: Wir befinden uns in dem ältesten erhaltenen sakralen Raum der Christen, in dem der zelebrierende Presbyter während besonderer Stationen des Gottesdienstes auf einem Stuhl saß.

Diesem frühesten Beispiel einer erhaltenen Hauskirche stehen zwei Kirchen von Aquileja aus der Zeit um 312 gegenüber. Sie stehen im Abstand von siebzehn Metern parallel zueinander und sind die frühesten Bauten, die man zum Zweck christlicher Zusammenkünfte errichtet hat. Sechs Säulen gliedern die Kirchenräume in drei Schiffe. Das Bodenmosaik der älteren Kirche, mit dem Baubeginn im Jahre 312, weist außer einem Hinweis auf den einflußreichen Bischof Theodorus und bis auf den östlichen Abschnitt, an dem die Kathedra des Bischofs und die Subsellien des Klerus standen, keinerlei christliche Symbolik auf. In beiden Kirchen hat man die Kathedra wie die Sitze der römischen Prätoren und Kaiser angeordnet. Die Wandmalereien der jüngeren Kirche verweisen eindeutig auf christliche Motive. Vermutlich ist die Kirche Konstantin dem Großen geweiht, der sich 314 in Aquileja aufhielt, da Porträts im Bodenmosaik, längs des Mittelschiffs angeordnet, wahrscheinlich die kaiserliche Familie darstellen. Die Gliederung des Gesamtraums durch die Stellung der Säulen, die dem Mittelschiff eine Proportion von 1:5 gibt, die Folge von Kathedra und Altar und das in einer Reihe angeordnete Bildprogramm betonen deutlich die Längsachse. Gleichzeitig wird die Gliederung durch eine gegenläufige Tendenz überlagert. Zum einen fehlt eine Apsis, zum anderen liegen die Eingänge in den Kirchenraum an der Längsseite. Zwar sind die Porträts in Längsrichtung angeordnet, aber die Bildnisse liegen, auf die Eintretenden abgestimmt, quer zur Längsachse. Deshalb weisen die dem Bau zugrunde liegenden architektonischen Ideale zwar weit über die der Hauskirche von Dura hinaus und veranschaulichen zum erstenmal die veränderten Formen der Liturgie, aber die begonnene Längung des Raums bleibt auf halbem Weg stehen.

Gegenüber der Hauskirche hat sich der Raum für den Bischof und die zelebrierende Priesterschaft erheblich erweitert. Vor allem aber finden sich hier die ersten beiden Sakralräume, die ausschließlich zum Zweck christlicher Versammlungen errichtet wurden und in denen das Sitzen einer größeren Priesterschaft vorgesehen war.

Obwohl die Hauskirchen schnell an konzeptionelle Grenzen stoßen und den Kirchen von Aquileja die Voraussetzungen zu einer Monumentalität fehlen, kündigen beide Kirchentypen erste Oppositionen zur frühchristlichen Raumvorstellung an, wie sie Klemens von Alexandria formuliert: Von Menschenhand umhegter Raum kann nicht heilig sein.

Konstantin vollzieht mit seinem Bauprogramm eine radikale Wende, indem er zwei bis dahin auseinanderstrebende Momente vereint: Christengemeinde und Staat. Seine Vorstellungen als Glaubender bleiben eng an das christliche Verständnis gebunden. Nach ihm darf es kein christliches Monument geben. Als Staatsmann aber und als heroischer Schutzherr und Bewahrer des Christentums bedarf er der Verherrlichung in einem spezifischen Medium, durch ein christliches Monument. Der Kompromiß, den man aus diesem Widerspruch für die Formen herauslöst, in denen Konstantin verehrt werden darf, heißt Monumentalität und Schlichtheit. Eine Formel, die christliche Kulträume legitimiert, die biblische und frühchristliche Raumvorstellung aber aufgibt.

Die ersten charakteristischen Monumente christlicher Baukunst sind Alt-St.-Peter und die Laterankirche zu Rom, zwei Basiliken. Obwohl die Basilika keine Schöpfung der christlichen Baukunst ist, lassen sich bereits die ersten Kirchen der Christen nicht aus ihrem antiken Vorbild ableiten. Die Kirchen von Aquileja, Urformen christlicher Baukunst, sind keine Basiliken, stehen aber konzeptionell der christlichen Basilika näher als den antiken Repräsentations- und Marktbauten, die Basiliken sind. Gerade daß die erste zum Zweck christlicher Versammlungen errichtete Kirche keine Basilika ist, macht deutlich, daß das Christentum einen seiner Liturgie gemäßen Raum sucht und ihn vermittelt über die aquilejischen Kirchen letztlich in einer Basilika findet. Wenn also antike und christliche Basiliken einzelne Elemente gemeinsam haben, dann nicht, weil die antike Basilika Vorbild der christlichen wäre, sondern weil sie einen der christlichen Liturgie angemessenen Raum anbietet.

Mit der Schaffung christlicher Kulträume gelangt ein monarchisches Prinzip der römischen Antike ins Christentum, und binnen kurzem gewinnen die Bischöfe und Kleriker an Macht. In ihren Kirchen drückt sich der gewonnene Einfluß in der räumlichen Anordnung von Klerus, Laien und Bischöfen während der Zeremonien aus. Es dominiert der hierarchisch gegliederte Kirchenraum, der nach außen als monumentaler Kirchenbau in Erscheinung tritt. Und nach und nach wird der Bischof einer allgemeineren Gemeinde überantwortet. Als *episkopos* wird er nicht Auf-Seher einer besonderen, sondern einer allgemeinen, der katholischen Christenheit, die er sitzend und observierend besetzt: In nachkonstantinischer Zeit wird der Antritt des Bischofs in sein Amt damit vollzogen, daß die Mitbischöfe ihn gemeinsam auf die Kathedra setzen.

Lateran und Alt-St.-Peter, die ersten verdinglichten Formen des Christentums, die *matres omnium ecclesiarum*, weisen eine enorme Längung des Kirchenraums auf, die eine extreme und eindeutige Opposition von Apsis und Hauptschiff schafft. Durch die Konzentration auf den Altar bleibt die Einheit in der Opposition beider Räume erhalten. Nicht das abstrakte Gegenüber zweier Räume wird das Charakteristikum christlicher Bauweise, sondern die extreme Spannung der Opposition bei gleichzeitiger Einheit, welche der Tisch der Eucharistie[5] als kultische Mitte beider herstellt.

Grundriß Lateran

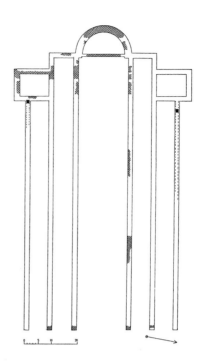

Länge und Proportion des Kirchenraums weisen symbolisch auf den Weg, den feierlichen Auszug des Klerus nach dem Gottesdienst. Das Mittelschiff scheint immer von realen oder imaginären Bewegungen erfüllt. Es ist nicht die Mitte, sondern der Weg. Während des gesamten Gottesdienstes bleibt die Aufmerksamkeit der Gemeinde auf den Opfertisch gerichtet. Die Aufmerksamkeit wird von den zelebrierenden Priestern aufgefangen und gebündelt an die Apsis weitergeleitet, in deren Scheitel der Bischof über dem Gebein eines Vorgängers oder eines Heiligen sitzt. Der halbkreisförmige Raum, Ziel aller Bewegtheit, reflektiert diese mit dem Mysterium angereicherte Bewegung zurück in die Gemeinde, so daß Altar und Apsis als Ursprung des Kirchenraums[6] und der Gemeinde erscheinen.

Solange beim abendlichen Mahl Eucharistie und Agape gemeinsam zelebriert werden, steht der Tisch in der Mitte, um die sich die Gemeinde sammelt und niederlegt. Die Abspaltung des *Abendmahls* vom abendlichen Mahl hebt die Anordnung um die Mitte auf und führt zu einer Dualisierung, die zu einem Gegenüber von zelebrierendem und sitzendem Klerus und stehender und kniender Gemeinde wird. Kreis und Mitte werden zur Linie und das Gemeinsame zur Opposition. Zwar bleibt der Altar als Opfertisch und als zentraler Ort des liturgischen Geschehens Mittelpunkt, doch reduziert sich sein räumlich-symbolisches Zentrum auf den Aspekt des Symbolischen. Die

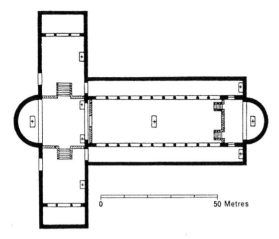

Grundriß der Abteikirche in Fulda

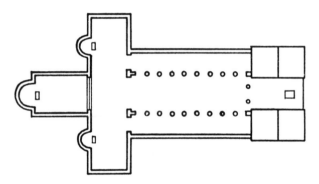

Grundriß der Klosterkirche in Hersfeld

urchristliche Gemeinde strukturiert sich neu, und um 330 erhält der christliche Kirchenraum seine eigene Form und Entität, indem die Kathedra des Bischofs und die Bänke der Priester zum festen Inventar werden.

In den Oppositionen von Längung und Konzentration, Distanz und Nähe sowie Monumentalität und Einfachheit findet das Christentum seine künstlerische Ausdrucksform. Die Form verdeutlicht, daß der Raum, in dem die Eucharistiefeier stattfindet, gegen die Prinzipien des bildlosen Christentums eigene Bedeutungen angenommen hat. Die Kirche, die sich über dem Gebein eines Heiligen erhebt, wird zum geweihten Ort, der den Altar, der über dem Grab des Heiligen steht und dessen Inspirationen aufnimmt, in geordneter Weise umschließt. Wenn sich auch das Kirchengebäude selbst nicht aus der Profanbasilika her-

Hörsaalgestühl

leitet, so bleibt doch ein Merkmal des römischen Vorbildes erhalten: das Sitzen des Bischofs mit den Klerikern an der Schmalseite des Innenraums, die in der Regel zur halbrunden Apsis ausgeformt wird. Die frühe Kirche, die sich hier einen eigenen Raum schafft, ist eine Bischofskirche.

Das Chorgestühl setzt einen eigenständigen Raum voraus, wie ihn die Bischofskirche entwickelt hat. Aber es ist die Klosterkirche, die den Chorraum schafft und das Chorgestühl erfindet.

Im Frankenland und im Karolingerreich wird die frühchristliche Basilika erst im 8. Jahrhundert angenommen. Bis dahin gibt es robuste kleine Gotteshäuser. Die frühe Basilika ist also Gemeindekirche (Bischofskirche), die Basilika der Karolingerzeit ist eine Klosterkirche. In der Gemeindekirche ist das Sanktuarium[7] noch nicht völlig vom übrigen Kirchenraum isoliert, so daß die Ausbildung eines spezifischen Chorraums behindert wird. Erst die Klosterkirche, die man für die Gemeinde unzugänglich macht, schafft Voraussetzungen für einen Chorraum. Wie in der Abteikirche von Fulda entstehen Kirchen, die dem Schema von Alt-St.-Peter, einer Basilika mit Querschiff vor der Apsis, entsprechen. Bereits hier sind Altarraum und Kirchenschiff voneinander getrennt. In der Folge stülpt sich auf der Grenzlinie von Apsis und Querhaus durch den Einschub des Chorquadrats ein eigener Raum für das Sanktuarium aus. Es ist das Chorquadrat, durch das eine Beweglichkeit der Teilräume um das Sanktuarium herum entsteht, die Chor und Sanktuarium einander allmählich annähert.

Die Klöster, die Karl der Große ausnahmslos der Benediktinerregel unterwirft, bilden sich aus zu Zentren der landwirtschaftlichen Versorgung, dienen als Gasthäuser, Forschungsstätten und Schulen, werden als Etappenstationen der militärischen Verteidigung in Anspruch genommen und wachsen zu mächtigen politischen Institutionen heran. Der Stand der Ordensgeistlichkeit distanziert sich von der Weltgeistlichkeit, und ein Abt genießt in dieser Zeit oft mehr Ansehen als Bischöfe oder Grafen. Mit den gewachsenen Aufgaben und dem gesteigerten Ansehen wird die Klosterkirche zum Vorbild für alle anderen Gotteshäuser. So taucht die frühchristliche Basilika, eine Gemeindekirche, in gewandelter Form und mit differenziertem Auftrag im Norden Europas wieder auf. Sie hat sich zur Klosterkirche umgestaltet, die über Räume verfügt, in denen die sich entwickelnde Einrichtung, das Chorgestühl – unser heutiges Hörsaal-, Theater- und Kinogestühl –, gedeihen kann.

Das Kloster als Gestell

Klostersehnsucht ergreift viele Kulturen und stellt einen möglichen Lebensentwurf des Menschen dar: Mönch, Eremit und Anachoret, alles Namen für Weltflüchtige, die ursprüngliche Wurzel des Einsiedlertums. Armut, Ehelosigkeit und das Freisein von leiblichen Bedürfnissen sind das Idealziel dieser Flucht.

Immer verbindet sich mit dem Einsiedler das strenge Asketentum. Doch das Wort besagt nicht viel. Askese heißt geistige oder körperliche Übung, *askeīn* heißt sorgfältig tun, verehren. Aber solange man nicht die Weise betrachtet, unter der ein Organismus physisch gestaltet wird, bleibt das Wort Askese amorph. Die Formen der christlichen Askese heißen Armut, leibliche Bedürfnislosigkeit und Keuschheit. Sie implizieren ein Leben, das physische Abläufe einengt und moralische und spirituelle Fertigkeiten differenziert und ausweitet.

Die christliche Lehre breitet sich weit über das Ursprungsland hinaus im gesamten Römischen Reich aus. Ohne familiäre Bindung und weltliches Interesse ziehen die Apostel und ihre Nachfolger aus, um das Evangelium zu verkünden. Die erfolgreiche Mission der ersten Boten, die der Lehre Jesu Christi gemäß als Wanderprediger und Asketen leben, läßt die christlichen Gemeinden schnell anwachsen. In die Pilgerbewegung, die zeitweise epidemische Ausmaße annimmt, greift die Kirche orientierend ein, indem sie das Asketentum als selbstgenügsame Lebensform anprangert. Dadurch, daß sie die Kleriker streng nach Funktionen differenziert und sich in präzisen Kirchenordnungen einen formalen Rahmen gibt, entwickelt sie sich schnell zu einer organisierten Institution und vereinheitlicht die frühe Christenheit. In Opposition zu ihr erwächst eine zweite Wurzel des Mönchswesens,[8] die *vita communis*[9] der Klöster.

Das erste christliche Kloster wird zu Beginn des 4. Jahrhunderts von Pachomius am Nilufer gegründet. Es ähnelt einer dörflichen Siedlung und besteht aus zellenartigen Behausungen. Neben den Zellen entstehen größere Gebäude für das gemeinsame Mahl und für Gemeinschaftsgebete. Die Eremiten erhalten sich die ursprüngliche Abgeschiedenheit, nutzen aber die Möglichkeit, zu speziellen Anlässen zusammenzukommen. Sie vereinigen sich zentripetal und streben zentrifugal wieder auseinander.[10] Die Klostermauer, die das Kloster umschließt und die Gesamtanlage zum *claustrum* macht, dient noch nicht als Verteidigungswall, sondern als Symbol für die Scheidung von Welt und mönchischer Klausur. Von hier aus wächst Ägypten zum klassischen Land der Klöster heran und breitet die Idee eines gemeinsamen Lebens trotz Abgeschiedenheit auf die gesamte Spätantike aus. Basilius der Große (330–379) gilt als Begründer des Ordensstandes. Seine Ordensregel soll die vereinzelt lebenden Mönche aus der Isolation herausholen, einer gemeinschaftlichen Lebensform zuführen und dem Dasein in festen Rhythmen einen neuen Sinn geben. Der Gefahr, daß der Eremit in der Öde und Isolation ohne Bindung bleibt, sich bestenfalls stellt, statt sich innerlich zu setzen, begegnet die offizielle Kirche, indem sie auf eine Kontrolle der Gesinnung drängt. Innerlich Sitzen heißt, vom Herzen her demütig und ruhig sein. In der Befriedetheit, im Sedativen, kondensieren alle Strukturen des Sitzens. Sie sollen in der Askese erzeugt und im Klosterleben kontrollierbar gemacht werden. Daß sich der Eremit nur stellt, heißt, daß er möglicherweise nur ruhig und demütig ist, weil er den Versuchungen mit seinem eremitischen Leben nur ausweicht. Mit der von Basilius entwickelten Regel, dem Vorbild aller späteren Regeln, überwindet die Asketenbewegung die von der offiziellen Kirche verurteilte Unkontrollierbarkeit und die Selbstgenügsamkeit des Einsiedlerdaseins und findet in neuen Lebensformen neue Zwecke: Der Weltflüchtige wird über das Kloster teilweise in die profane Welt zum Arbeiten in der Gemeinde und zum Leben in der *vita communis* zurückgeholt.

Die Mönche, die sich auf die Regel des Basilius berufen, leben nicht mehr in der Einöde, fern menschlicher Gemeinschaft, sondern auf der Grenze zwischen Öde und Welt. Das Leben in der *vita communis* und der Dienst am Nächsten vermindern die Gefahren eines selbstzweckhaften Monadentums und werden in der Pflicht zur Arbeit und der Pflege der Wissenschaften auf das Niveau einer höheren Daseinsform gehoben. In der Ordensregel, die eine Zeit des Tastens und Suchens abschließt, leitet Basilius Verhaltensweisen und geistige Einstellungen aus den heiligen Schriften ab. Er setzt den Mönch dem Soldaten gleich und erwartet im Kloster dasselbe heimatlose, rauhe, bis in den Tod hinein asketische und kämpferische Leben.

Das erweiterte Aufgabenspektrum veranschaulicht die wachsende Zahl verschiedener zum Kloster gehöriger Gebäude, von denen das Refektorium, das Speisehaus, das aufwendigste darstellt. Im Gegensatz zum frühen Kloster ist das basilianische mit Schulen, Werkstätten und Hospitälern ausgestattet. Die Gesamtanlage folgt einer zufälligen oder nützlichen, aber keiner bewußt gestalteten Ordnung. Das Zufällige der Klosterarchitektur, das den Mönchen Initiativen für das eigene

Gestalten von Monadentum und Gemeinschaft läßt, ist in den syrischen Klöstern entlang der großen Pilgerstraßen besonders ausgeprägt.

Das syrische Kloster Kalat Siman wird gegründet, um den Heiligen Symeon Stylites den Älteren (390–459) zu ehren und die ihn verehrenden Pilger zu speisen. Symeon, der sich in frühen Jahren zur Fastenzeit einmauern und später an Felsen schmieden läßt, verbringt seine letzten dreißig Lebensjahre stehend auf einer Säule, von der herab er täglich zweimal predigt. Während er, ständig von einer riesigen Schar von Pilgern umgeben, auf seiner Säule steht, wachsen aus vier Himmelsrichtungen vier Basiliken wie Prozessionswege auf ihn zu.[11] Organisch wächst die Kirchenanlage aus vier Kirchenschiffen, die sich im Oktogon, in dessen Zentrum Symeon steht, zusammenschließt. Klöster und Kirchen lassen sich nur an Orten gründen, an denen das harte Gebein eines Heiligen begraben ist, das den Boden weiht. Das Gebein Symeons ist bereits zu Lebzeiten so hart, daß sich um ihn herum eine vierschiffige Basilika errichten läßt. Die Frage nach der Gesinnung erhebt sich bei Symeon noch nicht. Und gerade er legt nahe, daß das Anachoretentum ein bloßes Sichstellen sein könnte. Symeon kann als derjenige angesehen werden, der das Stehen als Durchstehen der Strapazen und als Stand demonstriert, während seine innere Haltung verborgen bleibt. Aber erst allmählich hat sich unter dem Einfluß der frühen Kirche die Anschauung durchgesetzt, daß nicht wesentlich ist, was jemand, sondern warum jemand etwas tut. Immerhin veranschaulicht die äußere Haltung Symeons, anderer Anachoreten und der Pilger, daß sie nicht sitzen: Sie knien, stehen, wandern oder hocken. Daß Kirchen- und Klostergestaltung von Kalat Siman der Verehrung Symeons untergeordnet bleiben, läßt sich an ihren Ordnungen ablesen. Der Anlage liegt weder ein Plan zugrunde, noch gibt es für ein zurückgezogenes oder gemeinschaftliches Leben der Mönche Raum. Entweder arbeiten die Mönche zur Versorgung der Pilger im Kloster, wohnen aber außerhalb in ihren Monasterien, oder sie leben direkt mit den Pilgern zusammen. Das zurückgezogene Leben wie auch das Leben in der *vita communis* müssen hinter den Dienst am Heiligen und der Versorgung der Pilger zurücktreten. Das Klosterschema zeigt das Ideal des Orients, den Gegensatz von strengstem Einsiedlertum und öffentlichem Dienst an Reisenden und Pilgern. Die Liebe zum Nächsten schließt die Liebe zu Gott mit ein und bedeutet die Liebe zum anderen, der der Raum untergeordnet bleibt. Aber auch der andere, dem die Liebe gilt, lebt wie Symeon auf dem Fuß. Er ist als Pilger zu Fuß unterwegs und beansprucht keine festsetzende Architektur.

Johannes Cassianus vermittelt zwischen östlichem und westlichem Mönchstum. Er fragt kritisch nach dem Sinn körperlicher Anstrengung in der Einsiedelei. Er sieht die Gefahr, daß die rein körperliche Askese ein bloß äußerliches Sichstellen möglich macht und nicht garantiert, daß man Herzensruhe, Gehorsam und Demut von innen heraus erlebt und praktiziert. Die innere Ruhe müsse das Ziel des Eremiten bleiben. Insofern vermag auch die Regel des Basilius, die sich an den einzelnen Mönch wendet, nicht die Kontrolle wahrer Gesinnung zu gewährleisten. Hierzu bedarf es einer Regel, die sich an die Vorsteher der Klöster wendet.

Im Westen entstehen durch Anstöße von Hieronymus, Athanasios, Augustinus und Cassianus die ersten Klöster in Rom, Mailand, Marseille und Nordafrika nach dem Vorbild Ägyptens. Von hier ausgehend erreicht der Klostergedanke Gallien. Als erster Mönchsführer im Westfrankenreich gilt Martin von Tours. Seine Zelle, um die herum etwa 365 das erste Großkloster entsteht, wird zum Zentrum, von dem aus sich der Klostergedanke ausbreitet und das Westfrankenreich wie zuvor Ägypten zum Land der Klöster macht. Den ersten westlichen Klöstern liegt wie denen des Ostens kein architektonischer Gesamtplan zugrunde, in dem die einzelnen Gebäude wie in einem Organismus zusammenwirken. Auch hier lebt der Mönch in Einzelzellen innerhalb oder außerhalb der Klosteranlage und ohne feste Regel.

Das Benediktinerkloster als Stuhlstruktur

Die Benediktinerregel treibt den Prozeß von der in Einsamkeit selbstverantwortlichen Bindung an Gott zur Regulierung, zur Seßhaftwerdung im Kloster erheblich weiter. Benedikt von Nursia (480–547) ist der Begründer einer Ordensvorschrift, die Abtsregel genannt wird, da sie sich im Gegensatz zur Mönchsregel an die Klostervorsteher wendet. Für das westliche Mittelalter wird sie vorbildlich.

Das klösterliche, auf Gott ausgerichtete Leben soll nicht länger eine private Angelegenheit der Mönche bleiben, sondern Benedikt legt die Verantwortung für ein gottgefälliges Leben in die Hand des Abtes. Dieser ist aufgefordert, Bedingungen für einen gleichgerichteten und disziplinierten Dienst an Gott zu garantieren. Die Verlagerung der Verantwortung vom Mönch auf den Abt verläuft nicht ohne Widerstand. Im Jahre 677 erschlagen die Mönche von Lérins ihren Klostervorsteher, weil er die mit der Benediktinerregel verbundene Disziplin einführen will, welche nicht nur den individuellen Zugang zu Gott in eine für alle verbindliche Form zwingt, sondern sogar die Grenzen der Askese festlegt.[12] Der gewaltsame Akt sichert ihnen die Möglichkeit einer persönlichen Ausrichtung des Gottesdienstes.

In der Benediktinerregel, in der sich ein Traditionsstrom verdichtet, der in Ägypten, in Syrien, im griechischen Kleinasien, im Jura und in Südgallien entspringt, hat Benedikt eine Synthese aus östlicher und westlicher Geistigkeit geschaffen, aber auch entscheidende Akzente gegen die östlichen Quellen gesetzt: Indem er die Äbte mit Macht ausstattet, wird eine Instanz geschaffen, die übergreifende Ereignisse wie das Klosterleben und die Architektur zentral entwerfen und durchführen kann.

Obwohl Benedikt sich nicht zur Architektur der Klosteranlage äußert, legen Details seiner Regel eine innere und äußere Gestaltung des Klosters nahe. Er schreibt für den Ablauf des Gottesdienstes den reibungslosen Wechsel von Sitzen, Stehen und Knien vor, was im Konvent der damaligen kleinen Klosterkirchen nur bedingt zu praktizieren war. Von einem Punkt aus kann der Abt nun zentral die Mönchs- und Baumassen in eine angemessene Ordnung bringen.

Der Eintritt ins Kloster erfolgt nach Prüfungen. Im dreifachen Gelübde bindet sich der Mönch für immer an den Orden, verzichtet auf Ehe und Güter jeglicher Art und verpflichtet sich auf bedingungsloses Einhalten der Regel. Arbeit und Gebet bilden die zwei Bereiche benediktinischen Klosterlebens. Unter Arbeit versteht man das wissenschaftliche Studium, die seelsorgerische Betreuung der das Kloster umgebenden Gemeinde und Handarbeit; zum Gebet gehört der aus der Urkirche übernommene gemeinsame Psalmgesang. Äußerlich betrachtet fordert Benedikt eine gemäßigte Askese. Dementsprechend gilt anstelle des von Basilius zugrunde gelegten Soldatenethos ein in Selbstzucht gewandeltes und inneres Soldatentum, eine innere Härte, die den Mönch nach langjährigen Exerzitien demütig, selbstlos, schweigsam, gehorsam und zu einem geduldigen Gottesdiener machen soll, der den Klosterbrüdern Rücksichtnahme und Mitgefühl entgegenbringt.

Mittelpunkt des benediktinischen Klosterlebens ist der Gottesdienst, der seine Mitte im Gotteslob hat. Das Zentrum der Lobpreisungen bildet der Gesang der Psalmen, der eigentliche Meditationspunkt, um den die anderen Handlungen konzentrisch kreisen. In einer Woche müssen alle Psalmen einmal gesungen sein. Das erste Offizium bildet die Vigil[13], die wegen der großen Versuchung in der Nacht den ausgedehntesten Dienst ausmacht. Paarweise begeben sich die Mönche nach Mitternacht in die Klosterkirche und nehmen die ihnen zugewiesenen Plätze ein. Die Vigilien sind zwar abhängig von den Jahreszeiten und Wochentagen sowie den Sonn- und Feiertagen, folgen aber einem festen Schema.

Die Wintervigil beginnt mit zwei Psalmen, einem Psalmengespräch und einem Hymnus (Lobgesang). Daran schließt sich der Hauptteil an, Blöcke aus je sechs mit Antiphon gesungenen Psalmen, die Nokturnen[14]. Zwischen den Nokturnen gibt es drei Lesungen aus der Heiligen Schrift. Nach der ersten Nokturn spricht der Abt seinen Segen, und alle

»setzen sich auf die Bänke, und aus dem Buch auf dem Pult lesen die Brüder abwechselnd drei Lesungen vor, zwischen denen auch drei Responsorien gesungen werden. Zwei Responsorien singe man ohne Ehre sei, nach der dritten Lesung jedoch trage der Sänger das Ehre sei vor. Sobald es der Vorsänger anstimmt, erheben sich alle von ihren Sitzen aus tiefer Ehrfurcht vor der heiligen Dreifaltigkeit.« (9, 5–7)

Nach der letzten Lesung beginnt die zweite Nokturn mit demselben Modus, aber mit anschließend nur einer auswendig vorgetragenen Lesung aus den Apostelbriefen. Danach beenden Vers und Bittgebet der Litanei die nächtliche Vigil.

An Sonn- und Feiertagen erhöht sich die Anzahl der Nokturnen auf drei, wodurch die Mönche des Nachts früher zusammenkommen. Sind die sechs Psalmen und der Vers gesungen

»und sitzen alle ihrem Rang folgend auf den Bänken, so werden, wie angegeben, aus dem Buch vier Lesungen mit ihren Responsorien vorgetragen. Nur beim vierten Responsorium fügt der Sänger ein Ehre sei hinzu; beginnt er damit, erheben sich alle in Ehrfurcht.« (11, 2–3)

Danach folgen im selben Ablauf die zweite Nokturn und die anschließenden vier Lesungen. Der dritten Nokturn, die aus drei Lobgesängen aus den Propheten besteht, folgen wieder vier Lesungen. Nach dem vierten Responsorium der letzten Lesung stimmt der Abt den Hymnus »Dich, Gott, loben wir« an. Danach liest der Abt die Lesung aus den Evangelien, zu der alle »in Ehrfurcht stehen«. (11, 8–9) Im Anschluß an einen weiteren Hymnus und den Segensspruch beginnen die Laudes.

Einleitung, Gesang der Psalmen und Cantica werden im Stehen zelebriert; ebenso die kleinen musikalischen Einlagen der Litanei wie Antiphon und Responsorium sowie die Gebete und Wechselgesänge. Bei den Gebeten stehen die Mönche nach Osten gewandt, bei den Wechselgesängen nach Westen. Während die Mönche den größten Teil des Gottesdienstes stehend verbringen, spielen das Sitzen bei den Lesungen und das Knien bei besonderen Abschnitten der Messe und beim kontemplativen Ausgang im Gebet zunächst eine untergeordnete Rolle.

Benedikt scheint auch beim gemeinsamen Mahl das Sitzen zu favorisieren. Die Tischgemeinschaft, in der das Tischgebet das gemeinsame Mahl in eine religiöse Sphäre hebt, gilt immer als besonderes Element klösterlichen Lebens. Entsprechend wird nach Benedikt bestraft, wer »bei Tisch nicht vor dem Vers eintritt, so daß alle gemeinsam den Vers sprechen, das Gebet verrichten und sich gleichzeitig zu Tisch setzen können«. (43, 13)

Das Versammeltsein um einen Tisch können Christen immer wieder als Situation des von Jesus eingesetzten Abendmahls erleben, und man fragt sich, ob auch Benedikt die Assoziation an dieses Mahl wekken will. Dem steht entgegen, daß das Abendmahl nach dem Wortlaut des Neuen Testaments im Liegen, nicht im Sitzen stattfindet. Bei Lukas heißt es, daß sie kommen werden »und zu Tisch liegen im Reich Gottes« (Lk. 13, 29). Der Apostel Johannes teilt mit: »Einer der Jünger, den Jesus liebte, lag zu Tisch an der Brust Jesu.« (Joh. 13, 23) Für solche Auskunft muß man anstelle der Lutherischen die Elberfelder Bibel befragen. Ebenso hat Benedikt im obigen Zitat nicht »zu Tisch setzen«, sondern »sich zu Tisch begeben« geschrieben: »Sub uno omnes accedent ad mensam.« (43, 13) »Zu Tisch setzen« ist seit Luther die stereotype Wiedergabe für Ereignisse des Speisens und anderer Zusammenkünfte, da man der eigenen Praxis gemäß übersetzt: Wer speist, muß sitzen. Dagegen hat Benedikt in seinen Klöstern die östliche Tradition weitergeführt, nach der das gemeinsame Mahl eine an das Abendmahl erinnernde Bedeutung hat. Dennoch: obwohl man während des Speisens im Refektorium liegt, wertet Benedikt das Sitzen im Kirchenraum auf. Die Realisierung des in seiner Regel geforderten Wechsels von Stehen, Sitzen und Knien bedarf einer speziellen Einrichtung, des Chorgestühls, das im 11. Jahrhundert in der Klosterkirche zur Welt kommt.
Das Sitzen während der Lesungen mag als wohltuende Abwechslung nach dem langen Stehen empfunden werden, aber die Körperhaltungen übermitteln Bedeutungen, die jenseits von Komforterwägungen liegen, zumal auch andere Haltungen als das Sitzen möglich wären. Während des Gottesdienstes soll nach Benedikt der Mönch stehen, »ohne irgendwie zu zweifeln« (19, 2), und beim Singen der Psalmen ist es geboten, mit innerer Anteilnahme und Haltung so zu stehen, »daß unser Denken und Herz im Einklang mit unserer Stimme sind«. (19, 7) Während Gott, überall gegenwärtig, die innere Anteilnahme jederzeit überprüft, ist, vermittelt durch die Gestalt des Leibs als Ausdruck des Innen, die innere Formung auch anderen Menschen zugänglich. Die innere Form bezieht sich hier auf eine geistige Haltung, die Bedürfnisse des Leibes zu opfern bereit ist. G. Holzherr, ein die Benediktinerregel kommentierender Abt, idealisiert im Satz: »Im absichtslosen, zweckfreien Stehen des Beters vor Gott offenbart sich der Kern der christlichen Berufung: Der Vorrang des Seins vor dem Tun, der Primat des Sinns vor dem Erfolg«[15] Benedikts Ausführungen zum Stehen und identifiziert die frühabendländische Geisteshaltung mit der asiatischen des Buddhismus. Aber absichtslos und zweckfrei steht der Mönch nicht vor Gott. Auch der buddhistische nicht. Man hat Zwecke und sucht Erfolge. Der Mönch müht sich um das *Wegste-*

hen des Eigenen, um sich im Anderen aufzulösen, von dem man inspiriert werden möchte. Die Herstellung einer inneren Form ist kein äußeres Tun, und der mögliche Erfolg der Produktion zunächst kein äußerlicher, doch das richtige Stehen vor Gott hat einen doppelten Zweck. Es soll den himmlischen Reichtum zum Lob der gesamten Klostergemeinde mehren und die Teilhabe jedes einzelnen Mitglieds am Lob befördern. Im *Wegstehen*, im Transzendieren des Leibs, geht es um die Mehrung des Spirituellen im Kosmos. Mönche werden auch *spirituales* genannt.

Daß der Mönch durch die Benediktinerregel gesetzt wird, impliziert, daß das Kloster ihn zuvor gestellt hat. Als eine der Voraussetzungen klösterlichen Daseins gilt Benedikt die *stabilitas loci*, das Bleiben in einem einzigen Kloster. Der Rückweg von der Einsiedelei zunächst ins ungeregelte, später ins ordensmäßige Kloster und die Fortsetzung des Wegs im Klosterleben unter einer Abtsregel, das muß als Weg vom allmählichen Aufgeben der Ungebundenheit über das Stellen hin zum allmählichen Setzen gedeutet werden. Die Mönche nähern sich im Kloster allmählich wieder dem gemeinschaftlichen Leben in der Welt an, um sich im Sitzen erneut ein Stück in die Einsamkeit und Einöde hineinzuarbeiten. Die Benediktinerregel ist ein winziger Vorstoß, eine kleine Wendung vom Stehen und Knien zum Sitzen, das sich nur scheinbar als gemäßigte Körperübung erweist und nur irrtümlich als Komfort gedeutet werden kann. Es handelt sich lediglich um eine spezifische Form der Askese. Benedikt fordert keine extreme Züchtigung des Leibes wie im übertriebenen Fasten, in ungewöhnlichen Leistungen, wie sie die frühen Anachoreten erbringen, oder wie in Selbstkasteiungen. Seine Forderung nach dem Sitzen während der Lesungen erscheint als maßvolle, als stille Askese. Da das Sitzen jedoch den Leib unmerklich, aber umfassend formt, erweist es sich als rabiate Leibeshaltung. Die Aussöhnung des Menschen mit Gott war die Wegbereitung, um die Herrschaft Gottes auf den Menschen zu übertragen. Thron und Kreuz blieben aber nur Auserwählten, Göttern, Königen und Märtyrern[16] vorbehalten. Es ist die prometheische Tat des Benedikt, daß er einen Weg fand, die heilige Haltung des Sitzens ins Kloster einzuführen, die später die bürgerliche Gesellschaft übernimmt. Daß die Mönche von Lérins ihren Abt, der die Benediktinerregel einführen will, erschlagen, kann auch als Abwehr gegen den Frevel gedeutet werden, eine heilige Haltung zu einer allgemeinen zu machen.

Die Benediktinerregel gibt allgemeine Anweisungen zur Produktion und Kontrolle einer christlichen Gesinnung. Während als Mittel der Produktion die von Benedikt eingeführte Haltung des Sitzens dient, übernimmt als zentrale Instanz der Abt die Kontrolle. Solange die Mönche selbst ihre asketische Lebensform überwachen, bleiben die inneren Gesetze von Demut, Keuschheit und Gehorsam unerkannt. Cassianus, dessen Lektüre Benedikt empfiehlt, sagt, daß sich viele Einsiedler deshalb so tief in die Wüste begeben hätten, weil sie ohne wirkliche Demut waren und nur die Isolation ihnen Ruhe, allerdings eine Scheinruhe gebracht habe. Aber Geduld und innere Ruhe erlange man nur in tiefer Demut: »Wenn sie aus dieser Quelle stammen, brauchen sie keine Zelle und keine Einsamkeit. Warum sollten sie irgendwo außen Schutz suchen müssen, da sie doch innen durch ihre ›Mutter‹, nämlich durch die Demut, gestützt werden?«[17] Benedikt beschreibt die Sedierung durch einen Katalog von Handlungs- und Zustandsmerkmalen: Ausmerzen aller Laster, das Fleisch in strenge Zucht nehmen, das eigene Wollen dem Willen jedes anderen unterordnen, das Gemüt abkühlen und den eigenen Willen kreuzigen. Daß der Mönch seinen Willen kreuzige, bedeutet, daß er den Stuhl in sich hereinholt. Und in der Wendung vom Kreuz auf den Stuhl liegt die benediktinische Askese. Die Demut als Mutter und Fundament geistigen Bauens ist das wichtige Element, das im Chorgestühl eine sedative Ordnung ausbildet.

Das Zusammenwirken von Raumstrukturen der Klosterkirche mit der Machtbefugnis der Äbte hat die Voraussetzungen geschaffen, um die von Benedikt geforderten Formen des Gottesdienstes zu realisieren. Aus der ungeteilten Bank entwickelt sich eine komplexe Apparatur, die sich bei näherer Betrachtung als Sitzmaschine erweist. Und das Chorquadrat ist der Raum, der zunächst Sanktuarium wird, das Allerheiligste aufnimmt und das Gefäß für die Aufnahme des noch nicht entwickelten Chorgestühls bildet. Im Chorquadrat, in dem später Chor und Sanktuarium miteinander verschmelzen, wächst das heilige Gestühl.

Das mönchische Sitzen

Der Tanzplatz[18], auf dem man bei Homer den Reigen tanzt und Opfer darbringt, wird im frühen Mittelalter der Ort, an dem sich der Mönchskonvent und in dessen Nachahmung die Stifts- und Pfarrkonvente zum ordensmäßigen Gottesdienst einfinden. Das Gestühl für die Mitglieder der Versammlungen steht erhöht auf einem Podest und bildet in seiner reifen Form ein der Apsis entgegengesetztes nach Osten offenes Rechteck, dessen Westseite den Chorabschluß (Lettner) zum Hauptschiff bildet. Es ist kein Reigen, der im Chor getanzt, sondern ein geformtes Sterben, auf das hier vorbereitet wird.

Der Ursprung des Chorraums liegt im östlichen Abschnitt der Kirche. Der Raum, in dem sich Chorstühle ausbilden, hat zunächst keine

Chorgestühl und Lettner in der ehem. Benediktinerabteikirche in Blaubeuren (1493 vollendet)

feste Gestalt, und seine Anordnung hängt von der Stellung des Altars ab. Der Altar, der in der frühen Basilika meist im Querhaus unmittelbar vor der Apsis steht, erhält durch das Chorquadrat in der Karolingerzeit einen gesonderten Raum. In der Folgezeit wird das Sanktuarium von der Apsis weggerückt, wobei es den Chorraum um ein Stück von der Vierung ins Langschiff hineinschiebt. Später macht man den Prozeß wieder rückgängig und zieht den Chorraum endgültig aus Vierung und Langschiff heraus ins Chorquadrat. So eng, wie Benedikt *vita communis* und Gottesdienst bindet, so eng berühren sich nun Chor und Sanktuarium.

Das Chorgestühl entwickelt sich aus den geraden, in der Vierung aufgestellten Bänken, auf denen die von Benedikt nahegelegten Haltungswechsel geübt werden, nicht aus den Subsellien der Apsisrundung der Geistlichen in den Bischofskirchen. Im Entwurf der Klosterkirche von St. Gallen von 822 findet sich der früheste Hinweis auf Sitze im Chor. Es handelt sich um *formulae* genannte Bänke, die in der Vierung und im Seitenschiff senkrecht zum Hauptschiff aufgestellt sind. Die Entwicklung von den ersten Klosterkirchen bis zum St. Gallener Entwurf liegt ebenso im Dunkel wie der Prozeß von den St. Gallener Bänken zum ausgebildeten Chorgestühl zu Beginn des 13. Jahrhunderts. Während aus einer Abtschronik des Klosters in Trond hervorgeht, daß bereits im 11. Jahrhundert das Gestühl gegenüber den Bän-

Schnitt durch ein zweireihiges Chorgestühl

ken eine große Wandlung erlebt hat, erfahren wir aus der Chronik *constitutiones hirsaugienses* eine entscheidende Entwicklung in der Anordnung der Chorstühle, in der die Ideen Benedikts bereits materielle Gestalt angenommen haben.

Eines der frühesten Zeugnisse von erhaltenen Sitzen im Chor befindet sich im Ratzeburger Dom, aber das nur in Resten erhaltene Gestühl weist noch nicht die charakteristischen Merkmale auf, sondern erinnert an Bänke mit nachträglicher Unterteilung in Einzelsitze. Villard de Honnecourt hat in sein Skizzenbuch von 1240 Chorstühle gezeichnet, die bereits alle Charakteristika aufweisen. Das älteste vollständig erhaltene Holzgestühl stammt aus Portier und Xanten aus der Mitte des 13. Jahrhunderts. In Konzept und Detail bereits voll ausgebildet, dienen sie allen späteren als Vorbild und müssen als Resultat einer etwa zwei Jahrhunderte dauernden Entwicklung angesehen werden. Seine endgültige Gestalt, die es bis zum Barock beibehält, nimmt das Chorgestühl im 12. Jahrhundert an.

Den Kern des Chorstuhls bildet ein Klappsitz, den Abschluß und Zwischenwangen halten und begrenzen. Die Rückenlehne ist an einem Balken befestigt, der alle Einzelsitze miteinander verbindet und dem Gestühl Halt und Einheit gibt. Baldachine und andere Begrenzungen schließen das Gestühl nach oben ab. Die Zahl der Konventsmitglieder bestimmt die Anzahl der Einzelsitze und die Größe des Chorgestühls. Es gibt kleine Pfarrkirchen mit vier oder fünf, Kathedral-, Kloster- oder Stiftskirchen mit bis zu über hundert Sitzen. Es sind mehrere Motive, die das Sitzbrett zum Hauptelement des Chorgestühls machen: seine Klappbarkeit und die Miserikordie.

Der Konstruktion des Klappsitzes geht die Gliederung der Bank in einzelne Segmente voraus. Scharniere am Ende der Seitenkanten ma-

Typologische Entwicklung des Chorgestühls

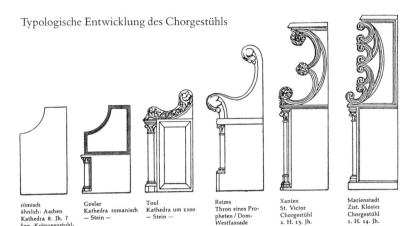

römisch ähnlich: Aachen Kathedra 8. Jh. ? Sog. ›Krönungsstuhl‹ — Stein —

Goslar Kathedra romanisch — Stein —

Toul Kathedra um 1200 — Stein —

Reims Thron eines Propheten / Dom-Westfassade M. 13. Jh.

Xanten St. Victor Chorgestühl 2. H. 13. Jh.

Marienstadt Zist. Kloster Chorgestühl 1. H. 14. Jh.

chen das Brett klappbar. Der Viertelkreis, den die Vorderkante beim Klappen beschreibt, wird in der Form der Seitenwände wiederholt. Die Gestaltung zeigt, daß sich die Form des Chorstuhls aus dem Kaiserthron Karls des Großen ableitet. Die Klappbarkeit erfüllt zwei Funktionen. In horizontaler Position des Sitzbrettes erlaubt sie das Sitzen, in senkrechter Stellung das Stehen und Knien.

Miserikordie nennt man die Verbreiterung der Sitzbrettvorderkante, die im Chorstuhl neben dem Stehen, Knien, Sitzen und Hängen eine fünfte Haltung erlaubt: Bei vertikal gestelltem Sitz kann man auf der Vorderkante, dem Sitz der Barmherzigkeit, eine mittlere Position zwischen Sitzen und Stehen einnehmen.

Da man nach der Regel Benedikts beim Gottesdienst vorwiegend

Thron Karls des Großen im Münster zu Aachen

Miserikordie am Chorgestühl des Magdeburger Doms (um 1360)

während der Lesungen sitzt, bleibt die Zeit, in der die Mönche stehen, lang, so daß der Sitz nicht dem Zweck körperlichen Komforts dient, denn Entlastungen der Beine während des ausgedehnten Psalmsingens erlaubt weniger das Sitzen als die sitzähnliche Haltung auf der Miserikordie. Diese ermöglicht im Stehen ein heimliches Sitzen und vermittelt zwischen beiden Positionen. Langfristig nimmt sie den Mönchen die Fähigkeit, lange stehen zu können. Sie setzt den Klappsitz voraus und macht die Baculi überflüssig. Das sind die von älteren und kranken Konventsmitgliedern beim Stehen während des Gottesdienstes benutzten, ungern gesehenen, aber aus Barmherzigkeit geduldeten Krückstöcke.

Miserikordien sind meist mit Fabelwesen, Dämonen und allen Arten von Anspielungen auf den Teufel verziert. Die Deutung der Verzierungen ist stereotyp. Da der Ort unter dem Sitz ohne Bedeutung und allein Konventsmitgliedern zugänglich sei, hätte man den Schnitzern die Möglichkeit gegeben, der eigenen Phantasie freien Lauf zu lassen. Aber warum soviel Aktivität auf den so delikaten Ort unter dem Gesäß richten, zumal es sich um eine Einrichtung handelt, die eine aus Barmherzigkeit gerade noch geduldete Position fordert? Die Kirche überläßt nur wenig dem Zufall, mit Sicherheit aber kein so fragwürdiges Objekt wie die Miserikordie im geweihten Raum des Chors. Die Schnitzereien entspringen einem kalkulierten Programm der Auftraggeber, denn eine heimliche Stütze wird Unheimliches auf den Plan rufen. Die Schnitzarbeiten verweisen auf eine grundlegende Kritik am Sitzen, eine Kritik am faulen und zugleich widerspenstigen Fleisch, an einer anrüchigen Körperhaltung, da sich der Körper weder kniend beugt noch völlig widersteht, sondern sich, wenn auch nur anlehnend, setzt. Sitzen gilt noch als göttliche, nicht als menschliche Haltung. Die Einführung des Sitzens erfolgt gegen Widerstände. Zwar fordert die Benediktinerregel das Sitzen, aber zugleich möchte man es den Mönchen verbieten.

Benedikt fordert das Sitzen an dem Ort, an dem man ursprünglich steht, kniet oder sich zu Boden wirft. Mit der Aufwertung des Sitzens

Chorgestühl in der ehem. Zisterzienserklosterkirche in Maulbronn (1450–1460)

schafft er Bedingungen für die Klosterfähigkeit des Sitzens und führt eine Haltung ins Kloster ein, die sich an thronenden Göttern und weltlichen Herrschern orientiert. Das Sitzen wird von Benedikt favorisiert, aber die Motive bleiben lange Zeit unverstanden. Man hegt sogar die falsche Befürchtung, man würde die Askese, die in der Qual langen Stehens praktiziert wird, im Sitzen, hinter dem eine falsche Gesinnung lauert, aufgeben müssen. Die Äbte mögen um das Verhältnis von Privileg und Opfer sitzender Herrscher gewußt haben, aber sie haben nur langsam begriffen, daß Sitzen eine der rabiatesten Askeseformen darstellt.

Weitere konstruktive Elemente sind Dorsale, Wangen und Armlehnen (Accoudoirs). Die Zwischenwangen dienen dem Sitz als Auflage und Führung und isolieren den Sitzenden gegen andere. Zwischen Sitzbrett und Accoudoirs hat die Zwischenwange die Form eines Viertelkreises, in dem durch Vertiefungen der Sitz beim Klappen geführt wird. Aus dem Bogen des Viertelkreises rollt sich eine Volute aus, die als Knauf dem Auflegen der Hände dient.

Die Abschlußwangen, die seitlichen Abschlüsse einer Gestühlreihe, gliedern sich in Pult- und in Hochwangen. Die unterschiedlichen Reihen des Gestühls bedingen drei Wangentypen. Die vordere Sitzreihe wird seitlich von Pultwangen begrenzt. Sie reichen bis an die Accoudoirs hinauf. Die folgenden Sitzreihen werden seitlich entweder mit einem geschlossenen oder mit einem ornamentierten Brett in Form eines nach vorne offenen »E« oder »C« begrenzt. Mit Ausnahme der ersten Reihe stoßen sowohl die Abschluß- als auch die Zwischenwangen nach oben hin auf den Baldachin, der vor allem die letzte Sitzreihe auszeichnet, oder ins Leere.

Unter Accoudoirs versteht man eine Auflagefläche für die Arme beim Stehen im Chorstuhl. Sie sind ein Element der Gestühlreihe, nicht der Einzelsitze und verlaufen hufeisenförmig von Sitz zu Sitz

Chorgestühl im Dom zu Naumburg
(Ende des 13. Jh.)

über die Wangen, um die isolierten Einzelsitze zum Gestühl zusammenzuschließen. Sie statten den Chorstuhl mit einer weiteren Stützfunktion aus, indem sie dem Mönch, der bis dahin während des Gottesdienstes steht, die Wahl lassen, auf welche Weise er es sich bequem macht. Aus dem anfänglichen Stehen im Kloster entwickelt sich die Alternative von Sitzen oder Hängen, so daß Miserikordie und Accoudoirs das Stehen auf ein neues Niveau heben: von Fuß oder Knie auf Schulter oder Gesäß.

Dorsale heißt die Rückwand einer Gestühlreihe. Es reicht in der vorderen Reihe bis an die Accoudoirs. Um aber den Vorgang des heiligen Geschehens in Chor und Sanktuarium von den Laien zu isolieren, entwickelt sich die Rückwand der letzten Gestühlreihe zum hohen Dorsale. Solche Begrenzungen übernehmen entweder Chorschranken als Teil der Kirchenarchitektur oder die Dorsale der Chorstühle.

Das Chorgestühl erweist sich als Stuhl und Schild. Der Einzelsitz isoliert die Mitglieder des Konvents gegeneinander und ordnet ihnen einen festen Punkt im Raum zu, das gesamte Gestühl isoliert den Konvent schildartig gegen das Laienschiff und strukturiert Sanktuarium und Chor. In der doppelten Bewaffnung des Mönchs nimmt das Chorgestühl die Sedierung des Menschen vor.

Das Gestühl mit niedrigem Dorsale steht vor der freien Wand. Die ersten baldachinartigen Abschlüsse sind Bestandteil der steinernen Kirchenwand. Sie springen weit oben aus der Wand vor, überragen die Einzelsitze und schließen sie visuell zu einer Reihe zusammen. Erst in der Gotik entstehen Baldachin und hohes Dorsale aus Holz und sind dann Bestandteil des Gestühls. Aus den Einzelsitzen der hinteren Stuhlreihe macht der Baldachin nach vorne offene Schreine, das Dorsale formt das Chorgestühl zu einer in sich geschlossenen Einrichtung, die sich organisch nach Funktionen gliedert.

Chorstühle teilt man in drei Typen ein. Der Gestühltyp, der lediglich Minimalbedingungen der Konstruktion von Stuhl oder Bank erfüllt, heißt Sitztyp und stellt das Gestühl bis ins 13. Jahrhundert dar. Gestaltet man den einzelnen Stuhl zu einem abgeschlossenen Aufenthaltsort, spricht man von Haustyp. Der dritte Stuhltyp ist der Chorstuhl als Zelle. Er unterscheidet sich vom Haustyp lediglich in den Zwischenwangen. Sie sind so hoch gezogen, daß die Mönche nicht nur im Sitzen, sondern auch im Stehen voneinander isoliert sind.

Im zellenartigen Chorstuhl laufen zwei Wege zusammen: Die Zelle dient dem Abt als Mittel, die Zerstreuung der Mönche bei der Andacht zu vermindern, und bietet dem Mönch die Möglichkeit, wieder ein Stück in die Einöde einzutreten. Allerdings unter strengster Observanz der Äbte.

Neben dem Chorgestühl gibt es Einzelsitze im Chor. Sie sind meist Zellen- oder Haustypen und entweder der hohen oder der zelebrierenden Geistlichkeit reserviert. Das Chorgestühl bleibt in der Regel den Mönchen und Geistlichen vorbehalten. Allerdings weist man Königen, Landesfürsten und anderen Würdenträgern beim Gottesdienstbesuch einen Ehrenplatz im Chor an.

Der Bischofsthron verliert im frühen Mittelalter in den Kathedralkirchen seine überragende Bedeutung. Die Klosterkirche wird maßgebliches Vorbild auch für die Bischofskirche. Spätestens seit der Zeit der Ottonen findet die Kathedra im Raum zwischen Apsis und Vierung ihren Platz auf der Evangelienseite in Höhe des Altars.[19] Entweder ist der Ehrensitz ein Faldistorium[20] oder ein geschlossenes einzelliges Gehäuse, das man wie die Chorstühle gestaltet. Dem Bischofssitz stehen in romanischer Zeit die Levitensitze gegenüber.

Äbtissinnen, Priore und Äbte verfügen ursprünglich nicht über Sitze, die sich vor dem übrigen Gestühl auszeichnen. Es ist der Ort, an dem sie im Chor sitzen, der ihren Stuhl auszeichnet. Die Hirsauer Regel berichtet, daß die Oberen ihren Platz immer an der Rückwand des Gestühls haben. Den höchsten Rang nimmt die dem Altar gegenüberliegende Westseite ein. Während der Abt oder die Äbtissin im südlichen Abschnitt direkt am Paß des Lettners sitzt, nimmt der Prior den entsprechenden Stuhl auf der Nordseite ein.

Erst allmählich hebt man die Sitze der Oberen durch aufwendige Ornamentierung stärker hervor, isoliert sie, nimmt sie aus der Gesamtanlage des Gestühls heraus und stellt sie auf die Evangelienseite, wo sie als ein- oder zweisitzige geschlossene Gehäuse, schmuckvoller, in Konstruktion und Form aber nur wenig vom übrigen Gestühl abgesetzt, den Raum beanspruchen, den in den Bischofskirchen die Kathedra des Bischofs innehat.

Im neuen Aufstellungsort des Abtstuhls, dem Levitenstuhl auf der Epistelseite direkt gegenüber, kommen eine Hierarchisierung innerhalb des Konvents und eine harmonische Gestaltung von Apsis, Sanktuarium und Chor zum Ausdruck, die ihrerseits Vollkommenheit und das göttliche Gesetz von Einklang und Abstufung ausdrücken. Die Symmetrie des gesamten Chorbereichs und die Reife des Chorgestühls sprechen endgültig den christlichen Kirchenraum heilig, indem sie die Begegnung der irdischen mit der himmlischen Gemeinde visuell erlebbar machen. Der Abt als Verkörperung Christi und der übrige Konvent als nach den Maßen von Gebrochenheit und Spiritualisierung differenzierte Herde erscheinen nicht mehr nur symbolisch, sondern real als himmlische Gemeinde.

So erfüllt die Form des Gestühls die von Benedikt geforderten Bedingungen für den raschen Wechsel von Körperhaltungen und gibt dem Mönch beim Gottesdienst von zwei Seiten her einen Rahmen. Sie konkretisiert den abstrakten Raum des Sanktuariums, indem es diesen zwischen Apsis und Chor sichtbar macht. Zugleich stellt es die Mönche in Stallen genannte Gestelle, die Einzelabschnitte des Gesamtgestühls. Das Chorgestühl erweist sich infolge der Vielfalt seiner begrenzenden Mechanismen als Einrichtung, die äußere Haltungen nach innen ablagert und den gestützten und spiritualisierten Mönchsleib bei lebendiger Seele diszipliniert, tötet und in sich aufnimmt.

Das Chorgestühl nimmt dem Mönch die individuelle Hinwendung zu Gott und gestaltet sie in eine kollektive um. Benedikt weiß um die Individualität des Menschen und sucht nach einer allgemeinen Körperzucht für das Klosterleben. Soll eine große Zahl von Mönchen die Strapazen des Klosterlebens ertragen und ertragen wollen, muß jede extrem erscheinende Zucht vermieden werden. Der Benediktiner lebt in der *vita communis* mit anderen, in der jeder für den anderen mitverantwortlich ist. Er findet sein Leben eingebettet in die Beziehung von Tätigkeit und Moral, äußerem Tun und innerer Wertschätzung des Tuns, indem er am Rande einer Gemeinde lebt, die er seelsorgerisch betreut. Mit der partiellen Bindung an ein weltliches Dasein unterliegt er gesellschaftlichen Mechanismen der sozialen und psychischen Interaktion, die ihn bereichern und beschränken. Die Vielfalt gesellschaftlicher Beziehungen eröffnet eine ebenso große Vielfalt innerer Perspektiven, in der die Elemente der benediktinischen Reform liegen: das Herstellen einer differenzierten inneren Landschaft zum Zweck anschließender Kontrolle. Nicht schon das bloße Abtöten von Impulsen in der strengen Zucht führt zur rechten Gesinnung. Erst wenn ein weites Spektrum von Motiven und Bedürfnissen erlebt wird, kann es, als Prüfstein benediktinischer Religiosität, Versuchung geben. Es sind *vita communis* und die Arbeit in der Gemeinde, bei denen sich Bedürfnisse entwickeln, die verführen können. Tägliche Exerzitien, das ausgefeilte System täglicher, stündlicher, momentaner Verwerfungen alles Eigenen, Überhöhung alles anderen und Lobpreisen, Danksagen und Unterwerfen des Eigenen unter die klösterlichen und göttlichen Gesetze helfen im Widerstand gegen die Versuchungen und bilden die Mittel zur Läuterung. Der innere Kampf zwischen Versuchung und Widerstehen gilt als ungleich wertvoller als die kampflose Ruhe des nie in Versuchung Geführten. Die Tugenden, mit denen die innere Landschaft eingehegt wird, heißen Gehorsam, Armut und Keuschheit. Nicht die Wüste, sondern die gehegte Oase ist das treffende Bild für das Innere des benediktinischen Mönchs. Als äußere Objekte sind die Stühle im Chor Spiegel dieser inneren Struktur. Als Oase ist das Chorgestühl sowohl Ausgangspunkt als auch Resultat einhegender Tätigkeiten.

Indem die Benediktinerregel dem Gottesdienst einen Rhythmus von Stehen, Sitzen und Knien auferlegt, favorisiert sie von zwei Seiten her das Sitzen. Stehen und Knien werden gemäßigt, indem man sie mehr und mehr zum Sitzen wandelt: Der tiefe Kniefall zum individuellen Gebet ist nur noch für Momente erlaubt, während man bei den Lesungen sitzt. In seiner reifen Gestalt bildet das Chorgestühl eine vollkommene Prothese zur Stützung des Leibes. Das lange Stehen im Chor hat vielen Mönchen Probleme bereitet, so daß Sitzen auch dem Komfort dient. Doch nicht der Komfort, sondern der Wille zu einer umfassenden Disziplin zeichnet das Sitzen vor anderen Körperhaltungen aus und bildet den Zweck des Chorgestühls.

Die Miserikordie widerspricht einigen Funktionen des Chorgestühls. Der hochgeklappte Sitz deutet ursprünglich auf Stehen oder Knien, legt aber nahe, daß man sitzend auf ihr Platz nimmt. Und ebensowenig wie die Miserikordie lediglich dem Komfort dient, so wenig sind die szenischen Darstellungen Launen der Phantasie. Die künstlerische Umsetzung christlicher Gleichnisse in Anspielungen auf das Erotische, in Fabelwesen und Dämonen entspringt zwar der Einbildungskraft, aber die Ornamente sind den Programmen der Äbte unterworfen und zielen auf Furchterregung ab. Wer nicht wegen des Alters oder der Gesundheit, sondern aus Gründen der Bequemlichkeit die Miserikordie in Anspruch nimmt, soll wissen und spüren, daß die Dämonen jederzeit aktiv werden können, denn Teufel und christlicher Gott sind gleichermaßen allgegenwärtig. Da der hochgeklappte Sitz Stehen oder Knien bedeutet, lautet seine zweite Botschaft: Richtiges Stehen vor Gott heißt, ohne fremde Mittel, nackt vor Gott stehen.

Da die Existenz der Miserikordie aber den Willen zu einem zusätzlichen Sitzen ausdrückt, läßt sich die Bedeutung der Miserikordie weiter fassen: Richtiges Stehen vor Gott darf auch ein Sitzen sein, wenn die innere Einstellung stimmt. Das Ruhen auf dem Sitz der Barmherzigkeit bildet einen Übergang vom Stehen zum Sitzen, eine kleine Entlastungsverschiebung vom Bein aufs Gesäß, so daß sich der heimliche Sitz im engeren Sinn als ein Mechanismus auszeichnet, der das Sitzen im Chor möglich macht. So erlaubt die Miserikordie ein mediales Ruhen, das noch kein Sitzen, aber auch kein Stehen mehr ist und über das der Chorstuhl erst angenommen und das Sitzen eingeübt werden kann.

Wenn das Stehen zu einer inneren Einstellung wird, darf das Stehen als äußere Form des Körpers aufgegeben werden. Zwischen den beiden Polen eines äußeren Stehens und einer inneren Einstellung entwickelt sich das Sitzen: eine Haltung zwischen Sollen und Nichtwollen und Nichtsollen und Dochwollen, ein Gegensatz von Innen und Außen, zu dem Benedikt den Anstoß gegeben hat. So bedeutet Sitzen während des Stehensollens im Vergleich zur strengen äußeren Askese eine Verweichlichung, im Vergleich zur verinnerlichten Askese ein gescheitertes Widerstehen einer Versuchung, ein Nachgeben dem Fleische und Ungehorsam gegen die Regel.[21] Solange das Sitzen nicht als eine besondere Form der Askese verstanden wird, lassen sich ebenso Gründe für eine radikale Befürwortung wie für eine radikale Ablehnung des Sitzens im Chor aus der Benediktinerregel herleiten. Der Tatbestand offenbart allgemeine Aporien des Sitzens.

Sitzen als körperliche Technik ist ein unerläßliches Werkzeug zur Herstellung besonderer spiritueller Dispositionen. Erst eine Technik zur Begrenzung und Formung physiologischer Vorgänge kann die Fähigkeit zu geistiger Konzentration auf ein Unkonkretes und noch nicht Anwesendes und zur Versenkung in das Fehlende, das auch immer ein Anderes ist, unter gleichzeitiger Mißachtung eigener Wünsche produzieren. Das Erlernen solcher Techniken bedarf bereits immer einer geistigen Bereitschaft und eines unterstützenden Wollens. Das Chorgestühl umgeht mit Hilfe seiner raffinierten Mechanismen diesen Widerspruch, indem es den Sitzenden in eine Zwangsapparatur aufnimmt, die ihm von außen Bedingungen zur Übung körperlicher Kontrolle auferlegt. Um Prozesse der Disziplinierung in Gang zu setzen, sind immer partielle Stillegungen des Leibes erforderlich. Da das Stillgestelltsein nicht wieder auf geistige Disziplin und ein entsprechendes Wollen, das sie erst erzeugen will, rekurrieren kann, bedarf das Erlernen der Fähigkeit der Zurückhaltung dinghafter und leiblich fühlbarer Werkzeuge. Disziplin bei entfalteter Bedürfnisstruktur vermag der Mensch nicht aus sich heraus zu erzeugen, sondern nur mit Hilfe ihm äußerlicher Objekte, an die er gebunden wird. Das Sitzen im

Chorstuhl ist eine Form äußerer Askese, die eine innere Disziplin hervorbringt. Es macht das vitale Fleisch brüchig und schafft Bedingungen für die geistige Bereitschaft zur Konzentration auf das Innenleben, das durch die Gebrochenheit des Leibes kontrolliert werden soll. So erweist sich das Chorgestühl als ein Medium, das zwischen Innen und Außen vermittelt und bei innerer Vielfalt, die sich im benediktinischen Mönchsleben ausbildet, ein äußeres Gleichmaß produziert. Im Beten konzentriert sich der Mönch auf Gott. Emotionen und schweifende Gedanken müssen dabei eliminiert werden. Als Methode bedienen sie sich der Konzentration auf die Atmung, die sie zu formen und zu hemmen suchen. Da die Bilder des Gottes, in den man sich versenkt, durch das Muster und das Maß der Atmung mitgestaltet werden, prägt das Sitzen die Bilder, die man sich von Gott machen kann, mit.

Erst lange Zeit nach Benedikt zieht das Sitzen in die Konvente ein. Da man sein Wesen verkennt, wird es gleichermaßen bejubelt und verdammt. Die Bilder der frühen Asketen in ihrer radikalen Weltflucht wirken noch nach. Man vermutet im Sitzen Gefahren des inneren und äußeren Verfalls, ohne zu begreifen, daß es Voraussetzungen für eine Askese viel umfassenderer Art schafft: eine auf Selbstkontrolle angelegte Geistigkeit. Mit der Ausbildung der Selbstkontrolle bildet das Sitzen jene Formen aus, auf die in der Benediktinerregel gesetzt wird und auf die in der Klosterbewegung obsessiv hingearbeitet werden soll. Unter Bernhard von Clairvaux erträgt ein Zisterziensermönch die Askese etwa zehn Jahre. Man tritt mit etwa zwanzig Jahren ins Kloster ein, um mit dreißig aus dem Leben zu scheiden. Auch Luthers Anfall im Chor und seine verzweifelte Selbstverleugnung »Ich bin's nit« oder »non sum« sind Zeichen des Absterbens im Chor. In der Selbstkontrolle treffen gegensätzliche Bewegungen aufeinander. In der freiwilligen Unterwerfung zeigt sich eine eigentümliche Fassung des Organismus: sich um eines besseren Daseins willen jenseits seiner selbst anzusiedeln und sich zu setzen. Der Widerstand, den der Mönch zu überwinden trachtet, ist sein Leib, die Schranke zu einem besseren Leben. Die in der Überwindung liegenden Zurichtungen zerstören die synästhetischen Prozesse des Organismus und führen in eine geschlossene imaginäre Welt. Eintritt verschafft man sich in diese Welt auf der Ruine des Leibs. In der Abgeschlossenheit des Organischen werden gegensätzliche Impulse virulent. Die vitalen Bedürfnisse des Leibes versuchen, die einseitige Orientierung am Spirituellen abzuwehren, an das der Organismus gebunden wird. Ein Mittel der Zurichtung ist die im Chorstuhl geübte Selbstkontrolle. Im Umformen leiblicher Impulse baut sich eine Struktur des Sitzens, des Beruhigtseins, auf, die sich als Demut und Gehorsam niederschlägt. Der beruhigte Leib produziert einen beruhigten Geist und ein beruhigtes Wollen. Der heilige Bernhard teilt seinen Novizen mit, wenn sie es eilig damit hätten, verinnerlichte Menschen zu werden, sollten sie ihre Körper draußen lassen, da ins Kloster nur Seelen einträten und das Fleisch zu nichts diene. Aber es handelt sich nicht nur um Beruhigungen, es sind vor allem Brüche, auf denen sich ein befriedetes Wollen und eine beruhigte Geistigkeit aufbaut. Die Narben bleiben und erregen unter der beruhigten Schicht Gegenströmungen, Chaos und Wildheit, eine Art Rache des Organismus gegen die widerfahrene Zurückhaltung. Wirkliche Verinnerlichung, das Vergessen und die absolute Hemmung vegetativer Impulse, ist nicht möglich. Der Leib vermag in körperlichen Prozeduren nur geformt, nicht überwunden zu werden. Die Geschlossenheit der asketischen Lebensform der mittelalterlichen Mönche setzt zum Zweck der Ruhe den Leib gegen die Seele und macht den Leib doch nur lebendiger als zuvor. Ort und Zeitpunkt seiner Ausbrüche, der Veräußerlichung der Brüche selbst, bleiben unbekannt und unberechenbar. Eine der tiefen Ursachen menschlicher Destruktion muß im vergeblichen Niederhalten innerer Impulse gesehen werden. Über lange Zeit hält der Leib nicht innen, was nach außen drängt. Die potentielle Energie des sedierten Leibs gewinnt die Qualität einer Sprengladung.

Die Kontrolle der Mönche durch den Abt kann im zunehmenden Sitzen dank wachsender Selbstkontrolle zurückgenommen werden. Selbstkontrolle ist eine Kontrolle des Selbst durch das Selbst. Kontrolle leitet sich von *contre-rôle*, Gegenrolle oder Zweitregister, her. Die Prüfung besteht im abwägenden Vergleich eines kopierten Objekts mit seinem Original. Jeder Selbstkontrolle liegt damit eine Spaltung zugrunde. Man prüft etwas Originales in sich an einem selbstvorgegebenen Anderen in sich. Beim Sitzenden scheinen die Verhältnisse günstiger. Er hat die Möglichkeit, sich an dem Gerät, auf dem er sitzt, zu messen. Er kann sowohl seine äußere Form, die Sitzhaltung, an der Form des Stuhls als auch die innere Struktur seiner Haltung an der Struktur des Sitzens messen. Und doch erweist sich die Möglichkeit als verfehlt. Fraglich bleibt, was Original und was Kopie ist, denn der Stuhl und die innere Ordnung des Sitzens produzieren gerade die äußeren und inneren Haltungen, die der Sitzende an sich selbst, vermittelt über das äußere Objekt Stuhl und dessen innere Struktur, prüfen wollte. In ein solches Dilemma sind nicht nur Selbstkontrolle und Selbsterkenntnis, sondern alle Formen exakten Erkennens eingespannt.

Was die Mönche über das Sitzen zu kennen meinen, macht sie mißtrauisch, und was sich ihrer Kenntnis hierüber entzieht, praktizieren sie ausgiebig: Einübungen in die Form leiblicher Schnürungen. Die

Übungen führen zu einer Bedürfnisstruktur, die alles Leibliche als Last, Schmutz und sündiges Fleisch erlebbar macht und sich der sündigen Hülle zu entledigen sucht.

Wer die Umwandlung des Fleisches in Geist und Gebein am eigenen Leib vollzogen hat und wessen Innen sich lückenlos am Außen ablesen läßt, hat die Reife für einen schreinähnlichen Stuhl in der hinteren Chorgestühlreihe erlangt, die den bereits gebrochenen Mönchen vorbehalten bleibt. Der in Seele gewandelte Mönchsleib, nur noch Spiritualität, Gebet und Gesang, ist als Leib tot. Die Frühreife wird mit der Aufbewahrung im Schrein schon zu Lebzeiten belohnt. Die Mönche der hinteren Reihe sitzen im Diesseits dem Jenseits näher als die übrigen Mitglieder des Konvents. Der versprochene Himmel auf Erden wird ein Stück Realität: leiblich tot im Diesseits und seelisch lebendig im Jenseits. Und doch umgekehrt: körperlich lebendig und seelisch tot. Die Einübung ins Heilige findet hier ihren humorvollen, tragischen und in jedem Fall paradoxen Höhepunkt.

In solchen Fertigkeiten hebt das Kloster den Menschen auf ein hohes Kulturniveau, auf neue Stufen innerer Sediertheit und neue Ebenen der Vervollkommnung. Keuschheit, Gehorsam und Duldsamkeit sind die beruhigenden Qualitäten, die Aspekte des Kreuzes, die im klösterlichen Sitzen mächtig ins Organische hineingetrieben werden.

Das Opfer, das Jesus Christus den Menschen bringt, wird durch die ihm nachfolgenden Mönche im Opfer, das sie im Sitzen geben, zurückgegeben und teilweise abgegolten. In der Überschneidung von Christus und Mönch sowie der Merkmale des Irdischen und Himmlischen vereinigen sich im Chorgestühl die leiblichen mit den seelischen und die materiellen mit den spirituellen Kräften zu einem festen Muster.

Für die Laien kennt das Mittelalter weder Stühle noch Bänke in der Kirche. Sitze für die Gemeinde sind eine Errungenschaft der Reformation. Die frühesten weltlichen Stühle nimmt die Kirche um etwa 1350 auf. Sie sind die Zeugen dafür, daß sich das Sitzen auf eine breitere Basis stellen will. Die ersten Stühle für Nichtgeistliche stehen an den Seitenwänden des Langschiffes und sind in Gestaltung und Aufbau dem Chorgestühl mit bescheidenerem Aufwand nachgebildet. Durch die Aufstellung des Profangestühls im Langschiff außerhalb des geweihten Chorraums unterscheiden sich deren Besitzer von Klerikern und Mönchen, erheben sich aber durch den Besitz eigenen Gestühls über die übrige Gemeinde. Weltliche Stühle werden zuerst von den landesherrlichen Familien eingerichtet. Von da an erweitert sich die Palette des Laiengestühls rapide. Patriziat, Zünfte und vor allem die großen Seefahrergilden der reichen Hansestädte lassen ab Mitte des 15. Jahrhunderts ihren Vorstehern Sitze an den Kirchenwänden aufstellen. Zu

Beginn des folgenden Jahrhunderts gibt es die ersten Sitze der Handwerkerzünfte. Es ist die Zeit, in der die Vorsteher massenhaft zu Vorsitzenden umgerüstet werden.

Das Ansammeln unterschiedlichen Gestühls steigert den Druck im Innern der Kirchen, der sich bei geeignetem Anlaß entlädt und den geweihten Ort von innen her aufbricht, um die Stühle in die Gemeinde zu gießen. Es sind die Etappen des Niedergangs einer ausgezeichneten und geweihten Haltung. Erst erhalten die Mönche Stühle, dann die Kleriker; später die Patronatsherren und noch später die Stellvertreter der Gilden; am Ende die Spitzen der Handwerkerzünfte. Und endlich fordert unmittelbar nach der Reformation auch die Gemeinde die Bestuhlung der Kirchen, allerdings zunächst die protestantische Gemeinde, mehr als hundert Jahre später die katholische. Der Stuhl bricht aus der Kirche aus, um in gewandelter Form als schlichte Bank der Gemeinde wieder einzutreten.

Räumlich und symbolisch öffnet sich am Vorabend der Reformation der Chor zum Laienschiff. Zum einen, indem Kirchenvorsteher und Patronatsherren mit der Erlangung des Aufsichtsrechts über die Pastoren und die Verwaltung der Kirche Ehrensitze im Chor erhalten, zum anderen, indem die geschlossenen Chorschranken durch lichte Gitter ersetzt werden.

Während das mittelalterliche Kloster kulturelle Vorbilder und Werte schafft, die allmählich auf das weltliche Kirchenleben abfärben, bilden die weltlichen Kleriker Vorbilder und Werteträger für das gehobene Bürgertum, die wiederum der gesamten Gemeinde zum Vorbild werden.

Die Geschichte der Klosterbewegung ist die Geschichte des Fliehens vor der Flucht, ein Rückweg aus der Einsiedelei, die eine schwer einzunehmende Burg darstellt. Stationen des Wegs sind: Weltflucht – Einsiedelei – regelloses Kloster – Kloster mit Mönchsregel – Kloster mit Abtsregel – Kloster mit Chorgestühl – Welt.

Von der urchristlichen Gemeinde ausgehend verfolgt das Christentum zwei unterschiedliche Wege: das nicht berufsmäßige religiöse Leben der Gemeinde und die berufsmäßige strengere Form religiösen Daseins der Anachoreten und Mönche. Die Glaubensgemeinde orientiert sich an den Kirchenordnungen, die Gemeinde der Mönche an der Ordensregel. Das Papsttum übergreift zwar beide Bereiche, doch die Differenzen brechen die immer nur scheinbar bestehende Einheit zum Ende des Mittelalters in die beiden Glaubensbekenntnisse des Katholizismus und Protestantismus auseinander. Die früh einsetzende Separation in Laien und Kleriker zeigt sich im Kirchenbau und in den unterschiedlichen Vorstellungen von Gemeinde und Klerus. Bischöfe und Kleriker sitzen wie römische Kaiser an der Schmalseite des Kirchenraums. Das Schema bleibt unverändert, bis die Bischofskirche das Chorgestühl der Klosterkirche übernimmt. Allerdings nimmt gerade hierdurch die schon bestehende Distanzierung weiter zu, denn die Laien stehen und knien während des gesamten Gottesdienstes. Auch die Anachoreten und Einsiedler, die gegen die schon früh einsetzende Verweltlichung der offiziellen Kirche opponieren, sitzen nicht, sie stellen sich in der Einsiedelei, wenn auch in der Absicht, sich innerlich zu setzen. In den Oppositionen während der verschiedenen Jahrhunderte gegen die Kirche zeigt sich, daß Formen des Protestantismus so alt wie die Christenheit sind und bereits Merkmale des Bürgerlichen enthalten. Zwischen Mönch und Abt bilden die Klöster unter äußerlichen Gesichtspunkten nie die Differenzen aus wie die Bischofskirche zwischen Klerus und Gemeinde: Wenn sich später der Abt auf den Chorstuhl setzt, dürfen sich auch seine Mönche setzen.

Die Motive für die allgemeine Form benediktinischer Askese liegen in der Bindung des Benediktinermönchs an eine weltliche Gemeinde, um den Klöstern Öffnungen zur Welt und der Welt Zugänge ins Kloster zu schaffen. Die Benediktinerregel ist Ausdruck der Sehnsucht nach einer solchen Bindung, in der das mittelnde Glied zwischen Welt und Kloster der Chorstuhl bildet. Aber auch die Welt geht auf das Kloster zu. Die neuzeitlichen Protestanten sind als gegen die Kirche Protestierende keine unfrommen Christen, sondern ersehnen eine allgemeine Form christlicher Existenz, ein christliches Leben im Alltag und im Beruf. Sie distanzieren sich nur scheinbar, tatsächlich gehen sie tiefer in die Kirche, spezieller: ins Kloster hinein. So sind es nicht nur die Klöster, die sich der Welt öffnen, es ist auch die Welt, die ins Kloster strömt. Deshalb besagt die Forderung der Protestanten nach Bestuhlung der Kirche nur, daß sich die Gemeinde als eine am Heiligen Ausgerichtete versteht, weshalb ihr das Sitzen gebühre. So kann der Stuhl von zwei Seiten her über die Kirche aus dem Kloster in die Welt dringen.

Die Reformation öffnet das hermetisch geschlossene Kloster, während die Bischofskirche verschlossen bleibt. Die offizielle Kirche bringt der katholischen Gemeinde nicht das Sitzen. Die im frühen 17. Jahrhundert von der katholischen Gemeinde geforderte Bestuhlung der Kirchen erwächst nicht aus der Struktur des katholischen Glaubens, sie ist bloße Kopie des Sitzenwollens der protestantischen Gemeinde.

Mit der Öffnung des Chors übernimmt der Stuhl dieselben Aufgaben wie in der Enklave: das Erzeugen einer demütigen und sedativen Ordnung des Menschen. Allerdings bildet sich hier die Möglichkeit aus, die Sedierung des einzelnen auf den Gesellschaftskörper und sogar die ganze Menschheit auszudehnen. Der Prozeß, in dem der Bürger beginnt, sich an seinem Selbst zu prüfen, beginnt um 1530 und ist dreihundert Jahre später abgeschlossen.

Im Sitzen auf weltlichen Stühlen verbinden sich die bürgerlichen mit den mönchischen Lebensformen und die Aspekte des Kreuzes mit den Qualitäten des Throns, so daß sich auf der Grenzlinie von Versuchen und Widerstehen der Stuhl in die bürgerliche Gesellschaft einnistet. Mit dem Sitzen hat Benedikt eine Leibesform proklamiert, die sich im Rahmen der profanen Welt realisieren läßt. Mit der Neuzeit hebt ein Prozeß an, den Benedikt tausend Jahre zuvor im Kloster Montecassino als Idee fixiert hat, die aber schon seit Jesus Christus erlebt und praktiziert wird: die Einübung in eine heilige Leibeshaltung.

Die Kapitel 2, 3 und 4 haben die ersten drei Beine des anthropologischen Stuhls beschrieben. Das dritte Bein steht dafür, wie im Chorgestühl das Kreuz zum Thron umgearbeitet wird. Der bisherige Weg verlief vom Nomadentum über die Seßhaftigkeit zum thronenden König, vom thronenden Christus über die ihm nachfolgenden Asketen zu den Mönchen im geregelten Kloster. Erst die Mönche, die der Regel des heiligen Benedikt folgen, schaffen im Chorgestühl die Basis dafür, daß die heilige Haltung des Thronens mit der Öffnung der Klöster zum Sitzen profaniert werden kann. Vor der Geschichte, wie das in die bürgerliche Gesellschaft entlassene Sitzen deren Glieder formt (6. Kapitel), wird im folgenden Kapitel das Sitzbrett, die Anatomie des Sitzens, aufgelegt, um den drei Beinen Halt zu geben.

5. Kapitel
Das Gebein als Stuhl

Die Knochen: Kreuzbein, Becken, Wirbelsäule

Fische liegen, Reptilien kriechen, spätere Arten heben sich allmählich vom Boden ab. Maus, Affe und Nilpferd hinter sich lassend, steht endlich mit durchgedrücktem Knie und gestreckter Hüfte der aufrechte Mensch. Das Sitzen ist bereits ein Nach-hinten-Kippen: der Weg vom Bauch über das Stehen auf den Rücken. Das Tier berührt in der Regel mit der Front den Boden. Der Sitzende hat Bodenkontakt vor allem mit seiner Rückseite: Gesäß, Beinhinterseite, Rücken. Im Sitzen gleicht der Mensch einem Käfer, der auf den Rücken zu fallen droht.

Das höchste Maß an Sedierung erfährt das Fleisch im Gebein oder Knochen. Der Stuhl ist eine Ablagerung des Fleisches, die sowohl auf die Formung der Knochen zurückwirkt als auch die Sklerotisierung des Fleisches und dessen Umwandlung in Gebein forciert. Deshalb erweist sich das Sitzen als eine Konsequenz der mit der Aufrichtung der Lebewesen verbundenen allmählichen Drehung des Beckens nach hinten und stellt das Bild des fallenden und sklerotisierenden Menschen dar. Dem Druck der Entwicklung muß der Mensch folgen und setzt sich.

Das Sitzen ist die jüngste und gewagteste Formung eines organischen Leibes, die das Tierreich hervorgebracht hat. Es baut auf der menschlichen Art des Stehens auf und muß als Endprodukt angesehen werden, das keiner Entwicklung mehr fähig ist.

Es ist die äußere Gestalt einer inneren Haltung, die ihre Formung auch im Rahmen anatomischer Prozesse erhält. Im Blick der Anatomie besteht das Charakteristikum des Sitzens in der zweifachen Abknickung des Leibs und der direkten Übertragung der Rumpflast über das Becken auf die Unterlage. Eine solche Position hat nirgends in der Natur ein Vorbild. Im Sitzen werden die charakteristischen Merkmale des Stehens wie die Lendenlordose und die gestreckten Hüft- und Kniegelenke wieder aufgegeben.

Das Stehen ist keine Position, die, einmal eingenommen, über längere Zeit beibehalten werden kann, sondern ein immer neu zu erwerbender und aktiv zu haltender gefährdeter Gleichgewichtszustand zwischen Gravitation und Standhalten sowie zwischen Leib und Welt. Es

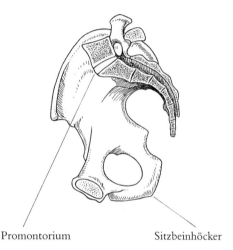

Promontorium und Sitzbeinhöcker bei der menschlichen Lende

Promontorium   Sitzbeinhöcker

bedarf eines inneren Wollens – als die Behauptung, Kopf, Rumpf und Seele oben zu halten.

Die Lordosierung von Hals und Lende sowie die Abknickung zwischen Kreuzbein und Wirbelsäule (Promontorium) bilden Voraussetzungen für das Stehen über längere Zeit. Die Halslordose ermöglicht das Kopfheben und Balancieren des Kopfes, die Lendenlordose die Stellungsänderungen von Rumpf und Hüfte. Das vollkommene Aufrichten setzt das Promontorium voraus, so daß es zum Kennzeichen der menschlichen Wirbelsäule und zum Attribut des aufrechten Ganges wird. Während beim Menschenaffen die Aufrichtung nur bei gebeugten Knie- und Hüftgelenken erfolgt, zeigt allein der Mensch das Merkmal der Streckung in den Knien bei aufgerichtetem Rumpf: »Die Lordose ist der früheste Aufrichtungsversuch in der phylogenetischen Entwicklung zum Stand.«[1] Der Promontoriumswinkel bildet den Übergang von der im Tierreich üblichen Kyphose der Lende zur Lordose. Ausnahmen im Tierreich bilden Giraffe und Känguruh. Beide

verfügen wie der Mensch über die zweifache S-Form der Wirbelsäule.
Im Stehen nimmt das Känguruh anatomisch dieselbe Haltung ein wie der sitzende Mensch, mit dem Unterschied, daß ihm neben den Füßen nicht die Sitzbeinhöcker, sondern die kräftige Schwanzwirbelsäule als dritter Unterstützungspunkt dient.

Da der Rumpfschwerpunkt oberhalb der beweglichen Hüftgelenke liegt, ist Stehen eine labile Haltung und bedarf ständiger Muskelarbeit. Die Arbeit läßt sich vermindern, indem man die Stützfläche des Körpers vergrößert: Stemmen der Arme in die Hüften, Verschränkung der Arme vor der Brust, Abstützen mit Hilfe eines Stockes, Anlehnen gegen eine Wand, Hocken, Kauern, oder – das Sitzen auf Stühlen. In all diesen Fällen sucht der Ermüdete zusätzlich Halt im unterstützenden Gebrauch seiner Körperglieder oder in einem Gelenk außerhalb des Leibs. Die Labilität des Stehens bildet eine der Voraussetzungen für das Sitzen.

Daß man sich keinen sitzenden Fisch vorstellen kann, liegt daran, daß ihm die Beckenregion fehlt, die erst bei landbewohnenden Wirbeltieren ausgebildet ist.

Seitliche Fortsätze der Wirbelsäule zeigen sich bei den höheren Fischen als schwach ausgebildete Querverbindung zwischen den Bauchflossen. Bei den Amphibien sind Beckengürtel und Wirbelsäule bereits mit einer knöchernen Brücke beweglich verbunden, aber erst bei den Reptilien wird die Brücke fest mit den Wirbelkörpern verankert. In dem Maß, in dem sich die Lebewesen vom Wasser fortentwickeln, wachsen die zur Fortbewegung wichtigen hinteren Extremitäten und weiten die Verbindung zwischen Quer- und Längsachse flächenmäßig aus, um die größeren Kräfte übertragen zu können. Den Schlußstein bildet das Kreuzbein. Bei allen Wirbeltieren, einschließlich der Menschenaffen, ist das Kreuzbein flach und geht ohne Promontorium in die Lendenwirbelsäule über. Das gelegentliche Aufrichten der Tiere erfolgt lediglich als Stellungsänderung des Rumpfes ohne wesentliche Beugung der Wirbelsäule in der Lende.

Der Abschnitt, in dem das Becken mit der Wirbelsäule zusammengeschlossen wird, ist die *regio sacralis*, die Region des Heiligen am und im Menschen. Die Geschichte des modernen Stuhls ist die Geschichte der Bemühung, Stühle zu entwickeln, die über Eingriffe in diesen heiligen Bezirk – Kreuzbein (*os sacrum*) und Lendenregion (*regio sacralis*) – das vollkommene Sitzen ermöglichen: aufrecht und unbeweglich.

Die Bedeutung des Kreuzbeins für das menschliche Stehen und Sitzen kommt sowohl im Wort Kreuz als auch in der aus dem Griechischen ins Lateinische und von dort ins Deutsche übernommenen Übersetzung als das Heilige zum Ausdruck. Daß die Römer das griechische Beiwort *ieros* (heilig und geräumig) für Kreuzbein irrtümlich mit Hei-

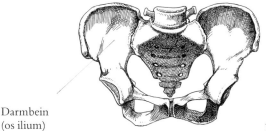

Darmbein
(os ilium)

Das menschliche Becken

liges übersetzt hätten, ist selbst ein Irrtum. Der Knochen wird im Zusammenhang mit Tieropfern heilig, er gilt den Ägyptern als Sitz der Virilität des Osiris, und seine in unterschiedlicher Hinsicht differenzierenden Qualitäten zeichnen ihn als ein Organ mit ungewöhnlichen Eigenschaften aus.

Neben dem Sakrum ist das Hüftgelenk das zweite Kernstück des Beckens. Es ist das statische und lokomotorische Übertragungsmittel der Kräfte vom Rumpf auf die Beine.[2] Unterhalb des Gelenks ähnelt sich bei den Säugetieren die Beckenform. Dagegen gestaltet sich der obere Abschnitt, das Darmbein (os ilium), im Verlauf der phylogenetischen Entwicklung um. Es liegt beim Vierfüßler eng der seitlichen Bauchwand an, um schildförmig die Eingeweide zu umschließen, während es diese beim Zweifüßler, dem Menschen, mitträgt. Im weiteren Prozeß dreht sich das Darmbein auf das Sitzbein zu und dreht dabei das Sakrum nach rückwärts. Das Kreuzbein ist nicht mehr knöchern, sondern elastisch ins Becken eingebunden. Diese Art der Integration macht aus dem Becken des Menschen einen geschlossenen Kreis, der große Kräfte zu übertragen erlaubt und eine Voraussetzung zum aufrechten Stehen erfüllt. In dem Kräftekreis wirken Kreuzbein, Becken und Wirbelsäule direkt aufeinander, so daß Bewegungen des Beckens unmittelbar die Lage des Kreuzbeins bestimmen, die wiederum auf Form und Lage der Wirbelsäule einwirkt.

Die Doppel-S-Form der Wirbelsäule und das gekrümmte Sakrum sind nicht von Geburt an vorhanden. In den ersten Lebenswochen zeigt die Wirbelsäule eine im ganzen kyphotisch gekrümmte Form und bleibt in den ersten Monaten ein gerader Stab, der sich in mehreren Entwicklungsphasen zur späteren Form ausprägt. Im dritten Monat knickt das Kreuzbein allmählich zum Promontorium ab. Der erste Sakralwirbel weist bei Neugeborenen dieselbe gewebliche Struktur wie die Wirbelsäule auf, so daß er eher der Lendenwirbelsäule als dem Kreuzbein, in das er im Laufe der Entwicklung einbezogen wird, anzugehören scheint. Insgesamt erweist sich die kindliche Wirbelsäule als ein sensibles, im Wachstum begriffenes und deshalb von außen stark formbares Organ. Während die Verknöcherung der fünf Kreuzbeinwirbel vom 16. bis zum dreißigsten Lebensjahr dauert, unterliegt das Kreuzbein einer Krümmung, die im zehnten Jahr beginnt – bis dahin ist es flach wie das des Anthropoiden – und etwa mit dem vierzigsten endet. Die noch nicht gefestigten Strukturen von Kreuzbein, Becken und Wirbelsäule machen das frühe Setzen des Kindes problematisch. So legt sich der Stuhl auf das Wachstum und wirkt formend auf organische und verknöchernde Prozesse und Knochen ein.

Die Sitzbeinhöcker genannten Vorsprünge des Sitzbeins bilden die knöcherne Basis für das Sitzen. Sie können diese Funktion ausüben, da das Becken beim Setzen das Sitzbein aus seiner Schrägstellung, die es im Stehen einnimmt, in eine vertikale Position zur Unterlage dreht. Dabei werden die Hüftstrecker (ischiocrurale Muskeln) so gespannt, daß sie das Becken nach hinten drehen.

Der wesentliche Mechanismus des Sitzens ist verborgen, da der Beugung der Oberschenkel um neunzig Grad beim Setzen keine gleich große Bewegung des Beckens in den Hüftgelenken entspricht. Er besteht darin, daß beim Wechsel vom Stehen zum Sitzen die ischiocrurale Muskulatur Becken und Kreuzbein um etwa vierzig Grad nach hinten dreht und die Bewegung auf die Wirbelsäule überträgt.[3]

Der stehende Mensch ist das Lebewesen mit dem am weitesten nach hinten gedrehten Becken und dem am steilsten gestellten Kreuzbein. Aber erst wenn man sich setzt, dreht sich das Kreuzbein weiter nach hinten, bis es eine nahezu vertikale Position einnimmt. Bemißt man den Aufrichtungsprozeß der Lebewesen an der Stellung des Sakrums, nicht am Rumpf, erweist sich die Drehung des Sakrums als das die Wirbeltiere aufrichtende Prinzip. Damit gelangt die Entwicklung zum

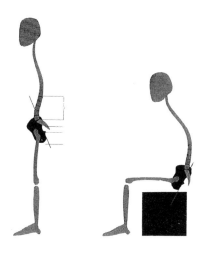

aufrechten Stand zwar phylogenetisch, nicht aber kulturell an ein Ende. So läßt sich das Sitzen von seinem inneren Mechanismus her als Fortsetzung der Aufrichtung deuten.

Die Künstlichkeit in der weitergetriebenen Aufrichtung zeigt sich darin, daß Sitzen immer nur einen schlechten Kompromiß zwischen anatomischer Wirbelsäulenform und entspannter Skelettmuskulatur darstellt. Beide sind miteinander nicht kombinierbar. Die »Wirbelsäule ist mit ihren... Krümmungen so gestaltet, daß ihre einzelnen Bauelemente beim stehenden Menschen gleichmäßg belastet werden.«[4] Im Sitzen ändert sich die gleichmäßige Belastung gravierend. Druckerhöhungen der Bandscheiben auf der Bauchseite (ventral), die mit zunehmender Kyphosierung der Lendenwirbelsäule ansteigen, führen zu unterschiedlich schweren Beeinträchtigungen.[5] Da im Sitzen die Rückenstrecker »ohne weiteres in der totalkyphotischen Haltung entspannt werden« können, die »günstige Wirbelsäulenhaltung mit aufgerichtetem Becken« dagegen enormer Muskelarbeit bedarf, ist »das Maß der Muskelentspannung kein Indiz für eine günstige Sitzhaltung«.[6] So kommt es darauf an, eine von der Druckverteilung her günstige Wirbelsäulenform mit der Entspannung der Rückenstreckmuskulatur zu kombinieren. Je nach Belastung lassen sich zwei Sitzhaltungen unterscheiden. Die Ruhehaltung und das Aufrechtsitzen.

Ruhehaltung nennt man eine Sitzposition, in der die Rückenmuskeln relativ entspannt sind. In ihr setzt die Rückenmuskulatur dem Drehen des Beckens keinen Widerstand entgegen. In dieser Position dreht sich das Becken extrem nach hinten, und der Rumpfschwerpunkt kann weit nach vorne über die Hüftgelenke hinaus verlagert werden. Bis zu den Schultern gibt die Beckenneigung der Wirbelsäule eine durchgängig kyphotische Form. Der Belastung der Muskulatur wegen müßte man die Ruhehaltung dem aufrechten Sitzen vorziehen. Allerdings werden Wirbelsäule und Bandscheiben extrem beansprucht.

Das Sitzen in aufrechter Position bildet äußerlich ein von der Ruhehaltung völlig verschiedenes Erscheinungsbild, unterscheidet sich aber nach der Form der Lendenwirbelsäule nicht wesentlich, weil man im aufrechten Sitzen keine Lordose ausbilden und die aufrechte Position nur für eine sehr kurze Zeit beibehalten kann, da die Muskelarbeit so anwächst, daß man in die übliche Sitzkyphose zurückfällt. Die Konstellation von Hüfte und Rumpf führt in der aufrechten Sitzposition zu einer günstigen Form der Wirbelsäule. Deshalb wäre die aufrechte Haltung vorzuziehen. Allerdings fordert sie zu große Muskelarbeit.

Immer erscheint das Sitzen in seiner äußeren Gestalt als Ruheposition, erweist sich aber nach seiner inneren Verfassung als Schwerarbeit und Unruhe.

Während das Niedersetzen stereotyp verläuft, nimmt das Aufstehen im Maß des Bewegungsverlaufs, im Umfang, mit dem man den Rumpf vorbeugt, oder in der Art, wie und ob man die Hände zu Hilfe nimmt, individuelle Züge an. Man hat vermutet, daß dafür der größere Kraftaufwand beim Aufstehen verantwortlich sei. Und tatsächlich zeigt eine Fußwaage beim Aufstehen für einen Moment ein weit über dem Körpergewicht liegendes Maß an. Es handelt sich sowohl um eine mit dem Sitzen verbundene Charakteristik als auch um falsche Gewohnheiten beim Aufstehen. Moshé Feldenkrais hat auf das Fehlverhalten beim Aufstehen aus einem Sitz aufmerksam gemacht: Man ziehe die Nackenmuskulatur zusammen, um »mittels einer kräftigen Bewegung des Kopfes aufzustehen, der das ganze Gewicht des Rumpfes«[7] mit sich zieht. Er studiert das Sitzen, um den Menschen mit dem Stuhl auszusöhnen. Würden wir uns nach Feldenkrais korrekt vom Sitz erheben, zeigte eine Waage beim Aufstehen eine kontinuierliche, bis zum Gesamtgewicht ansteigende Zunahme an. Das gewichtigere Aufstehen verstärkt die im Sitzen liegende Neigung zum Bleiben.

Im Dilemma von Ruhehaltung und Aufrechtsitzen, von Aufstehen und Sitzenbleiben verharrt der Sitzende und macht das Sitzen zu einer widersprüchlichen inneren und äußeren Haltung. Aber daß der Mensch für das Sitzen anatomisch schlecht ausgerüstet ist und doch sitzen will, mag ein Hinweis auf die Angst davor sein, das Stehen auf zwei Beinen könnte ihn zu sehr an die Entwicklungskette von Schwimmen, Kriechen, Auf-allen-vieren-Gehen und Aufrichten erinnern. Im Sitzen will der Mensch seine Position jenseits dieser Entwicklung zum Ausdruck bringen und sich aus der Kette der Lebewesen ausgliedern.

Orthopädische Eingriffe ins Heilige

Der Mensch entfernt sich im Sitzen am weitesten vom Tier und von allen anderen stuhllosen Kulturen. Aber das Zeichen seiner Souveränität liegt erst in der Beherrschung der Sitzhaltung, in ihrer guten Form. Der Erwerb einer guten Haltung liegt allerdings im Menschen nur als Möglichkeit vor und muß in Prozeduren herausgearbeitet und erworben werden. Zum Herausarbeiten dieser Form sieht man den Orthopäden als den Berufenen an. Offensichtlich nicht zu Recht.

Die Beschäftigung der Mediziner mit dem Sitzen beginnt um die Mitte des 19. Jahrhunderts. Bis dahin hat man bereits komplizierte Stühle und Sitzapparaturen entwickelt. Die erste theoretische Beschäftigung mit dem Sitzen erfolgt aus dem Blickwinkel der Orthopädie. Während die Analysen sich den anatomischen Sachverhalten zu nähern versuchen, sind die Folgerungen mit Vorurteilen befrachtet. Erst ein

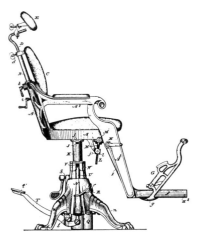

Medizinischer Behandlungsstuhl aus dem 19. Jahrhundert

Jahrhundert später wächst das Interesse, die medizinischen Kenntnisse in praktische Konsequenzen einfließen zu lassen – wie bei B. Åkerblom (1948), J. J. Keegan (1953) und H. Schoberth (1962). Doch obwohl die drei Ansätze fundierte Analysen sind, fügen sie sich der traditionellen Vorstellung des Aufrechtsitzens. Erst ein Jahrhundert nach dem klassischen und noch aktuellen Staffelstuhl entwickelt man seit den siebziger Jahren Stühle, die ein neuartiges Sitzen fordern.

In seiner Abhandlung *Zur Hygiene des Sitzens* (1884) streitet der Orthopäde F. Staffel für eine straffe, rechtwinklige Sitzhaltung. Sein Produkt, der Kreuzlehnstuhl, gilt bis heute internationalen Möbelstandards, anthropometrischen und ergonomischen Theoretikern und in der Folge den Designern als Vorbild. Einseitiges langes Stehen im Beruf sei ermüdend, gesundheitsschädigend und mache Bedürfnisse nach dem ebenso einseitigen Sitzen verständlich. Im Sitzen fehle der Wechsel von Be- und Entlastung, der zu charakteristischen Krankheiten führe. Staffel stellt einen umfangreichen Katalog pathologischer Folgen durch das Sitzen auf, lastet aber die gesundheitlichen Schädigungen im höheren Maß den Sitzmöbeln an. Das Sitzen arbeite der normalen, lordotischen Wirbelsäulenform entgegen. Je früher und je länger Kinder sitzen, desto flacher bilde sich die Lendenwirbelsäule aus.[8] Neben der Verflachung der Lende verursache das Sitzen Skoliosen, Hämorrhoiden und alle Arten von Zirkulationsstörungen. Die Mittel, diesen Leiden durch das Sitzen zu begegnen, lägen in der Zweckmäßigkeit der Sitzvorrichtung. Allerdings seien das einzige, was selbst ein guter Stuhl nicht ausgleichen könne, die Folgen, die sich aus zu langem Sitzen und der rechtwinkligen Knie- und Hüftbeugung ergäben. So glaubt er: »Jeder Winkelgrad, den man an der Beugung der

Der Kreuzlehnstuhl von F. Staffel
(Staffelstuhl)

Hüft- und Kniegelenke beim Sitzen sparen kann, ist ein Gewinn.«[9] Aufschlußreich ist, mit welchen Argumenten Staffel zu einer das eigene Wissen ignorierenden Folgerung gelangt. In der problematischen Verknüpfung von Analyse und Konsequenz führt er durch ein externes Argument eine Richtungsänderung des Gedankens herbei:

»Der Durchführung der nach vorn abschüssigen Sitze steht aber der Umstand im Wege, daß damit den Füßen wieder ein größerer Teil der Körperlast übertragen wird, während man im Sitzen die Füße doch möglichst entlasten will.«[10]

Die Schwere der pathologischen Schädigungen infolge der sitzenden Lebensweise paßt nicht zur übertriebenen Forderung nach völliger Entlastung der Füße. Sollte eine teilweise Belastung der Füße nicht in Kauf genommen werden, wenn dadurch die ungünstige Beugung der Hüfte vermieden wird? Indem Staffel die Forderung nach einer Entlastung der Füße, die im Sitzen bis zu einem Fünftel des Körpergewichts tragen, absolut setzt, wird der Weg für eine Argumentation frei, die sich ästhetischen, nicht anatomischen Gesichtspunkten verpflichtet. Staffel plädiert nicht für eine seinem Wissen vom menschlichen Organismus angemessene Sitzhaltung. Er verläßt die medizinische Argumentation und sucht nach Wegen, um im Sitzen das Bild einer guten, das heißt geometrisch prägnanten, also rechtwinkligen Haltung zu bewahren. Das Bild thronender Herrscher, bei denen die Gefahr des Abrutschens gebannt ist, gebannt im rechten Winkel. Der Diskurs reduziert das Problem rasch. Man bedarf nur noch einer geeigneten Vorrichtung, die Hüfte und Knie rechtwinklig beugt, die Beckenrückdrehung vermeidet und Lendenwirbelsäule und Becken gegen die stark gedehnten Hüftstrecker fixiert.

Staffel hat aus seinen Überlegungen den Kreuz- oder Lendenlehnstuhl entwickelt, dem es gelinge, die Wirbelsäule in ihrer aufrechten Form zu fixieren. Vom Rücken her drückt ein Polster mit Federkraft gegen die Lende, um eine Beckenrückdrehung zu verhindern und die anatomische Form der Wirbelsäule zu halten. Der Federdruck der Lehne erfülle die Aufgabe sowohl im aufrechten Sitzen als auch in leicht vornübergebeugter Sitzlage, da die Lehne infolge ihrer federnden Wirkung der sich nach vorn bewegenden Lende nachfolge. In Verbindung mit einer geneigten Tischplatte sieht Staffel in seinem Kreuzlehnstuhl das ideale Sitzmöbel für Arbeitsplatz und Schule. Dennoch schränkt er bedauernd ein, man müsse im Kreuzlehnstuhl den problematischen rechten Winkel der Hüfte in Kauf nehmen. Und er folgert, eine anatomische Rumpfstellung widerspreche einer geringen Beugung der Hüftgelenke im Sitzen auf horizontalem Sitz.[11] Letztlich erscheint ihm das eigene Produkt als kleineres Übel, und seine Abhandlung endet resigniert mit den Worten des Anfangs: Zum vielen Sitzen sei der Mensch nicht geschaffen. Am Ende fallen aus der Folgerung die Vorurteile seiner Prämissen wieder heraus: Obwohl mäßiges Beugen von Knie und Hüfte anatomisch ist, soll der Mensch rechtwinklig sitzen. Hinter der Ästhetik des rechten Winkels steht die Auffassung, der Organismus sei ein anorganisches Gebilde, ein lebloser Mechanismus, den man problemlos manipulieren könne.

Die richtende Kraft im Kreuzlehnstuhl kommt von hinten. Die Kreuzlehne umfaßt den Sitzenden und folgt ihm, wenn nötig, federnd nach. Die Stütze lehnt sich von hinten an den Menschen, an dessen Zentrum, das Sakrum, an. Nicht mehr, nicht weniger besagt der Name Kreuzlehnstuhl. Die Kritik an der im Sitzen stattfindenden Nähe zum Kreuz ist bis heute unerhört geblieben. Geradhalter, Kinnstütze und Rückenspanner, in der Zeit noch übliche Mittel, den Rumpf des Kindes in die Vertikale zu zwingen, sind im Kreuzlehnstuhl so miteinander verschmolzen, daß sie lediglich raffinierter, von einem inneren Punkt aus, versuchen, den Menschen geradezumachen.

Åkerblom kritisiert die Kreuzlehne und entwickelt Stühle mit geknickter Rückenlehne, einem der Lendenwirbelsäule angepaßten Dreieckskeil. Den Knick, den die Rückenlehne dadurch erhält, hatte schon Strasser (1913) vorgeschlagen. Wie bei Staffel biete er die Möglichkeit, von der vorderen bis zur hinteren Sitzposition wechseln zu können, ohne eine Stützung vom Rücken her zu verlieren.[12] Der Vorteil gegenüber der Kreuzlehne liege darin, daß die Stützung nicht erzwungen, sondern aktiv angeeignet werde. Im Anschluß an K. F. Schlegel (1956), der mit einer nach vorn geneigten Sitzebene experimentiert, kritisieren Schneider und Lippert (1961) jede Art, den Rücken zu stützen, da die Lende nicht für Druckbelastungen ausgestattet sei und eine

Stuhlkonstruktion von Bengt Åkerblom

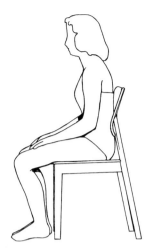

biologische Sicherung der Beckenstellung nicht von der Rückenlehne her vorgenommen werden dürfe. Deshalb entwickeln sie Sitze mit einem am Ende angebrachten Keil, der in einem Winkel von dreißig Grad hinter den Sitzbeinhöckern ansteigt. Der Keil begrenze das Zurückdrehen des Beckens und fixiere die Lende.

Schoberth hat betont, daß der Sitzkeil die Drehung des Beckens nicht verhindert und die Streckung der Wirbelsäule nicht garantiert, sondern Haltearbeit erfordert und ein Vorrutschen auf dem Sitz ermöglicht, das die Wirkung des Keils aufhebt. Zwar dürften Sitzmöbel keine Haltung erzwingen, aber das Becken müsse in jeder Position fixierbar sein.[13] Schoberth will die Begrenzung der Beckenrückdrehung mit Hilfe einer Lehne erreichen, die jeweils dort ansetzt, wo eine Stützung erforderlich wird, und schlägt eine dem Åkerblomknick vergleichbare Lehne mit zwei Schrägen vor.

Man erkennt schnell: Immer geht es darum, über direkte Eingriffe ins Heiligtum des menschlichen Leibs dem Sitzen die schädliche Wirkung zu nehmen. Entweder arbeitet man sich vom Rücken her in die *regio sacralis* hinein oder wirkt vom Gesäß her direkt auf das *os sacrum*. Immer sieht man es auf den einen Knochen ab, um ihn manipulierend an einer Weiterdrehung zu hindern. Im Automobil verdichten sich die Angriffe auf das Kreuz des Menschen, da sie im Autositz erheblich rabiater geführt werden.

In den fünfziger Jahren hat Jantzen die Probleme der Autofahrer aufgegriffen, die unter Rückenschmerzen leiden. Er definiert deren Situation als eine »Ruhehaltung in Bereitschaftsstellung« und plädiert dem Staffelschen Vorbild gemäß für eine Fixierung der Lendenwirbelsäule in der Lordose. Aber darüber hinaus soll das im Kreuzlehnstuhl noch mögliche Vorrutschen auf dem Sitz durch ein Polster vermieden werden, das in den Sitz eingearbeitet vor den Sitzbeinhöckern liegt. Ein Autositz hat größere Anforderungen zu erfüllen, aber er fordert auch mehr vom Autofahrer. Vom Rücken her wird das Becken mit einer Staffelschen Kreuzlehne fixiert, vom Gesäß her vermeidet man das Rutschen auf dem Sitz. Heute erreicht man die Unbeweglichkeit im Autositz durch Mechanismen, die sich aus der Form und der stofflichen Oberfläche des Sitzes ergeben. Aber zugleich schnürt sich der Autofahrer freiwillig in die Gurte, in die man hundert Jahre zuvor Patienten in psychiatrischen Anstalten gegen erbittertste Widerstände hineinzwang. Der Autofahrer gleicht einem Wahnsinnigen, den man in einen Zwangsstuhl gespannt hat. An den Tranquilizer, einen von Rush entwickelten Zwangsstuhl, schnürte man rasende Patienten sitzend fest. Von dem Stuhl heißt es, die völlige Bewegungslosigkeit lenke die Aufmerksamkeit des Patienten von innen nach außen und mache die wütendsten und trotzigsten Naturen innerhalb weniger Stunden sanft und folgsam. Seine Wirkung schien einigen Ärzten so günstig, daß sie erklärten, sie möchten ohne den Tranquilizer nicht mehr Irrenarzt sein. Im Wechsel vom Tranquilizer zum Automobil zeigt sich der Fortschritt in der Behandlung rasender Patienten.

Auch Elias Canetti hat den Stuhl mit dem Fahrzeug verbunden. Nach ihm holt sich der Mensch im Sitzen fremde Beine zu Hilfe. Als Symbol leite sich der Stuhl in der heutigen Form vom Thron ab und setze unterworfene Tiere und Menschen voraus. Die vier Beine des Stuhls stehen für die Beine eines Tiers. Es sind die »Eigenschaften des Reitens, die ins Sitzen eingegangen sind« und ein Machtverhältnis zum Ausdruck bringen. Die Bewegung des Reitens gebe immer den Eindruck, daß nicht Selbstzweck herrsche, sondern »daß man reitend zum Ziel gelangen will, rascher als es sonst möglich wäre«. Zugleich mache die »Erstarrung des Reitens zum Sitzen« aus dem »Verhältnis des Oberen zum Unteren etwas Abstraktes«.[14]

Unter anatomischen Gesichtspunkten betrachtet scheint Canetti zu irren. Anatomisch gesehen ist das Reiten ein Stehen, da die Konstellationen von Kreuzbein und Wirbelsäule beim Reiten nahezu identisch mit denen des freien Standes sind. Auch ästhetisch scheinen die von Canetti gegebenen Bilder nicht zu stimmen. Der frühe Reiter reitet nicht Dressur, er ist Jäger und Krieger. Und selbst der Dressurreiter sitzt auf dem Pferd wie der Stehende: mit geringer Hüftbeugung. Nicht die Eigenschaften des Reitens, sondern die Merkmale des Thronens sind ins Sitzen eingegangen. Wer reitet, steht. Wer sitzt, thront. Es sind nicht die vier Beine des Tiers, die in den Beinen des Stuhls zum Ausdruck kommen. In frühen Kulturen haben die Menschen Achtung vor dem Tier. Ibis und Eule gelten im antiken Ägypten als ebenso heilig wie Schlange und Löwe. Und wie die Throne ägyptischer Könige nur scheinbar auf den Tatzen des Löwen stehen – sie schweben durch die Benbensteinsockel über dem Boden –, so sitzt der König nur scheinbar auf dem Tier. Die Löwen des Throns begleiten den König, der im imaginären kosmischen Zentrum sitzt. Man ziert die frühen Throne mit den Attributen heiliger Tiere und wertet sie mit den vier Tatzen des Löwen oder den Abbildungen von Falke und Schlange auf. Nicht die Eigenschaften erlegter oder schwacher, sondern die Merkmale starker, gottähnlicher Exemplare sind ins Sitzen eingegangen.

Auch nicht die im Reitmotiv unterstellten Eigenschaften der Geschwindigkeit, sondern gerade umgekehrt, die Qualitäten des Bleibens, der Ruhe und des Verharrens hat man ins Sitzen eingearbeitet. Der Thronende will und darf nicht vorankommen. In den vier Beinen des Stuhls drückt sich ein Abstraktes aus, die vier Richtungen des Himmels (vier) und die Weltachse (drei).

Der Kosmos kann zum Bild des Throns und der Thron zur Veranschaulichung des Kosmos werden. Teil dieser kosmischen Figur ist der Thronende, der nie reiten konnte oder es gründlich verlernen mußte. Beide, Reiter und Sitzender, sind einander so ähnlich wie Katze und Maus. Was den Sitzenden immer gefährdet, weiß der Reiter zu vermeiden: das vertikal gestellte Sakrum.

Dennoch hat Canetti trotz oder genauer: wegen der Differenzen, die Polaritäten sind, die Mechanismen von Thron und Fahrzeug so eindringlich wie präzise charakterisiert. Als Künstler, der denkend den Verwandlungen nachgeht, hat er den Thron als das andere wiedergegeben, als das verwandelte Fahrzeug gedeutet. Was die Sedierungen des Thronens hervortreiben, heißt Geschwindigkeit. In früher Zeit erzielt man sie auf Pferden und Kamelen. Sie treiben auch eine Geistigkeit hervor, die es möglich macht, das starke und schnelle Tier entweder zu bändigen oder unschädlich zu machen. Und daß der Thron unterworfene Menschen voraussetzt, zeigt sich noch im Angola des 19. Jahrhunderts, in dem Sklaven den Herrschern als lebende Throne dienten. Canetti sieht im Thron geformte Masse, die man als Pferd, als Mensch oder als lebendes Fahrzeug deuten kann. Der Mensch besetzt das Objekt und belegt es mit seiner ganzen Masse, um seine Macht zu veranschaulichen. Canetti hat sich nicht vom Gebein, sondern von der Körpermasse her dem Verhältnis von Fahrzeug und Thron genähert.

Dagegen möchte eine neue Generation von Stuhldesignern den engen Zusammenhang des Sitzens mit Macht und Geschwindigkeit aufheben. Sie kommt von der Peripherie unserer Kultur, vom europäischen Norden her und ordnet das Sitzen in ein Kniesitzen um. Die Designer haben aus den krankmachenden Folgen des Sitzens Konsequenzen gezogen und folgen einer Vorstellung vom Sitzen, in das christliche Elemente eingegangen sind: das Knien.

Kniesitz

Beim Kniesitzen handelt es sich um eine mittlere Haltung zwischen dem herkömmlichen Sitzen und christlicher Gebetshaltung. Die Sitzebene ist nach vorn geneigt, und die Knie ruhen stark gebeugt auf einem Polster. Der Winkel zwischen Rumpf und Oberschenkel beträgt etwa 120 Grad, die Beugung im Kniegelenk etwa die Hälfte, während die Füße gering belastet mit den Zehenspitzen den Boden berühren. Das Kniesitzen reduziert die Beckenrückdrehung und die Lendenkyphose, Verspannungen der Rückenmuskulatur und die einseitige Verteilung des Körpergewichts auf das Gesäß, fördert aber eine ungünstige Belastung der Knie und beraubt den Sitzenden seines letzten Halts durch die Füße. Es vereinigt in sich die Geste der Ohnmacht mit der Gebärde der Macht. Das Knien, das als Demutsgeste keine Stützung erlaubt, bedeutet für Canetti eine aktive Form der Ohnmacht: »Die Gebärde des Kniens ist als ein Flehen um Gnade zu deuten. Der zum Tode Verurteilte hält seinen Kopf hin; er hat sich darein ergeben, daß man ihn abschlagen will. Er unternimmt nichts dagegen; durch die Haltung seines Körpers erleichtert er die Durchführung jenes fremden Willens... Das Knien ist immer ein Vorspielen des letzten Augenblicks.«[15]

Andererseits werde der Abstand des Flehenden zum Angeflehten, des Ohnmächtigen zum Mächtigen als ein so großer vorgetäuscht, daß »nur die Größe des Mächtigen ihn überbrücken kann; und tut sie es nicht, so bleibt er vor sich selbst geringer zurück, als im Augenblick, da man vor ihm kniete«.[16] Der Kniestuhl bringt von Canetti angedeutete Motive zum Ausdruck. Da das Kniesitzen nicht nur Hingabe und Ohnmacht, sondern als Herrschaftsgeste par excellence auch Macht ausdrückt, wird dem fremden Willen, dem sich der Kniende beugt, ein eigenes Wollen, das sich nicht beugen lassen will, entgegengesetzt, so daß das Kniesitzen zumindest kein Vorspielen des letzten Augenblicks sein wird.

Sowohl das äußerliche Bild als auch die anatomischen Mechanismen kombinieren im Kniesitzen verschiedene Haltungen miteinander. Die Lage des Kreuzbeins verweist auf ein Knien und Stehen, die Beinstellung und das Gesäß auf ein Sitzen und Knien. Indem das Sakrum beim Kniesitzen in eine ähnliche Position wie beim Stehen und Knien gebracht wird und sich das Sitzen anatomisch mit dem Stehen verbindet, werden auch die im Sitzen gegebenen Aspekte des Göttlichen mit den das Knien bestimmenden Aspekten des Ohnmächtigen zusammengefügt. Das Kniesitzen vermag die Bindung an Macht und Geschwindigkeit nicht zu vermeiden. Es nimmt aber als das Thronen Mächtiger die Merkmale des Demütigen auf und offenbart den komplementären Zusammenhang von Macht und Demut im Thron. In der Kombination aus Demuts- und Herrschaftsgeste sowie aus Überhebung und Hingabe spielt das Kniesitzen kritisch auf den Höhenflug anthropozentrischer Anmaßung an, bleibt ihm aber verhaftet.

In der phylogenetischen Entwicklung der Wirbeltiere erfährt das Becken eine Drehung in sich und, der Tendenz der Aufrichtung folgend, eine Drehung nach rückwärts, bis im stehenden Menschen phylogenetisch ein äußerster Punkt erreicht ist. Erst beim Vorgang des Setzens dreht sich das Becken weiter. Wenn man, wie oben geschehen, die Aufrichtung als Folge der Rotation des Sakrums und das Setzen als Weitertreiben der Aufrichtung deutet, bringt man Stuhl und Sitzen in ein kurzschlüssiges Verhältnis zueinander, indem der Stuhl, die geronnene Form des Sitzens, das Medium darstellt, um den Fall aufzuhalten. Fiele es weg, könnte der Mensch nur noch fallen. Das Kniesitzen dreht gegenüber dem Sitzen die Vertikalität des Sakrums ein Stück zurück, so daß der Kniesitzende, anatomisch betrachtet, im Kniestuhl zwischen Sitzen und Stehen ruht. In der Rücknahme wird die Gefahr einer inneren Erhöhung unterlaufen, aber infolge des Abhebens der Füße kann eine erneute Erhöhung nicht vermieden werden.

Während sich der Mensch vom Stand in den Sitz um die Länge der Oberschenkel räumlich erniedrigt, rüstet die Kniesitzposition den Sitzenden anatomisch in einen Stehenden um, bei geringer räumlicher Erhöhung. Die nächste Stufe aus dem herkömmlichen Sitzen heraus wäre das Beibehalten der Beckenstellung, das Aufgeben der starken Beugung in den Kniegelenken und ein daraus folgendes räumliches Anheben. Ein solches Konzept stammt von Mandal aus den siebziger Jahren.

Kinder würden intuitiv eine Verwendung von Stühlen erkennen, die das Sitzen erträglicher macht. Sie halten die Stühle auf den Vorderbeinen oder nutzen sie als Wippe und passen sie ihrem Empfinden an, indem sie die problematische Lendenregion durch den Wechsel von Be- und Entlastungen im Wippen entspannen. In der Kippstellung auf den Vorderbeinen vermindern sie die Beugung der Hüfte. Aufgrund anato-

Höhenverstellbarer Stehsitz aus den zwanziger Jahren

Schreibpultstehsitz aus Goethes Gartenhaus (um 1800, Weimar)

mischer Analysen und alltäglicher Beobachtungen plädiert Mandal für einen rückenlehnlosen Stuhl mit einer nach vorn geneigten Sitzebene, die zwanzig Zentimeter über der Normhöhe liegt. Die Hüften werden wenig gebeugt, und die Füße ruhen fest auf dem Boden. Es handelt sich um eine Haltung, die von ihrem inneren Mechanismus und ihrem äußeren Bild her eine mittlere Position zwischen Sitzen und Stehen darstellt, ein Stehsitzen. In ihm zeigt sich zum erstenmal eine rückwärtsgewandte Tendenz vom Gesäß auf die Füße. Mandal hat eine Tradition aufgenommen, die in die zwanziger Jahre, in der es gut entwickelte Stehsitze gab, ja sogar bis in die Goethezeit zurückreicht.

Der Stehsitz fordert einen erhöhten Tisch und begünstigt Tische mit geneigter Tischebene. Unter solchen Bedingungen könne man frei atmen, seien die Gelenke medial gebeugt und ein Wechsel der Haltungen problemlos möglich. Man verfalle nicht in Passivität, sondern sitze in aktiver und entspannter Haltung.[17] Semiotisch drückt sich im Stehsitzen eine erhöhte Selbständigkeit aus. Es läßt die Demutsgeste außer acht und findet durch die Anmaßung traditionellen Sitzens hindurch eine Haltung, in der sich das Sitzen mit dem Stehen verbindet.

Die Entwicklung vom Sitzen im Stuhl über das Ruhen im Kniestuhl zum Stehsitzen zeigt eine Tendenz vom Sitzen zum Stehen und vom Gesäß auf die Füße. Es handelt sich um eine Tendenz, in der der Sitzende, anstatt ein Fahrzeug zu besetzen, selbst Fahrzeug wird. Aber erst, wenn sich die Tendenz realisiert, im erneuten Lernen von Gehen und Stehen, im Aufgeben der verstuhlten Lebensweise, wird der Weg frei, neben dem Gehen, Stehen und Liegen wieder die Haltungsformen zu praktizieren, die das Sitzen aufgesaugt hat: Knien, Kauern, Hocken und nur gelegentliches Sitzen. Aber neue Haltungen erfordern neues Mobiliar.

Möbel stehen immer in einem Kontext spezifischer Tätigkeiten und gesellschaftlicher Werte. Bei L. Schmidt heißt es, daß sich das Sitzen aus den Gegebenheiten der Feuerstätte und des sie umgebenden Raums ableite.[18] An Feuerstellen im Erdboden hocke man. Mit dem Heben der Feuerstätte zum Herd wachse der Sitz, und der tischhohe Herd bedinge die Sitzebene in Unterschenkelhöhe, der wiederum der Tisch nachwachse. Die Feuerstätte erhöhe sich nicht allein, sondern passe sich in den Wandhäusern den wachsenden Wänden an. Es sei das durch den Herd erhöhte Dach, das alles nach sich ziehe. Zunächst bilde die Wand die Rückenlehne der Sitze. In dem Maß, in dem sich die Räume vergrößerten, rückten die Sitze von der Wand weg und erhielten ihre eigene Lehne. Möbel stehen in einem sensiblen Geflecht kultureller Kontexte, in dem kleinste Variationen in der Regel das gesamte Feld umstrukturieren. Das Netzgeflecht bestimmt den Wandel von Möbeln und von geistigen und leiblichen Haltungen. Es verfügt über Kräfte, die Richtung, in die einzelne Objekte sich entwickeln, zu fördern oder zu behindern. Der Einführung neuer Haltungen wie das Stehsitzen oder das Stehen bei der Arbeit müßten Umgestaltungen der gesamten Inneneinrichtungen folgen, die, vorweg geahnt, hemmend für deren Ausbreitung sein werden.

Sitzen zwischen Orthopädie und Industrie

In den zwanziger Jahren beginnt man damit, Arbeitsprozesse in kleinste Einheiten zu zerlegen, sie auf Effektivität und Zweckmäßigkeit hin zu untersuchen und Unangemessenes zu eliminieren. In den Verfahren stößt man auf ein Objekt, das man von da an wiederholten Analysen unterzieht: den Arbeitsstuhl. Es geht dabei um die Erörterung der

Frage, wie man im Rahmen der Rationalisierung dem wichtigsten Produktionsfaktor Mensch Rechnung tragen kann. Man will Hemmungen ausschalten, die die Leistungsfähigkeit herabsetzen, und die Arbeit unter Vermeidung von Ermüdung und körperlichen Schäden effektiver machen. Allerdings unterzieht man lediglich die Relationen von Stuhl, Maschine und Mensch präzisen Analysen, reduziert den Menschen aber auf ein Anhängsel der Maschine. Die Analysen werden von der Idee geleitet, daß überall dort, wo Tätigkeiten im Sitzen ausgeführt werden können, Stühle aufzustellen seien. Aber man verkürzt die Annahme, statische Muskelarbeit im Sitzen sei geringer zu bemessen, zum falschen Grundsatz: »Keine Arbeit soll im Stehen getan werden, wenn sie ebenso gut sitzend geleistet werden kann.«[19] Der arbeitende Mensch wird in seiner physischen und psychischen Komplexität reduziert und einer Geometrisierung unterworfen. Die Überlegungen zum Arbeitsstuhl werden von *humanen* Vorstellungen getragen, denn sie erweisen sich in der Praxis als Eingliederung des Menschen ins Maschinensystem. Deshalb bleibt die postulierte Sorge um das Wohl des arbeitenden Menschen äußerlich. Und sie muß es bleiben. Man zielt auf nichts weniger als auf die effektive Ausbeutung des *humanen* Leibs.

Aber nicht nur der Mensch, auch der Stuhl bleibt unbefragt. Der Stuhltyp, der für Büro und Werkstatt angenommen wird, ist der Kreuzlehnstuhl von Staffel. Man sieht in ihm das Problem des richtigen Sitzens als gelöst an und muß sich nur noch darum bemühen, den Kreuzlehnstuhl in die Landschaft von Apparaturen mit exakten Kreisen, rechten Winkeln und glatten Kanten einzufügen. Ästhetisch repräsentiert der sitzende Mensch in der rechtwinkligen Haltung adäquat den Geist hinter den Maschinenparks. Daß das Sitzen auf dem Kreuzlehnstuhl gesundheitsschädigend und für die Fabrikarbeit nicht einmal optimal ist, wirft ein besonderes Licht auf den Umgang mit dem menschlichen Leib. Die Analysen, die ein kritisches Potential für den Umgang mit Stühlen am Arbeitsplatz freimachen sollten, haben ihr Ziel nicht erreicht. Aber dennoch nur scheinbar verfehlt. Es ist ein Wesentliches, worauf der Schein trifft: die gute Form. Das formale Prinzip, eher ein Nebensächliches, gewinnt im Rahmen von Technik den Status des Wesentlichen. Deshalb erweist sich die Vermutung als falsch, das korrekte Sitzen, dem die Analysen gelten, diene der Profitsteigerung. Man hat nie wirklich nach dem zweckmäßigen Stuhl geforscht. Es ist die reine Form, die das aufrechte Sitzen zum Ausdruck bringt. Und man nimmt bereits das Aufrechte als Offenbarung dafür, daß der Kreuzlehnstuhl dem menschlichen Leib angemessen und damit zweckmäßig sei. So arbeiten sich im Kreuzlehnstuhl Technologie und Orthopädie in die Hände. Beide stellen den Menschen nach der Maßgabe des Anorganischen als Zell- und Knochenhaufen vor.

Der von Marcel Breuer 1925 entworfene Stahlrohrstuhl

Ein lebendiger Organismus in einem Park von Maschinen, in einem Wald von sich bewegender toter Materie kann nicht ertragen werden. Deshalb integriert man die Menschen in Apparaturen, wandelt sie in Anorganisches um und fertigt ihnen aus Maschinenteilen Korsett und Kleid. In der Fabrik muß man den Menschen maschinisieren. Er erschiene sonst unschuldig und nackt gegenüber den monströsen Automaten. Das Lebendige verschwindet, indem es einen Teil seiner selbst an die Maschine transferiert, aber das Verschwinden selbst faßt man als Gewinn auf.

Das Einwirken der Menschen auf Natur und Technik wirkt auf die Art zurück, wie die Menschen fühlen, denken und handeln, und bestimmt zugleich jedes zukünftige Gestalten mit. Im Industriebetrieb sitzt der Mensch auf dreibeinigen Schemeln mit oder ohne Kreuzlehne und auf stuhlähnlichen, mit Schienen, Rädern oder Kufen versehenen Kästen. Elias Canetti glaubt, daß wir hartnäckig am vierbeinigen Stuhl festhalten, weil dieser Macht über Tiere zum Ausdruck bringt. Die Entwicklung von Stuhl- und Sesselformen zeigt eine Verwandlung der Stuhlbeine, die auf eine Modifikation der Ausprägungen von Macht verweisen.

Das Charakteristikum des 1925 von Marcel Breuer entworfenen Modells Wassily, des ersten in Serie gefertigten Stahlrohrstuhls, bilden neben der Verwendung eines Stahlrohrs gleichen Querschnitts zwei Kufen, die anstelle der üblichen vier Beine stehen. Die Kufen bleiben eines der Merkmale moderner Sessel- und Stuhlformen. Ein Team italienischer Designer (Gatti, Paolini, Teodoro) entwirft 1969 den anatomischen Sessel Sacco, einen mit Polystyrolkugeln gefüllten, in beliebige Gestalten formbaren Sack. Die architektonische Konstruktion ist zugunsten einer plastischen Gestaltung aufgegeben. Der Sessel erinnert an aus einem Baumstamm herausgehauene monoxylone Sitze. Die Sitzebene wird nicht mehr punktuell durch vier Beine oder linear

Sacco (Sitzsack, entworfen von Gatti, Paolini und Teodoro)

durch zwei Kufen, sondern flächig durch das mit dem unter ihr befindlichen Material aufgefüllte Volumen gestützt.

Abseits dieser Entwicklung steht der 1992 von Peter Langer entworfene Stuhl (Sitz-Y). Er bringt Sitzen und Stehen in eine atypische Beziehung und macht das Ungewöhnliche des Sitzens bewußt. Man sitzt wie auf einem Hexenbesen oder wie ein stehendes Känguruh: Man muß die eigenen Beine, integriert in die konstruktiven Elemente des Stuhls, zu Hilfe nehmen, um den Sitz, der den dritten Auflagepunkt bietet – beim Känguruh die kräftige Schwanzwirbelsäule – zu komplettieren. Die Pointe der Konstruktion liegt darin, daß die Kraft auf die Unterschenkel von oben kommt. Umgekehrt wie beim herkömmlichen Stuhl macht der Sitz-Y den Menschen zur Prothese des Stuhls und verfremdet das Alltägliche der Sitzhaltung durch den ungewohnten Kräfteverlauf.

Moderne Bürostühle und Autositze vereinen in sich unterschiedlich die Umgestaltungen von Sitz und Gestell. Die einfachen Mechaniken, die das Becken fixieren sollen, sind komplexen, oft motorgesteuerten Systemen von Hebeln, Schaltern und Knöpfen gewichen. Das plastische Volumen schrumpft im Bürostuhl zur Säule, Beine und Kufen fächern sich zu fünf rollenden Armen aus.

Stuhl und Sitzen lassen sich nicht isoliert betrachten. Sie sind nur in kulturellen Kontexten mit anderen Lebensbereichen zu bewerten. Das gilt besonders für den Zusammenhang mit den Tätigkeitsfeldern der modernen Arbeits- und Lebenswelt. Zwar erweisen sich Monotonie des Tuns und sie begleitende Stillstellungen im Stehen und Sitzen gleichermaßen als schwierig, aber Berufe, bei denen man vorwiegend steht oder geht, sind gerade deshalb problematisch, weil die Arbeitenden Sitzende sind, die lange zuvor ins Sitzen eingeübt wurden. Orthopäden, Ergonomen und Anthropometriker tun sich schwer, das Phänomen Sitzen zu verstehen und ihm angemessen zu begegnen. Zu sehr betrachten sie den Menschen unter der Perspektive des Gebeins, des Anorganischen. Orthopäden fragen nicht, was mit der Fußsohle geschieht, wenn man auf dem Gesäß sitzt, Ergonomen und Anthropometriker verkürzen den Menschen auf gerade Linien, rechte Winkel, kurze Wege, nach deren Vorgaben am Ende die Designer ihre Entwürfe machen. Es fehlt das Verständnis dafür, Sitzen und Stehen nicht als x-beliebige Leibeshaltungen, sondern als Träger bedeutsamer historischer, anthropologischer und sozialer Vorgänge anzusehen. So kommt es nicht darauf an, das Sitzen aufzugeben. Wesentlicher wäre, den Stuhl von innen her aus dem Menschen herauszutreiben – von innen her aus sich heraus und von außen her von sich weg zu stoßen.

Die Funktion des Sitzens wird begreiflich, wenn man die lange Zeit der Menschwerdung und die Zeit der Entwicklung des Lebens aus dem Wasser im Zeitraffer betrachtet: Schwimmen, Kriechen, allmähliches Aufrichten, Überwinden der Schwere des Kopfes, der Masse des Leibs, Strecken von Hüfte und Knie. Die zunächst langsamen Prozesse werden beschleunigt und erhalten ihre Richtung. Diesem Ablauf ausgesetzt und sich dem aufrechten Stand nähernd, spürt der werdende Mensch, der Schwung könnte zu groß geraten. Er nutzt den Moment zwischen Stehenlernen und Nach-hinten-Kippen infolge der Weiterdrehung des Sakrums, um mit seiner im Aufrechtgehen gewonnenen Vernunft den Stuhl zu ersinnen, der ihn vor dem unvermeidlichen Fall bewahrt. In der Folge bewegt sich der Mensch aus dem Stehen heraus, schießt über das Ziel hinaus, verliert das Gleichgewicht und kommt auf dem Stuhl zur Ruhe. Die selbstfabrizierte Position des Sitzens bietet Alternativen: Der Mensch wird in der Sitzhaltung fossil und zerfällt infolge Erosion zu Staub; vielleicht hebt sich eine intelligente Art bereits wieder vom Boden ab, um sich entweder verhaltener als zuvor dem aufrechten Stand entgegenzustemmen oder sich dem erneuten Fall diesmal auszusetzen – stuhllos.

Mit dem harten Material des Gebeins ist den drei Stuhlbeinen der Sitz aufgelegt worden. Er ist das Zeichen für den Haltungswandel vom Fuß auf das Gesäß und die beschwerliche Seite des Sitzens. Er hat anschaulich gemacht, daß der Homo sedens in der Natur zwar ohne Beispiel ist, das Sitzen sich aber in den Aufrichtungsprozeß bei den Wirbeltieren einreiht. Das folgende Kapitel steht für das vierte Stuhlbein. Es möchte beschreiben, wie die im 2. Kapitel dargelegten Aspekte des königlichen Throns und die im 3. Kapitel erörterten Aspekte des Kreuzes ins bürgerliche Sitzen eingearbeitet werden.

6. Kapitel
Der Bürger als Homo sedens

Das Einarbeiten höfischer Etikette ins Sitzen

Das Zurückdrängen des theozentrischen Weltbildes durch den neuzeitlichen Anthropozentrismus beginnt mit der Verlagerung des Absoluten vom Zentrum der Welt ins menschliche Bewußtsein. In dieser Welt ohne Mitte ändert das Sitzen auf Stühlen, bis dahin Göttern, Königen und ihnen verwandten Wesen vorbehalten, seine Funktion: Fortan nimmt es der Bürger in seine Dienste. Die mittelose Welt erhält im Stuhl ihr Zentrum zurück, und das im sitzenden Bürger verkörperte neue Absolute wird in der Sitzhaltung produziert.

Der Prozeß der Individualisierung ist der Versuch, unter veränderten Lebensbedingungen die leibliche Existenz weiterführen zu können. So betrachtet ist die Renaissance zugleich Reaktion und Widerstand des einzelnen dagegen, in einem gesellschaftlichen Mechanismus nivelliert und verbraucht zu werden. Georg Simmel charakterisiert die Entstehung des Typus großstädtischer Individualität als durch raschen Wechsel äußerer und innerer Eindrücke verursachte Steigerung des Nervenlebens. Um diese Menge und Vielfalt von Impressionen zu verarbeiten, bedarf es der Fähigkeit, viele Einzelphänomene auf ein übersichtliches Maß reduzieren[1] und in prägnante Formen gießen zu können. Gewohnheitsmäßiges Tun und ein beständiges Dasein verbrauchen weniger Bewußtsein. Kein Organismus kann es sich leisten, so argumentiert Gregory Bateson, sich der Dinge bewußt zu sein, mit denen er auch im Unbewußten umgehen kann.[2] Der Städter hat sich in der rational ausgerichteten Lebensweise ein Schutzorgan gegen die Entwurzelung ausgebildet, und sein gewohnheitsmäßiges Tun untersteht ökonomischen Prinzipien. Wenn Simmel die Verstandestätigkeit ein Präservativ subjektiven Lebens nennt, ist dem zuzustimmen, aber man fragt sich, welche physischen und psychischen Funktionen ein Organ als Schild gegen die andrängenden Impressionen hervorbringen könnten. Moshé Feldenkrais meint, daß man, um die Art und Weise des Tuns zu ändern, das Bild, das man von sich selbst habe, modifizieren könne, da Modifizierungen des Ichbildes einer Änderung in der Art unserer Beweggründe entsprechen.[3] In seiner sedierenden Wirkung fängt der Stuhl die Zunahme des Nervösen auf, kommt aber zunächst von außen an den Menschen heran.

Der Stuhl ist kein Hilfsmittel, um die Füße zu entlasten, sondern ein Werkzeug, das semiotische, leibliche und soziale Qualitäten formt, die sich zu Beginn der Neuzeit der Bürger zunutze macht. Das Semiotische ist das im Sitzen veranschaulichte Opfer und die Gottähnlichkeit, das Soziale ordnet die Formen der Kommunikation, und das Leibliche prägt physiologische, geistige und psychische Muster. Der Stuhl ist das Werkzeug zur Vervollkommnung des Menschen, die Sitzhaltung die rationale Form des Leibes. Der Bürger – das meint hier nicht nur eine politisch-ökonomische Kategorie oder den innerhalb einer Burg wohnenden, sondern auch den im Panzer der eigenen Haut Jesus Christus nachlebenden Menschen. Unter dem Blickwinkel fallen die protestantischen Bürger mit den die reine Lehre des Herrn praktizierenden Mönchen partiell zusammen. Beide sind Protestanten und folgen Christus berufsmäßig, nicht nur ein paar Stunden des Tags, nach. Die Burg und der Name für die in ihr lebenden Menschen, Bürger, weisen auf einen eminenten Mangel hin. Die Burg sammelt in sich Attribute des Bergens und Geborgenseins, doch das Bergende kommt von außen. Deshalb sind der Bürger als der in der Burg lebende Mensch und die Bourgeoisie als die im *bourg*, in den Ansiedlungen um die Burg herum, lebende Menschengemeinschaft von außen eingefaßt. Auch im Hof greifen formale und inhaltliche Bestimmungen von Bürger, Zivilheit und Sitzen ineinander. Der frühmittelalterliche Hof in der Form eines Hufs findet sich in der Aufsicht des Throns wieder: Rückenlehne und beide Armstützen sind hufförmig wie im ägyptischen Ka angeordnet. Die Form umgreift den Sitzenden, um aus dessen wilder Unhufigkeit eine hufische, eine höfliche Form zu machen. Historisch fällt der Beginn des Sitzens etwa mit dem Augenblick zusammen, in dem der Mensch seine innere Burg, seine innere Höhe und Höhle verliert. Der neuzeitliche Mensch verläßt tradierte Lebensformen, bevor er über eine neue Lebensformel verfügt, und verliert das ihn bis dahin von innen Bergende. Er muß nun in der Form von Stadt, Hof, Burg und Stuhl von außen eingefaßt und gestützt werden. Stadt und Stuhl werden die neuzeitlichen Berge, Berge aus Stoff, Qualitäten des Raumzeitlichen, nicht des Metaphysischen. Es ist die Geburtsstunde der Fundamentalphilosophie, an ihrem Beginn mit dem Streben ausgestattet, gedanklich die zerbrochene Grundlage zu rekonstruieren. Das Fundament soll das ins Nichtgeformte Freigelassene, das aus dem inneren Ozean ans Äußere des Menschen Drängende unter menschliche Kontrolle bringen. Das starre Kleid des Stuhls glättet die inneren Stürme. Der Stuhl ist die ursprünglichste Burg des Raumzeitlichen. Ursprünglicher sind nur die Strukturen inneren Bergens. Stuhl und Individuum bilden die Elemente eines je Ganzen und tragen doch schon das Ganze fertig in sich. Der Stuhl ist die monadische Zelle für die architektonische Form von Stadt oder Kloster und Medium der Sedierung.

Der Protestantismus Luthers wie Calvins projiziert die in den Klöstern geschaffenen Formen des Daseins aus dem Klaustrum hinaus in die vor allem städtische Welt. Die im Kloster geübte Enthaltsamkeit wird zur innerweltlichen Askese und der in ihm geleistete Gottesdienst zum sozialen Dienst am Nächsten. Arbeitsteilig arbeitet jedes Mitglied der bürgerlichen Gesellschaft, einer *vita communis* im Großen, seinen von Gott verliehenen Gaben, das heißt seiner Berufung, gemäß am sozialen Werk, das nur das Ziel kennt, den Ruhm Gottes zu mehren. Das *Mehren* wird zur neuen Qualität in Form von Kapital und Reichtum. Schon der heilige Bernhard, der auszieht, um asketisch in Einsamkeit zu leben, muß erfahren, wie Enthaltsamkeit und geregelte Arbeit zu einem Wohlstand führen, der die ursprünglichen Ideale untergräbt. Die protestantische Theorie fordert permanente Zurückhaltung im Hinblick auf den Konsum des Erworbenen. Diese Askese erlaubt nicht nur, sondern fordert geradezu, Erworbenes immer wieder in Projekten verschwinden zu lassen, um es erneut als dinghaftes Werk und als geronnenes Kapital in Gestalt von Fabrik und Ware leibhaftig sichtbar zu machen. Enthaltsamkeit und Kalkulation führen zu einer permanenten Kontrolle durch das ständige Abwägen von Einsatz und Erfolg sowohl im Berufsleben als auch im Leben auf Gott hin. Die Elemente einer rationalen Lebensführung beginnen das gesamte gesellschaftliche Leben zu durchwirken.[4]

Die typischen Züge des kalvinistischen Protestantismus seien schon in den mittelalterlichen Zisterzienserklöstern ausgebildet, schreibt Lewis Mumford, weshalb Max Weber mit seiner Theorie vom Zusammenhang von Kapitalismus und protestantischer Ethik geirrt habe.[5] Doch Mumford verkennt die Relationen von Klosterbewegung und Bürgertum. Formen des Protestantismus sind so alt wie das Christentum selbst. Das Bemühen, die Lehre Christi im Geist zu bewahren und in entsprechendes Handeln einmünden zu lassen, enthält von Anfang an ein ketzerisches (reines) Element. Insofern kann die Vergeistigung leiblicher Askese, die zum lebenspendenden Prinzip und in der religiösen Erfahrung zu einer berufsmäßigen, das ganze Leben umfassenden Haltung wird, als das berufsmäßige Leben und das zum Beruf und Berufensein gehörige Nachleben des Gottessohnes angesehen werden. Indem man das Leben Jesu Christi auf eine breite gesellschaftliche Basis stellt, treibt man die Sedierung des Menschen mächtig voran.

In der Zeit der Reformation und Renaissance werden die Einzelereignisse der Natur und die Atome der menschlichen Gemeinschaft aufgewertet. In dem Maß, in dem das Individuelle das Zentrum der Welt erobert, verdrängt es Gott aus dieser Position. Dagegen gilt das Mittelalter als die Epoche der Unselbständigkeit, in der Wissen und Glaube sowie Mensch und Natur kaum zu trennende Einheiten bilden, die in mannigfachen Relationen den Kosmos konstituieren. Nichts besteht für sich, und der in Natur und Gemeinschaft eingegliederte Mensch tritt weder aus seiner Naturhaftigkeit noch aus seiner gemeinschaftlichen Bestimmtheit heraus. Nirgends finden sich Elemente, die sich aus ihrem Umfeld isolieren ließen, um sich eines Selbst bewußt zu werden. Zum Ende des Mittelalters hin bildet sich durch fortschreitende Arbeitsteilung die handwerkliche Produktion zu einer so verfeinerten und spezialisierten Technik aus, daß die mit Werkzeugen und Maschinen bearbeitete Natur selbst dinghaft erscheint und maschinenhafte Züge annimmt. Die symbiotische Struktur, in der Subjekt und Objekt komplementäre Elemente bilden und das Subjekt handelnd und strukturierend die Welt der Objekte erfährt und in sich hereinholt, wird in der Neuzeit aufgehoben. Das Subjekt setzt sich von den Objekten ab und gerät dadurch zu sich selbst in einen Zwiespalt, indem der Leib als sinnliche Evidenz der eigenen Leiblichkeit einerseits dem Subjekt, andererseits den Objekten zugerechnet wird. Die menschliche wie die dem Menschen äußerliche Natur zerfällt in Oppositionen des Aktiven und Passiven, des Beseelten und Leblosen. Von den Objekten radikal getrennt, löst sich der Mensch aus seinem naturhaften Lebenszusammenhang mit anderen Gegenständen und wird sich seiner oder seines Selbst bewußt. Die Separation vollzieht sich rascher dadurch, daß der menschliche Leib nun dem Bereich der Objekte zugeordnet wird und damit der Identifikation des Selbst mit Geist, Denken, Seele der Weg geöffnet wird. Aber damit erlebt der neuzeitliche Mensch die ihm äußerliche Natur auch als Gegenuniversum, das es zu bändigen gilt, womit sich die gewonnene Ständigkeit des Selbst als Illusion erweist. Heute ist Herrschaft des Menschen über Natur längst in Herrschaft zum Leben erweckter, technologischer Systeme über Menschen umgeschlagen.

Das Knien und Kauern und das Hocken mit angezogenen Beinen auf dem Boden bilden im Mittelalter übliche Leibeshaltungen. Dagegen bildet die abendländische Neuzeit das Sitzen auf einer unterschenkelhohen Waagerechten aus, das schon früh anerzogen wird. Bevor das der Sitzhaltung entsprechende Mobiliar entstand, gab es Bedürfnisse nach ihr, entsprechende innere Dispositionen und der Wille zu solcher Haltung. Die Könige und Götter saßen nicht, sie thronten, denn von Anbeginn an war das Sitzen eine Haltung repräsentativer Würde und der Absetzung.[6] Mit der Neuzeit erhebt sich im Bürgertum eine ganze Gesellschaftsklasse, um die Relation dessen, was als erhaben und was als niedrig anzusehen ist, neu zu ordnen und sich zu setzen.

Das Bürgertum verschmilzt seine beiden Antreiber Geld und Glaube miteinander, kann aber das eigene Leben nicht mit ideologischen und bildhaften, dem eigenen Tun angepaßten Idealen ausgestalten, da in der frühbürgerlichen Phase entsprechende Prägungen fehlen. Noch im 17. Jahrhundert gibt es kein geselliges Dasein, das allein der bürgerlichen Kultur entspringt und eigene Leitbilder entwirft. Deshalb adaptieren die Bürger die Formen höfischen Daseins, bekämpfen sie aber zugleich. Höfisches Leben ist Lebensart schlechthin, und in der Nachahmung färben und modifizieren die Höfe bürgerliche Vorstellungen. Obwohl Adlige und Bürger widerstreitende Prinzipien, sich ausschließende Charaktere darstellen, gleichen sie sich unter den Bedingungen absoluter Königsherrschaft strukturell an.

Ludwig IX. sitzt noch auf freiem Feld unter einer Eiche zu Gericht. Franz I. führt ein Hofzeremoniell ein, und Maria Medici ermahnt bereits ihren Sohn, keine Lockerungen des Zeremoniells, das seine Person am nachdrücklichsten vom Volk absondere, zuzulassen. Ludwig XIV. endlich führt ein präzis festgelegtes System des Verhaltens und der Posen ins Hofleben ein, von dem La Rochefoucauld sagen kann: »Jeder Mensch, gleichgültig welchen Berufs, wünscht durch Benehmen und Äußeres zu scheinen, wofür er gehalten werden will. Deshalb kann man sagen, die menschliche Gesellschaft bestehe nicht aus Lebewesen, sondern aus Benehmen.«[7]

Ludwig XIV. erlegt sich strenge Formen einer selbstentwickelten Etikette auf, die für den gesamten Hof maßgeblich wird. Der König unterwirft sich den ausgefeilten Normen des Verhaltens freiwillig, der Adel nur mit ambivalenten Motiven. Erlernen und Praktizieren dieser Formen bringen ein hohes Maß an Zurückhaltung und Beobachtung hervor, da Posen und Gesten in unterschiedlicher Weise und Stärke in den Körperhaushalt einschneiden. Gezirkelte Bewegungen und Posen des Stillgestelltseins halten sich im höfischen Reglement die Waage, und die gut beherrschte Zurückhaltung hat schauspielerische Qualitäten, mit denen sich der höfische Mensch verdoppelt. Die Funktion des Zeremoniells besteht darin, die Antriebsmechanismen des Höflings zu modulieren. Wesentlich sind am höfischen Sitzen vor allem zwei Aspekte: der Rang, den das Sitzen auf den verschiedenartigen Möbeln zum Ausdruck bringt, und die Wirkungen des Stuhls auf den Leib der Höflinge. Innerhalb des *theatrum ceremoniale* am Hof erweist sich ein unscheinbares Objekt, das Tabouret[8], als repräsentatives und die Ränge differenzierendes Gerät/Objekt.

Das göttliche Tabouret, wie Madame de Sévigné schwärmt, ist eine Art Fußbank. Kein Stuhl, sondern ein Hocker, der bisweilen stark ins soziale und politische Leben des Hofs hineinwirkt. Ja, seine Wirkungen haben sogar ein eigenes Tabouretrecht erzwungen. Es legt fest, wer Anspruch auf welche Sitze in welcher gesellschaftlichen Situation erheben kann. Als »importants objets de politique et illustres sujets de querelles« bezeichnet Voltaire spöttisch die Sitzmöbel des Hofs. Tabourets, von denen es in Versailles etwa vierzehnhundert gibt, sind Abbilder der streng hierarchisch gegliederten Hofgesellschaft. Ist Ludwig XIV. zugegen, sitzt nur er auf einer Chaise, dem Armlehnstuhl, während sich die Prinzessinnen auf Tabourets niederlassen. Die anderen Hofdamen sitzen, je nach Rang, auf Sitzkissen oder müssen stehen. Den Kindern des Königs gebührt in dessen Anwesenheit ein Tabouret, während ihnen bei der Abwesenheit des Königs Armlehnstühle zustehen. Bis auf den königlichen Thron haben alle anderen Stühle nur relativen Wert, der Differenz und Distanz zum Ausdruck bringt. In Anwesenheit des Königs bleiben die Kardinäle stehen, in Gegenwart der Königin oder der königlichen Kinder setzen sie sich auf Tabourets. Den Mitgliedern des höheren Adels und des Klerus bleibt aber der wertvolle Sitz nicht grundsätzlich vorenthalten, sie genießen in Gesellschaft mit Prinzen und Prinzessinnen von Geblüt Anspruch auf einen Armlehnstuhl.[9] Die übliche Prestigebalgerei um das Tabouret vermag auch Krisen auszulösen, in die das Möbel Hof und Frankreich stürzt. La Rochefoucauld schließt sich etwa der Gegenpartei des Königs an, weil ihm dieser verwehrt, in seiner Gegenwart auf dem Tabouret Platz zu nehmen. Im Jahre 1649 erregt eine Bagatelle um das Tabouret so viel Aufregung und Verdruß, daß nur das Eingreifen des Königs im letzten Moment eine innenpolitische Krise verhindert. Die Etikette am Hof ist trotz aller engagiert geführter Prestigekämpfe und Intrigen für den Adel ein von außen auferlegter Zwang und speist sich nicht aus Motiven adliger Lebensgestaltung. Im Gegenteil, das Sitzen muß als Haltung gesehen werden, die darauf abzielt, die Lebensbedingungen des Adels zu untergraben, indem es dessen Antriebsstruktur formt und Draufgängertum und Stolz der Höflinge hin zu gemäßigtem Handeln verbürgerlicht.[10]

Die Suche nach Räumen, in denen Bürger in repräsentativer Pose wie Könige und Päpste sitzen können, ist die Suche nach einer bürgerlichen Identität, der die Vorstellung zugrunde liegt, daß jeder Bürger seinen Stuhl hat, den er allein besitzt. Nicht in Bildern überhöht und zentral sitzender Könige, die stellvertretend für andere thronen, um die Kräfte des Kosmos für die Gemeinschaft in sich zu bündeln, sondern in den Bildern dezentral sitzender Bürger liegen die gesuchten Strukturen bildlicher Raumelemente: Bürger, die für sich sitzen, nicht für andere, und Bürger, die die Kräfte ihres je eigenen Kosmos sammeln und konzentrieren. Das Bürgertum bildet im 17. Jahrhundert eigene Lebensformen aus, doch der Traum bürgerlichen Daseins bleibt ganz ans adlige Vorbild gebunden. Solche Ausrichtungen sind nur möglich, wenn innere und leibliche Strukturen des höfischen Adels und gehobener Bürgerschichten partiell zusammenfallen. Hinter den königlichen Forderungen nach strenger Etikette und der Kontrolle des Hofs verbirgt sich das Modell einer asketischen Lebensführung, der Schutzschild protestantischen Daseins.

So gipfelt die Aufgabe des Königs in der Zeit des Absolutismus in der Funktion, der bürgerlichen Lebensform Wege zu ebnen. Indem der König dem Adel strikte Verhaltensnormen auferlegt und ihm zugleich das Geschäftemachen verbietet, macht er ihn abhängig und schafft die Voraussetzungen dafür, den Adel zu verbürgerlichen. Indem das Bürgertum seine Lebensvorbilder dem Hof entleiht, beweist es ein sensibles Empfinden für innere Vorgänge. Und Norbert Elias' Darlegungen in *Die höfische Gesellschaft* lassen sich auf die Funktion des Königs bezogen konkretisieren, da sich der König nicht nur als Staatsmittelpunkt, sondern als Funktion einer gesamtgesellschaftlichen Tendenz erweist. Er isoliert die in Konkurrenz stehenden Parteien gegeneinander und bindet sie in einer neuen Figuration zusammen. Während sich das Bürgertum selbst in die Disziplin nimmt, zerstört der König die Dynamik und den hohen Mut des Adels, dem es zwar nicht an Reichtum, aber an Einfluß und Perspektiven fehlt, die sich an der geschichtlichen Vergangenheit orientieren und sich an zukünftige Generationen weitergeben ließen. Der Adel verfügt jedoch über eine produktive Lebensqualität, die das Dasein für andere, für das Bürgertum in prägnanten Bildern sinnvoll und begehrenswert erscheinen läßt. Solche Bilder sind es, die dem Bürgertum mangeln, aber dem Mangel stehen Geld und politischer Einfluß gegenüber. Es sind diese symbiotischen Überkreuztransaktionen zwischen Adel und Bürgertum, die der König vollzieht. Der absolute Herrscher erweist sich als ein Umschlagplatz für Geld in Bilder und für höfische Etikette in das bürgerliche Sitzen. Die abstrakte These, der absolute König habe die Funktion, die bürgerliche Staats- und Wirtschaftsform zu etablieren,[11] konkretisiert die Haltung des Sitzens. Der König ist der erste Bürger. Er thront. Und er sitzt gleichermaßen in der Mitte der Gesellschaft wie im Bedeutungszentrum des Kosmos. Seine Burg sind Hof und Turm, Festung und Thron. In der Mitte der Gesellschaft sitzend, garantiert er implizite Forderungen an das Fortschreiten des Bürgerlichen, in der Mitte des Kosmos sitzend, kommen ihm spirituelle und ordnende Kräfte zu. Mit der Perspektive, jeden zum König zu machen, betritt das Bürgertum die Bühne der Politik und erhebt Ansprüche auf den Thron und die Mitgestaltung an der Gesellschaft.

Im Gegensatz zum Adel, den der König in den Reglementierungen suspendiert, sucht der Bürger im Sitzen und in der darin geübten Reserviertheit Aufstieg und Machtgewinn. Das Sitzen des Bürgers und die darin zum Ausdruck kommende Askese sollen von innen her den Bürger zu dem machen, was der Adlige schon zu sein scheint, aber nur teilweise sein kann. Die Form bürgerlicher Zurückhaltung ist systematisch, umfassend, prinzipiell und von aufsteigender Tendenz, so daß Adel und Bürgertum in den Zwängen nach Zurückhaltung an entgegengesetzten Polen stehen. Der Adel wird in der aufgezwungenen Etikette seiner früheren Aufgaben enthoben, obwohl er dem Bürgertum Bilder bürgerlicher Ideale anschaulich macht, während der Bürger sich im Streben nach asketischer Durchformung aufbaut, obwohl er die Anschauung seiner Ideale anderswo entleihen muß.

Die bürgerliche Form des Sitzens beginnt im Rahmen des reglementierten Verhaltens ihre Wirkung zu entfalten und entwickelt die höfischen Formen des Zeremoniells und des repräsentativen Sitzens folgerichtig weiter. Der Stuhl befreit vom falschen Schein in der Etikette, indem er alle Falschheit von Gestik, Pose und bewegtem Theater in sich aufnimmt und zu einer Haltung verdichtet, zur Sitzhaltung. Das bürgerliche Sitzen, in dem hochverfeinerte Bewegungsabläufe bis hin zum Stillstand in einer Pose verfestigt werden, hebt die Falschheit nicht auf, sondern nur auf ein neues Niveau. Der Stuhl suggeriert, daß es nicht der Mensch ist, der im Sitzen stillgestellt agiert, sondern der Stuhl, der durch seine vorgegebene Form dem Sitzenden eine Haltung auferlegt, anbefiehlt. So wird das Falsche der höfischen Form vom Bürger auf das Gerät, den Stuhl übertragen, der in sich die höfischen Regeln aufbewahrt und unsichtbar macht. Der Höfling, aus seinem Inneren heraus agierend und deshalb der bürgerlichen Kritik ausgesetzt, ist für sein Handeln verantwortlich. Dagegen scheinen die in der Sitzhaltung eingeschmolzenen Gesten nicht vom Sitzenden, sondern vom Stuhl, also von außen herzurühren. So nimmt der Stuhl scheinbar Qualitäten des Subjektiven an und entlastet den sitzenden Bürger, der zum Objekt seines Stuhls wird.

Wie Gewehr und Exerzieren den Soldaten und der Hobel den Schreiner machen, so bringt der Stuhl, als das allgemeinere Werkzeug, den Bürger hervor. Erst im Stuhl werden Schreiner und Soldat vollendete Bürger. Dagegen sind Könige, Teile des Adels und Kleriker, da sie früher als Bürger sitzen, nicht nur deren Vorbilder, sondern von der Leibesordnung her ihre Vorgänger, besser: Vorsitzer. Indem die gehobenen Schichten auf einem Mechanismus sitzen, der aus ihnen Bürger machen will, untergraben sie die Grundlage ihrer eigenen gesellschaftlichen Stellung, vermittelt über den absoluten Herrscher. Es muß als eine wesentliche Funktion des Stuhls angesehen werden, daß er auch nichtbürgerliche Schichten verbürgerlicht. Zwar arbeiten alle Werkzeuge und Tätigkeiten gemeinsam daran, den Menschen zum Bürger zu formen, aber in der Umarbeit bleibt der Stuhl das Grundwerkzeug.

Zunächst ist es der Mensch, der den Stuhl aus sich entläßt, am Ende der Stuhl, der den Bürger aus sich herausstößt.

Demokratisierung heißt: Der Demos, das Volk, solidarisiert sich mit dem König, befreit ihn aus Thron und Etikette und spannt sich selbst in den Stuhl. Der Zweck der Befreiung liegt nur scheinbar in der gewonnenen Unabhängigkeit von der Herrschaft eines anderen, er liegt im Bemühen, Opfer und Macht von dem einen auf sich und damit auf alle zu übertragen. Die Demokratie ist eine an den Stuhl gebundene Form der Herrschaft, in der alle zu thronenden Königen werden und an Einrichtungen des politischen Lebens teilnehmen.

Formung von Psyche und Physis im Sitzen

Der Mensch lagert sich nach außen ab, indem innere Berge zu Stadt, Burg und Stuhl werden. Doch die veräußerlichten und abgelagerten Medien wirken zurück. Der Stuhl ist eine Ablagerung des Individuums, das den geweihten Thron demokratisiert und den Organismus des Menschen formt.

Das Sitzen, eine Emanzipation von Göttern, Königen und deren Institutionen, hat den schon Seßhaften ein zweites Mal diszipliniert. Es hat ihm ein zusätzliches Maß an Hemmungen auferlegt und bürgerlich-demokratische Formen des Handelns und des Verkehrs maßgeblich mitgestaltet. In der Zunahme der Hemmungen infolge des Sitzens, das zunächst ein Ausdruck von Mündigkeit war, entwickelt sich der Mensch zur Unmündigkeit zurück. In dieser Dialektik von Hemmung und Demokratie, von Sedierung und Produktivität liegt die Ambivalenz des Sitzens.

Erst in Gestalt des sitzenden Individuums scheint der Mensch seine innere Bestimmung zu erlangen, aber er droht dabei in seinem Wesen auseinanderzubrechen, eine Bedrohung, die leiblich verankert ist. Das Sitzen greift in die Ordnung der Physis ein, strukturiert sie aber nicht über moralische Zwänge, verdrängte Wünsche oder Ängste, sondern schneidet werkzeugmäßig in den Leib.

Sitzen ist Schwerarbeit. Seine Auswirkungen: Verfestigung der Skelettmuskulatur, reduzierte und geformte Atmung und Neuordnung der Sinne zueinander. Der Stuhl faßt dabei den Sitzenden ein, legt sich wie eine Schablone auf das Vegetative und schneidet so in die Physis, daß Funktionen geformt und gehemmt werden.

Das Umlenken der Körperlast von den Füßen auf das Gesäß entlastet die Beinmuskulatur, schwächt sie aber zugleich und greift in funktionelle Zusammenhänge der Skelettmuskeln ein. Da das Sitzen die Gesäßmuskulatur chronisch verspannt und die Bein- und Rückenmuskeln schwächt, läßt sich der menschliche Leib nicht mehr dynamisch von unten nach oben aufbauen: Das Becken verliert seine Stabilität auf den Hüftgelenken, die Wirbelsäule ihre Elastizität auf dem Becken, und der Kopf ruht nicht mehr gut balanciert auf dem Atlas. Der Homo sedens verliert im Stehen seinen Halt und erlebt Sitzen zunehmend als Bedürfnis.

Sitzen führt zu Spannungen im Beckenboden, die die Kniebeugemuskeln kontrahieren[12] und hemmend auf das Sonnengeflecht einwirken, das die Verdauung und die Atmung steuert. Gleichzeitig wird der wichtigste Einatmungsmuskel, das Zwerchfell, in der Vertikalen, seiner Hauptdehnungsrichtung, eingeschränkt und die Atmung reduziert. So engt das Sitzen auf verschiedenen Wegen die Atmung ein und verleiht ihr einen spezifischen Rhythmus. Einmal eingeleitet, führt der Prozeß rasch in die Krise, da er von zwei Seiten her, die sich wechselseitig stärken, gestützt wird. Die Muskulatur verliert infolge einseitiger Belastungen wesentliche physiologische Eigenschaften,[13] durch die die Atmung weiter reduziert wird, während die Einschränkung der Atemtätigkeit die Muskelverhärtungen fördert.

Atem ist Leben und Bewegen. Er vermittelt von seiner physiologischen Seite her zwischen Innen und Außen. Doch er gilt auch in philosophischen Kontexten als Medium. »Die Luft webt das All, der Atem ... den Menschen«, heißt es in den Upanischaden. Wer nicht atmet, scheint sich nicht weben lassen zu wollen. Wer wenig atmet, will sich selbst weben. Auch umgekehrt gilt: Verspannte Muskulatur hemmt die Atmung, während die Fixierung des Zwerchfells, um den Atem flach zu halten, den gesamten Organismus verspannt. So webt man sich selbst, indem man sich entweder muskulär versteift oder die Atemtätigkeit reduziert. Dagegen: Wer sich setzt, versteift und webt sich immer zugleich von beiden Seiten. Die Atmung spiegelt jede Anstrengung eines Organismus und dessen Gefühl wider, und man atmet nur richtig, wenn die Muskulatur das Skelett der Schwere gemäß organisiert.[14] Darüber hinaus reicht die Atmung tief in vegetative Prozesse hinein. Wenig atmen heißt nicht nur, das Energieniveau niedrig halten, sondern der Atem verfügt neben der Fähigkeit, Muskeln zu festigen, auch über die Qualität, Emotionen zu regulieren. Schon Kinder wissen, daß man, um Angstgefühle zu vermeiden, den Atem anhalten muß. Von der Peripherie her wird jeder Sitzende mehr und mehr ins Innen hinein verfestigt. Der Gesamtorganismus wird über die Abnahme sowohl der willkürlich als auch der unwillkürlich gesteuerten Muskelbewegungen (Motilität) in seinem Rhythmus gestört. Und die Impulse aus dem Vegetativen sind nur noch gehemmt ausagierbar. So formt das Sitzen, das immer dem Gesamtorganismus widerfährt, von zwei Seiten her den Leib und unterwirft ihn einer neuen Ordnung.

Allerdings bedarf es zur Herstellung einer so engen Verschränkung von Atemtätigkeit, Haltung, Muskelbeschaffenheit und Empfindung eines regelmäßigen, in der Kindheit beginnenden, nicht eines nur sporadischen Sitzens.

Ausdruck und Emotion sind zunächst Begriffe des Biologischen. Indem das Lebendige sich treiben läßt und drängt, muß es sich ausdrücken. Wird es auf seinem Weg nach außen angehalten, bleibt die Lebendigkeit verhalten. Das Sitzen im Stuhl, das den Menschen territorialisiert, prägt dem Organismus eine Zurückhaltung auf, die ihren psychischen Ausdruck in Färbungen des Charakters und in geistigen Formen findet. Da das Zurückhalten des Ausdrucks den Ausdruck modifiziert, wandelt sich der gehemmte Ausdruck in einen Eindruck, so daß man das Zurückhalten spontanen Handelnwollens als Mechanismus zur inneren Bildung ansehen kann. Das, was sich ausdrücken will, gelangt also nicht immer direkt nach außen, sondern wird aufgehalten und in die entgegengesetzte Richtung zurückgelenkt. In solchen Umformungen zeigen sich die prägenden Eigenschaften des Stuhls, wobei auch er Ausdruck einer inneren Verfassung ist. In dieser doppelten Wirksamkeit offenbart sich seine Funktion. Während das Lebendige autonom funktioniert, zerstört er die Autonomie, indem er das, was sich spontan ausdrücken will, durch Eingriffe in die Physis von innen und außen zugleich zurückhält, das Zurückhalten des Ausdrucks innen einprägt und erst dann ausdrückt. Da menschliches Leben prinzipiell kulturell, also gehemmtes Leben ist, sind die Einschränkungen des emotionalen Bewegungsausdrucks charakteristisch für den einzelnen Menschen. Der Stuhl überwindet solche unterschiedlichen, am einzelnen Menschen haftenden Färbungen des Charakters, indem er individuelle Charakterformen vereinheitlicht. Er beseitigt das individuelle Temperament und hebt es auf eine allgemeine Ebene, auf das Niveau des Bürgerlichen.

In der Beseitigung wird eine Norm erzeugt, die das Individuelle transzendiert und ein gleichförmiges äußeres Bild der menschlichen Gestalt und ihres Ausdrucks erzeugt. Erst auf dem gleichförmigen Gesamtausdruck werden erneut individuelle Formen des Ausdrucks und bis ins Vegetative reichende Ordnungen modellierbar. Der Mensch kann hierdurch zu einem allgemeinen Wesen umgestaltet werden, da ihm in der Sitzhaltung innere und äußere Fertigkeiten, Maße des Sedativen, mitgegeben werden können. In seinen Eigenschaften erweist sich der Stuhl als ein Werkzeug, das gestische und strukturelle Formungen der Menschen über ihre privaten und beruflichen Tätigkeiten hinaus einer allgemeinen Verfassung und Körperordnung zuführt.

Eingriffe des Stuhls in die Physis erfolgen von der Peripherie her, während psychische Erlebnisse, die sich leiblich niederschlagen, ihre

Wirkungen von einem unräumlichen Zentrum aus entfalten. Bleibende Spuren des Psychischen im Organismus sind nach Wilhelm Reich physiologische Verankerungen. Die Quelle für das Festsetzen sei die Energiedifferenz zwischen dem Aufwand für eine Erregung und der Restenergie nach deren Abfuhr. Die Differenz werde sowohl in physischen als auch in psychischen Symptomen fixiert. In der physiologischen Verankerung komme Persönliches zum Ausdruck, deren sichtbare Gesamtstruktur Reich charakterliche Panzerung nennt.

Organismen seien Ganzheiten, deren vegetatives Funktionieren keinen anatomischen Begrenzungen unterliege. Wellenförmig und rhythmisch strömten Energien und Bewegungen von verschiedenen Zentren ausgehend durch den Organismus. Verfestigten sich Bezirke, werde der Organismus in seinem einheitlichen Bewegungsablauf gestört. Langfristig lagern sich Störungen durch entsprechende Innervationen als Panzerungen ab, und die individuelle Leibstruktur sucht sich einen ihr angemessenen Gesamtreflex.[15]

Atemstörungen sind, wenn sie nicht bewußt als Mittel eingesetzt werden, Folgen von Bauch- und Beckenspannungen; das chronische Verkrampfen der Bauchdecke und des Zwerchfells sperrt ebenso den Ausdruck von Affekten, wie es den an die Affekte gebundenen Ausdruck der Gefühle hemmt. Tiefes Ausatmen vermag Lust, aber auch Angst zu verursachen. Dagegen verfügt das flache Atmen über die Kraft, Angstgefühle zu vermindern. Alexander Lowen charakterisiert Neurotiker als diejenigen, die flach und abgehackt atmen, da sich ihr Zwerchfell tonisch zusammenziehe.[16] Schizoide könnten ihre Bauchmuskulatur und das Zwerchfell nicht lockern, atmeten kostal (Rippenatmung) und würden unter Mangel an expressiven Bewegungen leiden. Bei ihnen seien Atmung, Motilität und der energetische Grundumsatz reduziert, während sie apathisch und affektgesperrt seien und über eine geringe Entscheidungsfähigkeit verfügten. Die Mechanismen dienten dazu, durch das Zurückhalten der Gefühle die bedrohte Einheit der Person zu wahren.[17] Es ist die Atembremsung, die sich als physiologischer Mechanismus der Affektbeherrschung erweist[18], als zentrales Element der Neurosebildung. So kann die chronische Reduktion der Atmung als ein kleines Sterben angesehen werden. Den Lebensprozeß dagegen definiert Reich als dauernden Schwingungszustand, in dem der Organismus beständig zwischen (vagischer) Expiration und (sympathischer) Inspiration hin und her pendelt. Die leiblichen Zustände des Neurotikers wirken zunehmend zurück auf das psychische Zentrum und fordern immer häufiger den Einsatz der Mechanismen der Zurückhaltung, die sich im fortgeschrittenen Stadium einer bewußten Steuerung entziehen. Die Zurückhaltung kann ein solches Ausmaß annehmen, daß vegetative Funktionen veröden.

Ähnliche körperliche Symptome wie bei der Neurose und der Schizophrenie treten bei der Parkinsonkrankheit auf. In der Regel bezieht man sie, trotz der Ähnlichkeit der Symptome, nicht aufeinander. Die Symptome der Parkinsonkrankheit liegen in der Akinese und in einer erhöhten Muskelspannung (Rigor). In der Akinese zeigen sich verlangsamte Verläufe von Mimik, Gestik und von Zweckbewegungen; tiefe Atemzüge sind infolge der Einschränkung der Beweglichkeit der Atem- und Kehlkopfmuskeln nicht möglich. Bewegungshemmungen, die der Kranke erfährt, können zu völliger Lähmung führen.

In den letzten Jahren sind Medikamente entwickelt worden, die ein teilweises Herabsetzen der Symptome bewirken. Vor allem die Aminosäure Dopamin, die in den Schaltzentren des striären[19] Nervensystems zur chemischen Übermittlung von Impulsen dient. Dieser Teil des Zentralnervensystems dient auch der Feinabstimmung von Abläufen willkürlicher Bewegungen, etwa den Bewegungsabläufen, die von Gemütsregungen, den charakteristischen Merkmalen einer Person, ausgelöst werden und die der Willkür entzogen sind. Die Funktion des Bewegungssystems ist an die Anwesenheit des Dopamins gebunden. Beim Parkinsonkranken sind Nervenzellen im Pallium und in der Substantia nigra[20] zerstört, so daß es in den Zentren, die die unwillkürlichen Bewegungen regeln, zum Mangel an Dopamin kommt. Nach verbreiteter Ansicht ist die Parkinsonkrankheit der Prototyp einer durch eine organische Schädigung bedingten Störung, keine psychische Störung. Man räumt allerdings ein, daß mit der Erkrankung oft eine traurige Verstimmtheit und Depression einhergehe. Sie sei aber nicht die Folge der Schwere der Beeinträchtigung, sondern des spezifischen Mangels des Parkinsonismus selbst, des Mangels an Dopamin.[21] Inzwischen weiß man, daß das Dopamin nicht nur für die unbewußte Steuerung der Bewegungsabläufe mitverantwortlich ist, sondern ebenso für das psychische Gleichgewicht. Durch das Einnehmen von Amphetaminen, die das Freisetzen von Dopamin aktivieren, kommt es zu psychischen Zuständen, die sich von denen in der Schizophrenie kaum unterscheiden.[22] Ebenso hat man bei endogenen Depressionen einen Mangel an Dopamin nachgewiesen. Es ist, als finde der Parkinsonkranke wie der Sitzende seine Identität im Stillstand, in einer Art Festsetzung von innen her, indem die physischen Abläufe nicht mehr mit den psychischen harmonieren. Umgekehrt müssen sich – infolge eines Überschusses an Erregungstransmittern und durch den Verlust des Kurzzeitgedächtnisses – am Touretteschen Syndrom Leidende ihre Identität von Moment zu Moment neu geben, eine Lebensform, die ein Leben unter der Obhut anderer erfordert. Hier ist es nicht nur die fehlende Harmonie, hier fehlt ein ganzes Bindeglied zwischen Seele und Leib, Körper und Geist.[23]

So zeigen die unterschiedlichen äußeren und inneren Fassungen von Neurotikern, Parkinsonkranken und Schizophrenen Züge, die den inneren Strukturen und leiblichen Ausdrucksformen des im Stuhl Sitzenden gleichen: flacher Atem, hohe Muskelspannung, Einschränkung der der Willkür unterstellten Bewegungsabläufe, ein verminderter gestischer und mimischer Bewegungsausdruck sowie die Gefahr, daß die Hemmung der Beweglichkeit zu völligem Stillstand führt. Diese verschiedenen Zustände und Formen lassen sich mit dem Begriff der Depersonalisation zusammenführen.

Der Mensch muß die einmal gewonnene Identität immer wieder behaupten, so wie er jedesmal im Sitzen seinen Status als Bürger und seine Position im Raum behauptet. Aber das Sich-behauptet-Haben bietet keine Garantie dafür, daß das einmal Gewonnene bewahrt werden kann. Es kann nicht einmal als Ausdruck eines inneren Findens gedeutet werden. Im Gegenteil, man muß davon ausgehen, daß alle Behauptung eine Kompensation des Nicht-finden-Könnens darstellt.

Als eines der Symptome fehlender Identität gilt die Depersonalisation, die fehlende Eigenwahrnehmung von Regionen des Leibs. In ihr wird die Welt fremd und unheimlich. Objekte werden verkleinert oder farblos wahrgenommen, nahe Geräusche scheinen von weit her zu kommen, oder das Gefühlsleben wird als abgestorben erlebt. Nach Paul Schilder kommt das Fremde und Andersartige dadurch zustande, daß man libidinöse Energien von der eigenen Person, von der Außenwelt und vom eigenen Empfinden abzieht und an die Selbstbeobachtung bindet.[24] Hierdurch erhalte das Erleben der eigenen Erlebnisse den Vorrang vor dem Leben selbst. Die innere Wendung, daß das Erleben erlebt wird, enthält gegensätzliche Tendenzen. Insofern, als das Erleben erlebt wird, wird tatsächlich etwas erlebt, insofern aber, als nicht das Erlebnis genossen, sondern beobachtend erlebt wird, arbeitet sich in dem obsessiven Besetzen der Selbstbeobachtung das Erleben auf ein höheres Niveau hinauf. Der Lebensvollzug auf der Metaebene ist asketisch, karg, eine Form des Sterbens.

Wenn ein Organ als störend erlebt wird oder schmerzt, kann man es libidinös besetzen und verängstigt und hegend beobachten. Aber auch umgekehrt gilt, daß Störungen vorliegen, wenn leibliche und seelische Empfindungen obsessiver Selbstbeobachtung ausgesetzt werden. Störungen solcher Art machen den Leib zu einem Ding und zu einem Fremdling, der anscheinend nur verräumlicht vorgestellt werden kann. Sie bieten die Möglichkeit, Organe aus leiblichen Bezirken empfindungsmäßig auszusperren. Ebenso gilt, daß nur dann, wenn die Seele krankt und das Ich in Frage steht, das Seelische überhaupt einer intensiven Beobachtung zugänglich wird. Das intensive Selbstbeobachten steckt voller Obsessionen und narzißtischer Elemente. Und gerade die narzißtisch besetzten Organe verfallen am stärksten der Depersonalisation.

Das Gefühl der Identität ist an das Empfinden des Leibs und das Gefühl der integralen Unversehrtheit der Person gebunden. Lowen definiert Depersonalisation als eine Separation des Körpers vom Ich. In ihr liegen die Motive für Fremdheitsempfindungen. Nach Reich bietet das Ganzheitsempfinden die Grundlage für ein starkes Selbstgefühl, das sich vermindert, wenn Organe oder Organsysteme aus dem Empfinden herausfallen.

Bezogen auf die organischen Phänomene der Depersonalisation, auf das vorübergehende oder bleibende Reduzieren leiblicher Funktionen, gleichen sich die Symptome von Neurose, Schizophrenie und Parkinsonismus. Die chronische Verkrampfung großer Bereiche der Skelettmuskeln und die vielfältigen Behinderungen der Atemtätigkeit, insbesondere das Festhalten des Zwerchfells und die Tendenz zur kostalen Atmung, statten Neurotiker, von der Depersonalisation Betroffene, Schizophrene und Sitzende mit einer geringen Motilität aus, machen sie apathisch, affektgesperrt und gestalten sie zu *großen Geistern*. Denn immer haben die begrenzenden Effekte auf den Leib, die wir irrtümlich Krankheit nennen und die das Sitzen erzeugt, auch weitende Wirkungen. So sperrt der Stuhl den Menschen ein und verfestigt ihn, hält aber eben auch dessen integrale Person und Identität zusammen. Von Schizophrenen sagt Lowen, daß Muskelpanzerung und reduziertes Atmen dem Einsperren und Verfestigen der Gefühle gelten, um die bedrohte Ganzheit zusammenzuhalten. Sitzende, Schizophrene und Neurotiker organisieren ihre Wahrnehmungen und Empfindungen unterschiedlich. Was ihnen aber gleichermaßen widerfährt, ist, daß sich ihre innere Befindlichkeit immer stärker der äußeren angleicht. Und umgekehrt. Dieser sich wechselseitig bedingende Prozeß unterwirft die Betroffenen einer starken Sedierung. Dabei kann das Sedative ein solches Maß annehmen, daß das Sklerotische immer wieder schubweise und konvulsivisch durchbrochen werden muß, um in orgiastischen Zuckungen das Festhalten und Festgehaltenwerden abzuschütteln. Aber befriedeter als zuvor und erneut unbefriedigt und ohnmächtig fällt der geschüttelte Mensch in seine subjektive und doch allgemein verbreitete Beschränkung und Zerrissenheit zurück.

Die Atmung, eine der wichtigsten autonomen Funktionen des menschlichen Lebens, erweist sich als der entscheidende Mechanismus zur Formung und Eindämmung des Lebens. Die Menschen unserer Kultur verfügen nicht mehr über die Fähigkeit, den Atem so anzuhalten, daß sie damit den Freitod oder den gesellschaftlich verordneten Tod nach Tabuübertretungen herbeiführen könnten, verfügen aber im Stuhl über die Möglichkeit, durch Eingriffe in die Atmung ihre psychische Instanz und leibliche Fassung extrem zu formen. Die Formung der Atmung durch das Sitzen und die Formung leiblicher und seelischer Zustände durch die Atmung kann als Ersatz angesehen werden, zumindest den Beinahetod herbeizuführen, wenn die Bedrohungen von Innen und Außen überhandnehmen. Das ist der kleine Tod der Sedierung.

So hemmt der Stuhl die Funktionen des Leibs und weitet die Prozesse des Geistes. In der Haltung des Sitzens drücken sich unsichtbare Kräfte und verborgene innere Haltungen nach außen, die schon im Moment des Entstehens kulturell sind. Sie entstehen, werden geformt und fixiert und können später in existentiellen Lebensumständen verworfen und neu geformt werden. Dies macht den Menschen prinzipiell unabgeschlossen, nicht restlos verstehbar und zu einem Chamäleon kultureller Formen. Der Mensch ist das Verwandlungstier par excellence (Elias Canetti), das sich in der Verwandlung auf der Jagd und der Flucht befindet. Die Angst vor dem Unbekannten und das angstbesetzte Unfaßbare drängen in Krisenmomenten nach Ausdruck, der sich des Feldes der Leibform bedient. Doch Ausdruck ist nicht Oberfläche, sondern das Veräußerlichte und im Außen sichtbar gemachte Innen, das Innen als Außen. Das im Außen sichtbar gemachte Innen formt sich zur spezifischen Haltung des Leibs und faltet sich zur Landschaft der Haut. Indem das Neue sichtbar wird, kann die Angst ertragen, in den Wiederholungen des Ausdrucks der Schrecken gezähmt werden. Auch die Sitzhaltung als Ausdruck hat einen Schrecken gezähmt. Als prägnante Form des Leibs ist sie in ihrer Entstehung ein Schrecken, den man aus dem Innern herausgepreßt, veranschaulicht und erlebbar gemacht hat. Der unsichtbare und als unräumliche Form erlebte Schrecken wird verräumlicht, entlastet die psychischen Funktionen und schreckt nun, nach außen gewendet, andere. Bleibt der Schrecken auf eine Person beschränkt, kann der innere Terror nicht überwunden werden.

Insofern jede Hemmung eine Beraubung (*privatio*) zum Ausdruck bringt, erweist sich das Sitzen in einem doppelten Sinn als Privatheit: als Verlangsamung und als Isolation im Stuhl. Sitzen und Privatsphäre zeichnen sich seit dem 18. Jahrhundert durch dieselbe Beraubung aus: durch den Verlust an Geselligkeit. Sitzen läßt sich als festgehaltener Moment in einem Ablauf deuten. Zum einen handelt es sich um einen Moment in einem Bewegungsablauf, die Stillstellung geselliger Kommunikation, durch die sich der Stuhl als Grenze zum Geselligen mit der Möglichkeit jederzeitiger Flucht ins Private erweist. Zum anderen handelt es sich um einen Moment der Stille in einem geistigen Ablauf; der Mensch hält inne, verzögert den Augenblick, bricht den raschen Wechsel von Moment zu Moment und dehnt die Zeit. Beide Formen der Arretierung bedeuten Flucht und Verwandlung. Indem sich die Stille der Bewegung und die Stille des Denkens überlagern, erhält die Welt im Sitzen auf dem Stuhl neue Maße. Die Sedierungen, die der Mensch in den unterschiedlichen Formen der Verwandlung durchmacht, drücken sich im Schrumpfen des erlebbaren Raums aus, dessen Stationen Kosmos, Heimat, Haus, Stuhl heißen. Nach der Sedierung im Stuhl entschwindet dem Sitzenden der erlebbare Raum, während im selben Maß der Reduktionen des Raums die Beschleunigung des Lebens zunimmt.

Der ungebrochene Drang des noch nicht verbürgerlichten Menschen, inneren Bildern und Absichten spontan in Gesten, Gebärden und Handlungen Ausdruck zu verleihen, bannt eine Aktion und die ihr zugrunde liegende Motivation zeitlich und räumlich in eine einzige Gegenwart. Der Eingriff des Stuhls in die Physis des Sitzenden dient dem Auseinanderreißen dieser Gegenwärtigkeit. Der räumlichen Trennung von Impuls und Tat und dem zeitlichen Aufschub sich spontan entfaltender Bilder und Wünsche auf ihre spätere Realisierung dienen Stuhl und Sitzen. »Wer sitzt, der sitzt«, ist mehr als bloße Tautologie. Derjenige, der sitzt, vermag nur eingeschränkt zu agieren und bringt mehr als sein Sitzen zum Ausdruck. Er veranschaulicht bildhaft, daß er keine Absichten hegt, bestenfalls solche, deren Umsetzung in eine Handlung zu späterer Zeit oder an anderem Ort erfolgen kann. Der Sitzende veranschaulicht aber nicht nur diese Fertigkeit, sie wird ihm im Sitzen selbst verliehen: Sitzen fördert das Lösen der engen Bindung des Leibs an die Seele. Wer sitzt, handelt nicht, so daß Sitzen zum Synonym für Nichthandeln wird. Er veranschaulicht die Dissoziation von Seele und Leib und führt sie praktisch durch. In beide Naturen entzweit, gewinnt der Mensch die absurde und paradox erscheinbare Möglichkeit, entäußernd und entfremdend sich selbst gegenüberzutreten.

Im Sitzen erlernt der Mensch die Fähigkeit, die Transformation einer imaginär entworfenen Vorstellung von einem Handeln in eine Aktion mühelos aufschieben zu können. Die jüngste der drei Schichten des menschlichen Gehirns bietet infolge ihrer langen Nervenbahnen und der damit verbundenen Verlangsamung von Vorgängen[25] die Möglichkeit, Impulse zu differenzieren, zu isolieren und zurückzuhalten. Die Fertigkeit, nach Feldenkrais die Grundlage unseres Vorstellungsvermögens und urteilenden Denkens, läßt sich auf einer völlig anderen Ebene weiter ausbilden: auf der Ebene des Stuhlsitzes. In der Übung, das Gesäß auf der Waagerechten zu halten, wird der Leib physiologisch eingefaßt. Die Impulse, die in imaginierten Vorstellungen und Bildern zur Handlung drängen, können im Organismus verspannt und damit scheinbar kontrolliert werden. Doch es sind nicht allein die ein Bild begleitenden Impulse, deren Ausdruck verhindert werden kann, auch die

Affekte lassen sich abschotten. Sitzen konditioniert so innere Grundhaltungen, die es erlauben, Affekte zum Zweck besserer Konzentration auf das Denken aufschiebbar und vergessen zu machen. Impulse des Vegetativen werden mit Hilfe des Sitzens zurückgehalten, um ungebundene Handhabungen der Operationen des Denkens zu ermöglichen. Abschluß und Ziel des Prozesses bilden die Rückwirkungen des Leibs auf Formen des Denkens und Fühlens. Auch das Denken ist zunächst an das Denken von Inhalten gebunden. Doch erst, wenn das Denken eine Qualität erreicht, die es möglich macht, daß das Denken eines Inhalts unbewußt in einer solchen Form geschieht, daß diese direkt auf die Affekte einwirkt und sie kontrolliert, kommt der Mensch dem Ziel näher, das hinter dem gewaltigen Sedierungsprozeß steht: das Freisein von Leiblichkeit und das Aufbauen und Erleben eines selbstinszenierten Ich. In der Freiheit steckt die Bewußtwerdung des Selbst und der Triumph über den fremd gewordenen, ungezügelten Leib. Hier verknüpft sich das Sitzen mit dem, was Freud die Tugenden des analen Charakters nennt: Ordnung, Sparsamkeit und Eigensinn.

Indem der Mensch perspektivisch wird und aufmerksam durch leibliche Organisationsstrukturen hindurch den unräumlichen Nukleus in sich erschaut, wird er absichtsvoll. Er sieht von dem ab, was den unmittelbaren Modus seines Daseins ausmacht: vom schweren Leib. In der Fähigkeit zu solcher Absicht liegen die Konstruktionskräfte für das Individuelle. Während sich in der geträumten und angestrebten Leiblosigkeit das Individuum als unteilbar erweist, liegen in den Formen affektfreien Denkens die Ideale des sitzenden Bürgers.

Die im Stuhl behauptete Position des Menschen im Raum, seine letzte Zuflucht, und die relative Unabhängigkeit von leiblichen Impulsen machen den Menschen zu einem gottähnlichen Wesen. Der Mensch der Moderne glaubt zunehmend, er unterliege wie seine Götter nicht mehr dem Diktat des Leibs. Daß der Mensch, wie Nietzsche vermutet, das »nicht festgestellte Tier« ist, findet im Sitzenden sein Ende. Im Sitzen zerfällt der Mensch in seine scheinbaren Gegensätze von Homo faber und Homo sedens. In der Form des *faber* macht sich der Mensch selbst zum Homo sedens und erweist sich als das »nicht festgestellte Tier«, in der Form des Homo sedens wird er zu dem Tier, das festgesetzt, also festgestellt ist. Deshalb charakterisiert Helmuth Plessner den modernen Menschen in seiner Kombination aus Gottheit (*faber*) und Mechanik als Prothesen-Proteus. Mag in solcher Kennzeichnung auch eine hohe Stufe kulturellen Lebens ausgedrückt werden, so besteht zugleich die Möglichkeit, daß trotz und wegen der Kulturhöhe der heutige Mensch vor allem im Sitzen hinter seinen Ursprung zurückfällt. Als das festgesetzte Wesen ist der Mensch das, was zu überwinden er angetreten war: das Tier, für das er den mittelalterlichen und nicht zivilisierten Menschen hält. Aber er wird mit Nietzsche gerade als Homo sedens zum Tier, weil er festgestellt ist, wenn auch in spezifischer Weise, nämlich festgesetzt. In dieser Form ragt das *rationale* aus dem Tierhaften des Menschen hervor.

Langeweile heißt die Stimmung des Wartens auf den Zeitpunkt, an dem verschobene Impulse realisiert werden, werden sollen oder werden können. Das Verschieben läßt das Begehren hinter dem aufgehaltenen Impuls so stark anwachsen, daß alle anderen Wünsche bis zum Zeitpunkt der Erfüllung zurücktreten. Es ist der Stuhl, der den einen Augenblick, der Affektentstehung und Affektrealisierung zusammenhält, auseinanderreißt und das Aufschieben von Wunscherfüllungen möglich macht.

Den Charakter des Melancholischen kennzeichnet eine pathologische Trauer, in der ständig Unverdautes aus der Vergangenheit in die Gegenwart heraufgeholt wird. Da das Verlorene, dem die Trauer gilt, in der Gegenwart unverzehrbar bleibt, kann es nur unverdaut an die eigene Zukunft weitergereicht werden.

Im Sitzen erwirbt der Mensch die Fähigkeit, Affekte nicht blind auszuagieren, sondern im äußeren Gleichmaß von Gebärde und Haltung auszuleben. So werden im Sitzen die nach außen drängenden Affekte, die Wildheit des Menschen, aufgesogen, ins Vegetative innerer Landschaften umgelenkt und zu Innenwelten, zu geistigen Räumen und Abläufen der Einbildungskräfte umgestaltet. Der Mechanismus erlaubt, spontane Impulse auf einen zukünftigen Zeitpunkt zu verschieben, und bildet die Bedingung für die bürgerliche Form der Melancholie.

Die Melancholie als endogene Depression unterscheidet sich von der Melancholie, die das Sitzen erzeugt. In der Depression wird ein besonderes Ereignis (Tod, Enttäuschung, Trennung) als Verlust erlebt und nicht überwunden. Im Sitzen entsteht die Melancholie dadurch, daß die Gegenwart infolge der Separation von Affekt und Realisierung des Affekts grundsätzlich unerreichbar bleibt. Und weil man im Abendland das Sitzen gesellschaftlich sanktioniert, erweist sich die bürgerliche Melancholie als chronisch. Indem der Mensch die Affekte hemmt und verinnerlicht, versucht er die Gegenwärtigkeit seines Daseins aufzuheben und erliegt der melancholischen Trauer. Die Trauer besteht aber nicht darin, daß dieser oder jener Verlust nicht überwunden werden kann, sondern darin, daß der Verlust das Leben selbst betrifft. Gemeint ist der Verlust an Lebendigkeit, der im frühen Sitzen beginnt. Ein Bild für die Eliminierung des Lebendigen gibt Beckett in *Warten auf Godot*: »Rittlings über dem Grabe und eine schwere Geburt. Aus der Tiefe legt der Totengräber träumerisch die Zangen an. Man hat Zeit genug, um alt zu werden. Die Luft ist voll von unseren Schreien.« Aber es werden gebärde- und lautlose Schreie sein, Schreie ins Innen.

Da der Stuhl den Bürger zwar chronisch melancholisch macht, ihm aber eine Form aufprägt, mit deren Hilfe er den Adel überwindet, verbindet sich mit der bürgerlichen Melancholie zunächst der Aufstieg. Aber der Versuch des Bürgers zur Bemächtigung seiner selbst scheitert, da das Verlorene, das melancholisch macht, gerade das Mittel wäre, die Melancholie zu überwinden. Ironie und Paradox ist, daß sich der Mensch gerade im Sitzen nicht besitzen kann.

Innere Räume sind Voraussetzungen für die Modulierung der Triebe. In Gestalt innerer Landschaft vermögen sie als Pufferzone zu dienen, die Energien aufnimmt, abfedert und in geistiges und seelisches Vermögen umordnet. Im Aufspannen solcher Orte liegen die Bedingungen aller Gegenwartslosigkeit. Sinnvolles Tun im Außen wird reduziert und macht neue Sinnfelder und veränderte Lebensinhalte erforderlich, die nun innen gesucht werden. Die in den Prozeduren angeregten Einbildungskräfte und geistigen Kräfte setzen die Möglichkeit zu einem ausgedehnten leiblichen Untätigsein voraus, das zugleich weiter ausgebildet wird. Immer verbirgt sich im Sitzen eine Auflehnung gegen körperliches Tun, eine heimliche Neigung zum Sitzenbleiben und ein Hang zu geistigem Schaffen, das ein hohes Maß an Melancholie und Sedierung voraussetzt. Im Zustand des Sitzens entstehen die vielfältigen Formen von Wissenschaft und Kunst und ziehen tendenziell alle anderen Berufe nach sich in die sitzende Tätigkeit und auf die Stühle. In seiner *Anatomie der Melancholie* schreibt Robert Burton, »daß harte Kopfarbeit gemeinhin mit Gicht, Katarrhen, Rheuma, körperlicher Erschöpfung und Erschlaffung, Sehschwäche, Steinleiden, Koliken, Verdauungsstörungen, Verstopfungen, Schwindel, Blähungen, Auszehrung und all den anderen Gebrechen einhergeht, die aus der sitzenden Lebensweise resultieren. Solche Menschen sind meistenteils mager, trocken, von ungesunder Gesichtsfarbe; sie vergeuden ihr Vermögen, verlieren den Verstand und oft auch noch das Leben durch ihre maßlose ... Wißbegier.«[26]

Wer über innere Räume verfügt, in die zurückgehaltene Leibesbewegungen projiziert und durch Kräfte der Einbildung zu imaginierten Bildern und Bewegungen verarbeitet werden können, *geht am Stuhl*, so daß, wer *am Stuhl geht*, sitzend geht. *Gehen am Stuhl* ist als das Begehen innerer Parkanlagen eine geistige Qualität.

Mit dem Melancholischen endet die Möglichkeit der Verwandlung in der Flucht. Da die Stillsetzung in der Gegenwart ein Höchstmaß an Sedierung bedeutet, kann der Raum des Außen aufgegeben werden. Der Homo sedens bleibt ein Sitzender, auch wenn er geht, liegt, kauert oder Sport treibt. Aber seine Chance liegt darin, daß es auch schwerer wird, an ihn heranzukommen, eine Kompensation für den Verlust an Verwandlungsfähigkeiten.

Sitzen als Verhalten im Raum

Wie alle anderen Lebewesen entwickeln Menschen Verhaltensweisen, die das Überleben sichern. Besondere Formen eines solchen Verhaltens nennen wir beim Menschen Kultur. In der Wahl, wie Menschen und Tiere den Raum nutzen, sind sie auf vielfache Weise festgelegt, und Verletzungen der Regeln können zur Selbstzerstörung führen.[27] Auch das Sitzen ist ein Verhalten, das dem Überleben dient.

Menschen lokalisieren sich unbewußt in einem dreidimensionalen Rahmen, der, mit den Körpergrenzen nicht identisch, ihnen zu einer Art Ergänzung des Körpers wird. Die empfundene Umhüllung, das Körperschema, wird früh im Leben durch haptische Erfahrungen erworben und dient der Abgrenzung einer Person nach außen. Die leibliche Außenwelt beginnt nicht mit den ersten, an die Haut angrenzenden Objekten und der Leib nicht erst mit der Haut. Das Körpergefühl eines Menschen schwankt deshalb mit seiner psychischen Verfassung, so daß Depressionen Empfindungen des Geschrumpftseins und Freude das Gefühl gewonnener Ausdehnung hervorrufen können. Um eine angsterzeugende Verkleinerung des Körperschemas zu kompensieren, bedienen sich die Menschen verschiedener Objekte wie Kleider, Hüte oder Stühle, die das Vermögen haben, das Schema zu modifizieren. Überschreitungen der in langer Einübung erworbenen Grenzen durch nicht Eingeweihte rufen in der Regel Aggression hervor, die wiederum zu angemessener Distanz führt.[28]

Im Stuhl paßt sich der Mensch von außen ein Kleid an, das zu jedem beliebigen Körperschema ein konstantes Verhältnis aufbaut. Durch Konvention festgelegte Maße von Möbeln, deren Anordnung im Raum und die Ausmaße der Räume bilden als Ganzes ein Kommunikationssystem, das mit der Einführung des Stuhls ins häusliche Leben grundlegend gewandelt wird. Stühle fügen den Menschen in feste Rahmen, fixieren Mindestabstände und bilden neue Figurationen der Begegnung. Zum einen bringen sie den menschlichen Leib in eine neue Form, beeinflussen das Körperempfinden und nivellieren in der fixierten Haltung das individuelle Empfinden des Körpers. Zum anderen bringen sie die Menschen in neue Positionen zueinander. Intimitäten von Personen und Personengruppen werden geordnet und machen den Stuhl zu einem Instrument, das die unterschiedlichen Formen des Handelns, Empfindens und Verhaltens gestaltet. Da alle Sitzenden dasselbe Kleid, eben den Stuhl, tragen, werden individuelle Stimmungen mit Hilfe des Stuhlkleids überformt, das das Körperschema mitprägt. Indem der Stuhl Grenzen zieht, fördert er Reserviertheit, die im jeweils individuellen Ort und Stuhl zum Ausdruck kommt. In der Abgrenzung liegen Bedürfnisse nach Behütung. Es sind die besonderen Qualitäten der Hut, durch die der Stuhl tiefer liegende Bedürfnisse befrieden und befriedigen kann. Im Behütetwerden bringt der Stuhl die charakteristischen Bewegungsfreiheiten des modernen Individuums hervor: gegenüber anderen befriedet in der paradoxen Relation von Identität und Anderssein stehen zu können. In dieser kompensatorischen Spur entsteht und wächst das Atom der bürgerlichen Gesellschaft: das Indissiduum.[29]

Unter einem anthropologischen Gesichtspunkt unterscheidet Plessner mit Hilfe des Begriffs der Positionalität organische von anorganischen Körpern. Er trifft die Unterscheidung aufgrund der in der Anschauung gegebenen Grenzlinien der Körper in Relation zur jeweiligen Masse. Plessner geht davon aus, daß sich die anschaulichen Randwerte der Gestalten eines organischen und eines anorganischen Körpers charakteristisch unterscheiden müßten.[30] Er untersucht die hauthaften Verhältnisse der Masse zu ihren Grenzkonturen und erkennt, daß bei lebenden Wesen die Grenzlinie anschaulich dem Leib, beim anorganischen Ding dem Umfeld angehört. Lebendige Dinge sind grenzrealisierende Körper. Als Körperding steht das Lebewesen in einem Richtungsgegensatz: nach innen auf den substantiellen Kern, nach außen auf einen eigenschafttragenden Mantel; als Lebewesen vermag dieses Körperding das phänomenale Ding in beide Richtungen zu transzendieren: über sich hinaus und in sich hinein.[31] Körperliche Dinge mit einer solchen divergenten Außen-Innen-Beziehung befinden sich in dieser Doppelaspektivität, sind lebendig und durch ihre zweifache Setzung positional.[32] Positionalität ist konstitutiv für jedes Lebendige, das über seine eigene Grenze hinaus und gleichzeitig auf einen in ihm liegenden Zentralpunkt bezogen ist. Mitte meint keine Ausdehnung im Raum, fungiert aber dennoch als Zentrum des umgrenzten Körpergebiets, welches es zu einem System zusammenschließt. In der Funktion tritt dem lebenden Körper ein unräumlicher Punkt gegenüber, der innerhalb des Körperbereichs liegt, und seine unräumliche Mitte garantiere die Selbstregulierbarkeit aller einheitlich funktionierenden Organismen.[33]

Während sich das Tierhafte von der Pflanze durch seine Offenheit dem Umfeld gegenüber abhebt, differenziert sich der Mensch vom Tier durch seinen spezifischen Bezug zur Zentralität. Das Tier lebt aus seiner Mitte heraus und zugleich in sie hinein, wodurch es Herrschaft über seinen Leib gewinnen kann. Es erlebt Inhalte in seinem Umfeld, Eigenes und Fremdes, und bildet, wie der Mensch, ein rückbezügliches System, ein Sich. Das Gesetz der zentrischen Positionalität gibt dem Tier das Leben vor, bringt es aber nicht noch einmal zu seiner eigenen Mitte in ein gebrochenes Verhältnis. Hiergegen lebe der Mensch unter dem Gesetz einer exzentrischen Positionalität, durch die der

Mensch zwar in seine Grenzen gesetzt sei, doch er lebe über sie hinaus und vermöge sein Erleben noch einmal zu erleben. In die ortlose Mitte seiner selbst, in das Nichts, gestellt, gelangt der Mensch über sein Zentrum hinaus und gerät durch die gewonnene Ungebundenheit hinter sich.[34] Plessner sieht im Menschen ein Mängelwesen, in dem die Natur auseinanderzufallen scheine. Positional liege im Menschen ein Dreifaches vor: Das Lebendige *ist* Körper, ist *im* Körper (als Innenleben und Seele) und ist *außer* dem Körper (als Blickpunkt). »Ein Individuum, welches positional derart dreifach charakterisiert ist, heißt Person. Es ist das Subjekt seines Erlebens, seiner Wahrnehmungen«[35] und seiner Aktivität. Jeder Aspekt der menschlichen Identität offenbart solche Spaltungen.

Im Stuhl verschafft sich der Mensch die Möglichkeit, über seine inneren Grenzen hinauszugehen und seine inneren Niveaus zu modifizieren.

Die Form des menschlichen Organismus ist nach Plessner rein empirisch und damit zufällig, da die Struktur der menschlichen Exzentrität die Grundlagen für alles genuin Menschliche enthält. Damit lägen die nichtzufälligen Aspekte des Menschseins allein in der zentralen Organisationsform, die keiner kulturellen Formung unterliege. Aber das Sitzen, das erfolgreich in das zentrale Organisationsnetz eingreift, zeigt, daß die Form des Leibs auf die innerste Instanz des Menschen einwirkt und den Kern des Menschseins modifiziert. Plessner verfehlt den Zusammenhang von Form und Gestalt des Leibs, da sich der Homo sedens wesensmäßig von dem Menschen unterscheidet, der vorwiegend nicht sitzt.

Indem die Grenzlinie zwischen Stuhlrahmen und Kontur des Sitzenden sowohl dem Sitzenden als auch dem Stuhl angehört, veranschaulicht das Sitzen die Vertiefung der menschlichen Gebrochenheit und die Erhöhung menschlicher Beweglichkeit. Gehört die Grenzlinie nicht zum Sitzenden, sondern zum Stuhl, versteinert der Sitzende anschaulich zum anorganischen Körper und fällt hinter jedes Lebendige zurück. Und paradoxerweise erscheint der Sitzende nicht in der Lage, sich im Sitzen zu positionalisieren. Er verfehlt die niederste Stufe des Lebendigen, fällt hinter sich zurück und vertieft seine genuin schon mitgegebene Gebrochenheit. Rechnet man die Grenzlinie zum Sitzenden, verschmelzen Menschenleib und Sitzmöbel. Dadurch, daß die Grenze zum lebendigen Ensemble auf dem Stuhl Sitzender gehört, weist die Verschmelzung der organisch-anorganischen Konfiguration weit über das Menschliche hinaus, indem der Sitzende eine überhöhte Menschlichkeit zum Ausdruck bringt.

Dem anthropologischen Aspekt, der die existentielle Ordnung des sitzenden Menschen erörtert, stehen soziale Grenzen gegenüber, die das Sitzen als kommunikatives Element im Raum des Politischen erfassen.

Im China des 7. Jahrhunderts entsteht eine Statue, in der Buddha »in europäischer Manier, also wie ein König oder ein Heiliger auf mittelalterlichen oder byzantinischen Bildern«[36] sitzt. Von da an wandelt sich im Norden Chinas das Hocken auf Matten zum Sitzen auf Stühlen. 960 gilt als das Jahr, in dem die Oberschicht den Stuhl als Möbel annimmt, und bereits hundertfünfzig Jahre später sitzt man in Nordchina auf Stühlen. Aber das bleibt auf bestimmte Momente des Tages begrenzt, legt nicht den Alltag fest. Podest, Kissen und Matte bleiben vorrangig.[37] Eberhard charakterisiert den Zeitraum vom 10. bis zum 12. Jahrhundert in China als Übergang vom chinesischen Mittelalter zur Neuzeit. In diesem gesellschaftlichen Umbruch habe die Durchlässigkeit zwischen den Gesellschaftsschichten zugenommen, und eine Mittelschicht sei entstanden. Der einzelne sei mit größerer individueller Freiheit ausgestattet worden, die zu einer Aufwertung der Person gegenüber der Natur und den Göttern geführt habe.[38] Im Jahr 960 beginnt die Sungdynastie, und der erste Kaiser will sich bei seiner Inthronisation noch der Tradition gemäß vor den Buddhastatuen zu Boden werfen. Schnell hebt man ihn auf die Beine und gibt ihm zu verstehen, daß er selbst, als Kaiser Chinas, der Buddha der Gegenwart und Gott ebenbürtig sei.

Hocken wie in China mehrere Personen auf einer Ebene, haben alle gleichberechtigt am Raum Anteil. Ohne Hilfe von erhöhenden und begrenzenden Sitzgeräten strukturieren lediglich Matte und Körper sowohl den Gesamtraum als auch die Ordnung der einzelnen Personen zueinander. Schon das Abheben von der Matte auf den T'a, das lehnlose Kastensofa, differenziert die Gesellschaftsschichten. Der Raum wird strukturiert und gewertet, und den Personen unterschiedlicher Ränge werden entsprechend gewertete Räume zugeordnet. Die Entfernungen werden vergrößert, während innerhalb der einzelnen Schichten die konventionellen Distanzen erhalten bleiben. Mit dem Wandel zum Sitzen nach europäischer Manier wird der Prozeß der räumlichen Distanzierung fortgesetzt und beendet. Distanzen, die Personen innerhalb der Oberschicht zueinander einnehmen, werden mit dem Sitzen auf Stühlen vergrößert und erhalten feste Maße. Dagegen werden die zwischen den unterschiedlichen Rängen bestehenden Distanzen durch das allgemeine Sitzen auf Stühlen verringert. Am Ende fließen die verschiedenen Maße, die die Menschen im Norden Chinas zueinander einnehmen, in ein genormtes Maß zusammen und transformieren das Kommunikationssystem *Hocken auf Matten* in das System *Sitzen auf Stühlen*. Stühle verfügen über die Qualität, der Oberschicht die Nähe zu den unteren Rängen annehmbar zu machen, indem man die Räume und die Anordnung der Menschen zueinander so arrangiert, daß Nähe ohne Peinlichkeit ertragen werden kann.

Der Raum, der den auf der Matte Ruhenden umgibt, bleibt unverstellt, da er als ein Ganzes, als ein Kosmos genommen wird. Der Raum baut sich durch und über den am Boden Hockenden auf, und Gegenstände, die in solche Räume aufgenommen werden, müssen dem von ihnen verdrängten Raum an Wert äquivalent sein. Solche Räume nehmen wenige, aber ausgewählte Objekte auf, und der so aufgefaßte Raum stellt ein Kontinuum von erhabenem Wert dar. Nicht die Objekte, der Raum wird als das Wesentliche erlebt. Ein Ort, den wenige Gegenstände verstellen, bringt diese immer in eine ausgezeichnete Lage. Das ist es, was Walter Benjamin in seinem Essay *Der Raum für das Kostbare* über drei spanische Stühle zu sagen weiß.

Die Etablierung des Stuhls in Europa zum Ausgang des Mittelalters wird von ähnlichen religiösen und sozialen Phänomenen begleitet. Die Parallele ist um so erstaunlicher, als die Prozesse in China und Europa von jeweils entgegengesetzten Voraussetzungen ausgehen. In China erfährt der Stuhl eine Aufwertung gegenüber der Matte, in Europa wird der Stuhl erst als Gebrauchsmöbel besitzbar, nachdem der königliche Thron säkularisiert ist; der Wandel in China findet in kurzer Zeit statt, die Entwicklung in Europa hin zum Sitzen findet ihren Abschluß erst in der Mitte des 19. Jahrhunderts. Seinen Ausgang nimmt der Prozeß nicht wie in China von einer einzigen Haltung, sondern vom Knien und Hocken auf dem Boden, vom Kauern und Sitzen auf Bänken und Schemeln sowie beliebigen anderen Objekten wie Kissen, Kasten oder Treppenabsätzen.

Im Nebeneinander von Hocken und Knien auf dem Boden kann man gegenseitig Schultern, Arme, Rumpf sowie Kopf und Beine berühren. Auch in der Frontal- oder Rücken-an-Rücken-Haltung gibt es vielfältige Berührungsebenen. Man sitzt auf einer Ebene und kann die Körper einander so weit annähern, daß ihre realen Grenzen zusammenfallen und sich ihre körperschematisch erweiterten Grenzen durchdringen. Im Sitzen auf Stühlen lassen sich nur Unterschenkel und Füße berühren, während Oberschenkel, Hüfte und Rücken sowie Kopf und Hals distanziert bleiben. Die Geschlechtsorgane sind im Winkel, den Schenkel und Oberkörper bilden, verborgen und durch das Sitzbrett von unten abgeschirmt. Jeder sitzt auf seiner individuellen, von denen der anderen isolierten Ebene. Indem Stühle hautnahen Kontakt verhindern, wird im Sitzen die Möglichkeit zur Herstellung intimer Nähe aufgegeben.

Die Haut gilt als eines der Hauptsinnesorgane. Temperaturdifferenzen, Schweißabsonderung, Geruchsschwankungen und Verfärbungen geben ihr eine hohe Kommunikationsqualität. Die von innen nach außen transportierten Informationen sind unbewußt gesteuerte Regulierungen des Gesamtorganismus und bringen intime Regungen zum Ausdruck. Der Geruch, eine exokrine Funktion[39], vermag von allen Sinnesreizen die tiefsten Erinnerungen wachzurufen, und in den Schwankungen der Temperatur erweist sich die Haut als für die Übermittlung von Gemütszuständen gut ausgestattet.[40] Solches Empfangen und Ausstrahlen von Botschaften über Gemütszustände wird im Sitzen stark herabgesetzt.

Vegetative Prozesse wie Verdauen, Atmen und Herzschlagen sind durch die Distanzen im Sitzen nur eingeschränkt hörbar. Auch der Tastsinn, der persönlichste aller Sinne, wird in seinem Wirkungskreis begrenzt. So führt der Stuhl vielfältig zur radikalen Meidung von Nähe zwischen den Sitzenden und schränkt insbesondere die sinnliche Wahrnehmung dort ein, wo die Sinne die Nähe erkunden wollen.

Der Rahmen des Stuhls zieht gemeinsam mit der Körperhaltung beim Sitzen neue Grenzen zwischen den Menschen und setzt Distanzen fest. Der Stuhl isoliert den Sitzenden, wodurch der Raum des Stuhls zu einem Mikrokosmos für das Individuelle wird. Gleichzeitig macht er die Grenzen der Menschen zueinander explizit. Im Stuhl schafft sich der Mensch im Raum der Gesellschaft ein gegenüber anderen abgestecktes Territorium. Einerseits hat sich die Körperhaltung gewandelt, und der Sitzende hat sich zum umgebenden Raum in eine neue Position gebracht, andererseits sind Anordnungen und Entfernungen zu anderen Personen neu fixiert. Der Ort des Stuhls bietet durch seine Grenzen und die Möglichkeit, ihn individuell zu markieren, Schutz und Behütung. Er kann zugleich als Zufluchtsort zur Regeneration und zur Aufnahme neuer Inspirationen angesehen werden sowie als Zentrum, von dem aus der Verkehr mit anderen Personen durch die veränderten räumlichen Relationen reibungslos abgewickelt wird. Das Territorium setzt den Menschen im Schutz frei. Die Freiheit besteht darin, daß die Möglichkeit direkter Wahrnehmung und die mit ihr einhergehende Interpretation der unbewußten vegetativen Prozesse beschnitten werden. Von den vielen Wegen aus unmittelbarer Nähe auf den anderen zu bleibt nur der Einblick. Intimes Einriechen, Einfassen und Einhören wird vermieden. Der Stuhl wird zum vertrauten Ort der Ruhe und des Schutzes, ein Ort des Freiseins von ungewollten Nachstellungen, eine Schaltzentrale zur Verteidigung des Intimbereichs.

Neue Tätigkeiten bedingen neue Kommunikationsstrukturen, und Neuaufteilungen von Kompetenz und Einfluß fordern eine veränderte soziale Ordnung. In der gesellschaftlichen Umbruchphase verbietet die Konvention die Gleichstellung der zu Reichtum gelangten Bürger mit Adel und Klerus. Das tradierte Empfinden für die Würde des Klerus und die Herrschaftlichkeit des Adels erlaubt nicht, daß hohe Kirchenvertreter oder Adlige, ohne dieses Empfinden zu verletzen, Bürgern direkt und unförmlich begegnen. Dem Empfinden für den richtigen An- und Abstand trägt der Stuhl Rechnung. Er sorgt für gebührende Distanzen und vermeidet ungerechtfertigte Vertraulichkeit. Der Stuhl dient der Herstellung reibungsloser Kommunikation zwischen Personen unterschiedlicher sozialer Herkunft.

Die These, daß die Moderne das Auge vor den anderen Sinnesorganen bevorzuge, gilt nur bedingt, denn die Moderne zielt im selben Maß, in dem sie das Auge spezialisiert, auf die Sinne, die sie vernachlässigt. Das Auge dient einem Vorwand. Das intime Abgelauschtwerdenkönnen von Leibesfunktionen wird im Sitzen vermieden, und die Dominanz des Auges wird infolge der Einschränkung von Riechen, Tasten und Hören erzielt. Durch räumliche Distanzierungen bereitet der Stuhl solche Beschränkungen vor. Da das Funktionieren der Sinnesorgane der Einübung und Gewohnheit bedarf, gewinnt die Ausbildung des Auges im Sitzen zwangsläufig, aber nur indirekt, den Vorrang und erzeugt eine neue Hierarchie der Sinne.

Die Nutzung gemeinschaftlicher Räume und das Stadtleben evozieren in der Neuzeit geordnete und relativ große Distanzen zu anderen. Indem man in der Anonymität des bürgerlichen Lebens die Intimität dem öffentlichen Zugriff entzieht, kann der Stadtmensch mit anderen in zusammengeballten Räumen leben. Nähe wird über Distanzierungsmuster, die auch und besonders der Stuhl erzeugt, von innen und außen berechenbar.

So weist die Moderne im Stuhl den menschlichen Leib wie der Ölfilm den Wassertropfen ab. Aber die Entleibung des Menschen durch sich selbst bildet kein zufälliges, sondern ein konstitutives Element der Neuzeit, das aus dem ehemals Wesentlichen, Leib und Welt, ein Kontingentes macht. Die Separation von Empfindung, Geist und Tun separiert auch die Gemeinschaft, so daß die atomisierten und auf sich selbst zurückgeworfenen Individuen ihre in der Zurückhaltung gewonnenen destruktiven Impulse gegen sich und nach außen wenden. Dem abstrakten Ich, das mühelos mit jedem anderen Ich in distanzierender Weise in Kommunikation treten kann, stehen Körper gegenüber, die sich aus momentan entstandener Nähe sofort wieder auf einen Mindestabstand abstoßen und als Körper, zu denen die Leiber geworden sind, einander fremd bleiben. Dem Stuhl fällt die Aufgabe zu, die sich abstoßenden und durch Vereinsamung wieder anziehenden Individuen wie die atomaren und molekularen Elemente eines Kristallverbandes neu zu strukturieren.

Das Sitzen, einst eine ausgezeichnete Haltung, läßt sich als kulturelles Phänomen, als das uns selbstverständlich Gewordene, wegen seiner

Distanzlosigkeit und Nähe zum eigenen Handeln und Verhalten nur noch mit kurzsichtigem Blick erfassen. In unserer gewöhnlichen Sehweise hat das Sitzen seinen kulturellen Charakter abgestreift und erscheint als naturhafte Haltung. Eine Analyse des Sitzens wird dadurch erschwert, daß die Wirklichkeit den Schein aufrechterhält, da für den im Sitzen Geübten, und nur für ihn, das Sitzen komfortabler und damit natürlicher als jede andere vergleichbare Position erscheint. So gibt sich ein Objekt unter den Möbeln den Anschein, als sei es ein im höchsten Maße gewöhnliches und natürliches Möbel: der Stuhl. Allerdings kommt es gerade ihm am wenigsten zu.

Weitläufiger, natürlicher Lebensraum hat sich mit der Zeit bedrohlich zu zivilen Wohnmaschinen verengt, deren knapper Raum, mit allerhand Mobilem verstellt, sich durch die Medien für das Auge ins Unermeßliche weiten läßt. Die dynamischen Prozesse zwischen Kosmos und Wohnzelle, Laufen und Sehen, Außen und Innen bewegen auch das Leben im Innen, in der Wohnzelle, in der Mensch und Möbel eine blasse oder farbige, eine mannigfaltige oder eintönige Welt gestalten.

Möbel sind immer schon da. Für uns. Da, wo wir sind. Sie gehören zu uns und bisweilen wir zu ihnen. Möbel lassen sich weder fortdenken noch wegfühlen. Wo wir aufwachsen, in der Wiege, wo wir uns kriechend und dabei lernend fortbewegen, immer sind sie gegenwärtig. Wo wir uns aufhalten, sind sie da.

Möbel gehören zu uns wie unsere Haut. Sie bilden unsere Grenze. Sie übernehmen Funktionen verlängerter Arme und Beine, mit denen sie unsere Natur vervollkommnen, und entwickeln dabei typisch menschliche Eigenschaften, von denen wir glauben, daß ihnen diese aus ihrem eigenen Wesen heraus zukommen. Weil sie uns dauerhaft und eindringlich umstellen, verlieren wir die Distanz zu ihnen, scheiden sie von ihrer Entwicklung ab, um sie zu überhöhen. Aus diesem Grund bleibt uns verborgen, daß nicht nur Formen der Möbel, sondern bereits Möbel selbst Konvention sind, die über ihre vordergründigen Bedeutungen hinaus völlig anderen Zuordnungen gerecht wird.

Wohnungen erfüllen mit all ihren Wohngeräten unterschiedliche Aufgaben. Wir gehen irrtümlicherweise davon aus, daß wir uns der Funktionen ohne Rückwirkung auf Seele und Leib bedienen könnten. Doch Wohngewohnheiten schreiben vor und fügen ein. Fügen ein in festgefügte Verhaltensweisen, in die Konvention des Wohnens. Indem wir Gegenstände des täglichen Gebrauchs als Naturgegenstände und unseren Umgang mit ihnen als naturhaftes Handeln auffassen, begreifen wir unser eigenes Tun nicht und werden geschichtslos. Natur, Geschichte und Kultur gehen dabei eine so enge Bindung ein, daß Gegenstände, solange sie kulturelle Objekte sind, die Eigenschaft haben, immer schon vor uns dazusein. Wie der Igel im Wettlauf mit dem Hasen.

Das Märchen von Hase und Igel besagt, daß eigene Kraft und Schnelligkeit einem anderen Prinzip weichen mußten: der Cleverness und dem mechanischen Verstand. Im Märchen übernimmt der Igel den Part des Sitzenden. Der Stuhl produziert innere Maße und erzeugt ein neues Verhalten. Man stellt sich menschliches Handeln in der Neuzeit als ein maßvolles und verhaltenes Tun vor. Der neuzeitliche Mensch ist ein im Stuhl Gehaltener, und seine räumliche Dimension des Innehaltens sind Muschel und Schneckenhaus, beides behütende Gehäuse: sich Zurückziehen können und fruchtbare Selbstgenügsamkeit üben. Die zeitliche Dimension liegt in erhöhten Hemmungen, so daß der Mensch seine größte Distanz zum Tier im Stuhl gewinnt. Zugleich aber, da die Hemmung in der Form des Zurückhaltens ein territoriales Verhalten ist, bildet Reserviertheit, als eine Bindung an Reservat und Gehege, eine erneute Affinität zum Tierhaften. Der Stuhl wird zum eigenen Kosmos des Sitzenden, zur quadratischen Monade, in der Mensch stapelbar wird, und zu einem Wesen, das sich wie das Tier in beschränkten und gesicherten Räumen bewegt. Die Maße sind Metaphern, Bilder und selbsterzeugte Formen des Innen und Außen. Der Stuhl ist ein Hut. Ein Gehege, das den Sitzenden formatiert.

Neuzeitliche Philosophie als Metapher des Sitzens

Der in seinem Dasein verunsicherte und in seinem Lebensraum bedrohte Mensch sucht neue Zeichen zur Orientierung, wenn die Erfahrung festgefügter Ordnungen und sicher ineinander greifender Bezüge fehlt und das Leben sinnlos zu werden droht. Das traditionslose Bürgertum hebt sich orientierungslos aus dem aufgebrochenen Ordo des Mittelalters heraus. Später prägt es um so nachhaltiger sein Ichbild und dessen Folgen, indem es im Sitzen die göttliche Herrschaftsgeste übernimmt. Die in der Geste liegende Bedeutungsstruktur macht es möglich, daß der Bürger die Sitzhaltung zur entscheidenden Repräsentationsform seiner Existenz macht. Die inneren Qualitäten, die in der Haltung zum Ausdruck kommen, sind gleichermaßen Merkmale des Göttlichen wie des Bürgerlichen.

Das Verhältnis des Menschen zum Raum ändert sich grundlegend. Die Neuzeit stürzt den nach mittelalterlicher Vorstellung erfüllten Raum um, schüttet ihn aus und dehnt den nun leeren Raum ins Unendliche. Da Haltungen Formen des Räumlichen sind, bilden die Sitzhaltung und ihr verdinglichter Aspekt, der Stuhl, räumliche Ausdrucksmittel für leibliche und geistige Haltungen. Die Sitzform soll dem Menschen, der bis dahin ein Leben ohne Hohlstellen und Einbrüche ins Nichts führt, in der realen wie metaphorischen Leere und Weite auf der Suche nach innerem Halt durch ein starkes Zeichen Orientierung geben.

Da das Sitzen die Wahrnehmung verändert und die veränderte Wahrnehmung die Gegenstände modifiziert, liegt im Sitzen ein metaphysisches Moment. Es fügt die Sinne und ihre Daten zu einer neuen Konfiguration, die das charakteristische Element einer Kultur darstellt. Sie ist der metaphysische Grund einer Gemeinschaft, eine Ordnung, die das, was wir uns unter der gegenständlichen und physischen Welt vorstellen, mitbestimmt: der unsichtbare und unsinnliche Hintergrund für die Form unserer Sinnlichkeit. Der Prozeß der Neukonfigurierung der Sinne ist der Prozeß der Verwandlung des Menschen, der die Hoffnung, es gebe kulturunabhängige Formen (des Verstehens, Verhaltens, Liebens), zunichte macht. Es gibt keine natürliche, das heißt ursprüngliche Relation der Sinne untereinander, wie sie in Kants Vorstellung von den apriorischen Formen der Wahrnehmung und Erkenntnis unterstellt wird.

Mit der Naturdarstellung, die sich in der Renaissance zu einem wichtigen Bildelement entwickelt, entsteht die Landschaftsmalerei.[41] Das Neue in ihr ist die Perspektivik. Mit ihr korrespondiert die Introspektive. Die gemalte Natur bedingt eine veränderte innere Landschaft des Menschen. Wo Natur als Ganzheit erlebt wird, gibt es sowenig Landschaft, wie es eine ausgebreitete innere Parkanlage gibt, wenn das seelische Gefüge des Menschen als geschlossener Block existiert. Seelische Landschaft, kontrollierende Instanzen und differenzierte Gefüge von Gefühlen und Gedanken setzen die Gliederung innerer Ordnungen voraus, die ihrerseits Fragmentierungen im Außen implizieren. Der Stuhl faltet durch Prägungen von außen Innenräume auf, für die die Sitzhaltung ein sichtbares Zeichen darstellt. In der Verräumlichung des Innen liegen die Metaphern für innere Topologien bereit. Unter der Prämisse, daß die Zeichen »gemalte Landschaft« und »Sitzhaltung« als künstliche Erzeugnisse Zeichen des Fragments sind, Ausdruck beginnender Zersplitterungen, sind beide geeignet, neue Räume aufzuspannen und als Ersatz für die Bilder verlorengegangener Ganzheiten zu dienen.

Der Stuhl macht treffender als jedes andere Objekt Raum als Stelle und konkreten Ort sichtbar. Während Gegenstände nach mittelalterlicher Anschauung den Raum konstituieren, bleiben die zwischen ihnen liegenden Zonen als Scheinräume unberücksichtigt. So vollziehen sich Handlungen nicht in einem alle Formen umfassenden Raum, sondern Handelnde treten durch Gebärden zueinander in Beziehung.[42] Werden die Zwischenräume, die Intermundien, wie dies in der Neuzeit geschieht, in die Raumkonzeption mit einbezogen, entsteht anonymer und leerer Raum mit gleichberechtigten neutralen Teilen. Ordnungen und Hierarchien stiftet das Mittelalter in der Bewertung der verschiedenen Gebärden, die Neuzeit durch die Lage der Körper im Raum. Anonymität und Leere des modern aufgefaßten Raums werden im Stuhl partiell in ihr Gegenteil verkehrt, in den individuellen Ort und die konkrete Stelle. Indem der Rahmen des Stuhls aus der Unendlichkeit des leeren Raums einen Bereich ausgrenzt, erscheint er nicht mehr nur als Bestandteil des Stuhls, sondern als negative Begrenzung: Im Blick durch den Stuhl hindurch erscheint dieser wie ein Vexierbild abwechselnd als Rahmen des von ihm ausgegrenzten Raums und als selbständige architektonische Form. Durch seine drei senkrecht aufeinander stehenden Raumachsen stellt die architektonische Form des Stuhls ein ideales Objekt zur Veranschaulichung des homogenen Raums dar. Im Stuhl hat sich der Mensch ein Medium zur Veranschaulichung des kartesianischen Raums geschaffen.

Dank seiner Vitalität bringt der mittelalterliche Mensch eine Formen- und Bewegungsvielfalt des Leibs hervor, die sich äußeren Ordnungen entzieht und entziehen soll. Dagegen reduziert sich im Sitzen die Vielfalt leiblichen Ausdrucks auf wenige einfache und charakteristische Formen. In der Reduktion wird die äußere Struktur des menschlichen Leibs geordnet und kann im kartesianischen Koordinatensystem beschrieben werden. Dem mathematischen Modell eingefügt, erlauben Stuhl und Sitzform ihre Zerlegung in Koordinaten, und die analytische Auflösung in geometrische Dimensionen macht es möglich, den menschlichen Leib als bloße Ausdehnung (*res extensa*) zu deuten. Der lebendige Organismus assimiliert neutrale Räumlichkeit, wird zum Raumkörper entleibt und verliert seine Ausdrucksqualität für Gebärden und Gesten. Die geometrische Form, in die zerlegbar der Sitzende in der Seitenansicht erscheint, kann als durch Scharniere beweglich zusammengehalten gedacht werden, so daß mechanische Züge des menschlichen Leibs durch die organische Leibstruktur durchscheinen. Mathematik und Natur sowie Natur und Technik treffen sich in der Sitzhaltung als deren unterschiedliche Qualitäten. Im Stuhl hat sich der Mensch ein Medium zur visuellen Verräumlichung seines sedierten Leibs geschaffen.

Negativ erlebt der Mensch Zeiten historischer Umwälzungen als Orientierungslosigkeit, positiv als Aufbruch. Sentimentale Trauer und zuversichtliche Freude finden sich in stetem Wechsel. Das Neue beunruhigt und fordert die Seele dazu heraus, Strategien zu seiner Bewältigung zu erfinden. In dem Maß, in dem das Individuelle das Zentrum der Welt erobert, setzt es Gott als das bis dahin allein gültige Kriterium für Wahrheit ab und unterwirft ihn den Kriterien einer menschlichen Vernunft. In solchen Entscheidungen drückt sich ein erhöhtes Bewußtsein des Menschen aus, aber die Vernunft verengt sich zum Mittel der Bewältigung des als übermächtig erlebten Neuen.

Gott als Inbegriff aller Vollkommenheiten verleiht dem Leben einen höheren Sinn. Durch ihn wird dem Menschen der Kosmos begehbar und vertraut, aber auch besitzbar. Thronend greift er weitschauend und spontan in den Prozeß ewigen Werdens und Umformens ein, um das *perpetuum mobile* Welt zu erhalten. Der Prozeß unablässigen Werdens und Vergehens stellt dabei kein zielloses Hin und Her, sondern gerichtete und gewertete Bewegung dar. Je erfolgreicher der Mensch mit Werkzeugen in den Lauf der Natur eingreift, um so mehr wird er zu der Annahme der Grenzenlosigkeit eigener Potenzen und des eigenen Erkenntnisvermögens verleitet, mit dem das Fundament der Welt erkennbar sei. Gott verliert in dem Prozeß seine hervorragende Position, und sein Thron verwaist. Die Vakanz, Folge bürgerlichen Selbstbewußtseins, ermöglicht, erlaubt und provoziert die Profanierung des göttlichen Thronens. Der Thron wird Gebrauchsgegenstand und säkularisiert zum Stuhl, während das Sitzen die Aufhebung des theozentrischen Weltbildes anschaulich zum Ausdruck bringt.

Sich neben Gott zu behaupten impliziert die Annahme, der Mensch sei Gott ähnlich. Davon hat die Bibel berichtet. Daß sich der Mensch an Gottes Statt auf den Himmelsthron setzt, ist eine Erfindung der Neuzeit und der Tribut der Ichbesessenheit kartesianischen Denkens. Descartes erschließt aus dem *cogito* (ich denke) *a priori* die Existenz des denkenden Ich, ohne sich auf die körperlichen Dinge zu beziehen. Indem das Ich sein Wesen in einem unausgedehnten Medium (*res cogitans*) findet, bietet die hieraus resultierende Freiheit vom Stoff dem Menschen die Grundlage dafür, geistige Vorgänge selbst, in sich, zu initiieren.[43] Die Sitzhaltung wird zum Bild der kartesianischen Zweisubstanzenlehre, da der Sitzende selbst anschaulich in zwei Substanzen zerfällt: in seine überhöhte Geistigkeit sowie seinen festgehaltenen und bloß ausgedehnten Körper. Aber die Sitzhaltung bringt zugleich, wie bei Descartes, die Hierarchie beider Prinzipien zum Ausdruck, in der das Denken als die wertvollere Substanz gilt, der die Körperdinge untergeordnet werden. So wird die Sitzhaltung zum Bild für die Zweisubstanzenlehre und für die Unterordnung des sinnlichen Stoffes unter die Form neuzeitlicher Vernunft. Zugleich realisiert das Sitzen die Hierarchie und erzeugt eine Form des Menschen, die das Handeln von den leiblichen Antrieben befreien möchte. Ohne Bindung seines schweren Leibs an die träge Erde hebt der Bürger zum Höhenflug ab, um so die Öde zwischen Diesseits und Jenseits zu überbrücken. Die Ausrichtung des irdischen Lebens auf den Theos im Zentrum wird aufgehoben und dezentral, der Leibnizschen Theorie der Monaden gemäß auf die sitzenden Bürger orientiert.

Der selbstbewußte Homo faber hebt sich nicht nur aus dem Umfeld der übrigen Natur heraus, sondern er begreift seine eigene Natur, seine wesentliche Bestimmung, gerade im Nichtnatürlichen, in der über alle Natur erhabenen kulturell bedingten humanen Ratio. Das Einstrahlen aus dem Transzendenten, das je nach Weltverständnis variierende Aussenden welterhaltender Impulse durch thronende Götter, wandelt sich zu einem bürgerlichen Sendungsbewußtsein. Sitzend wird der Bürger Kuriere und Armeen aussenden, um demokratische Prinzipien zu verkünden und durchzusetzen, gegebenenfalls mit Nachdruck und durch den Zweck einer Weltbürgerlichkeit gerechtfertigt. Im Anspruch, die Welt sitzend zu bewältigen, distanziert sich der Bürger vom mittelalterlichen Menschen, von dessen Kultur und unterstellter Affinität zum tierhaft Angepaßten. Der Bürger protestiert und provoziert Anti-Haltungen und gibt in der Sitzhaltung dem zusammengekauert Formlosen eine zivile und prägnante Form. Der Vorrang des *rationale* zuungunsten des *animale* kündet von einem gesteigerten Selbstwert gegenüber dem Mittelalter, den das Sitzen anschaulich macht.

Gebärden und Haltungen offenbaren innere Zustände. Auch das Mittelalter kennt Tarnung und Verstellung, aber man bildet sie nicht als Bestandteil gesellschaftlichen Lebens systematisch aus. In der Neuzeit hingegen werden sie als Teil des Wegs zu einem erfolgreichen Lebenslauf angesehen. Insofern kann der mittelalterliche Mensch als einheitliches, weil naives und einfältiges, Wesen mit einem ungebrochenen Gefühl für den eigenen Wert angesehen werden. Im Prozeß der Herausbildung des bürgerlichen Individuums aus der einfältigen und tumben Persönlichkeitsstruktur wird einerseits die gegenseitige Bindung von Leib und Seele, andererseits die Stützung des sich zum Individuum umrüstenden Menschen durch die Gemeinschaft aufgehoben. Um das von beiden Seiten offene System Individuum am formlosen Zerfließen seiner bloßen Ausdehnung zu bewahren, bedarf der zum Körper werdende Leib einer Abstützung von außen. Das Auseinanderstreben der geistigen, seelischen und leiblichen Momente wird im Sitzen zusammengehalten. Seit dem 18. Jahrhundert kann der Mensch die Selbstdistanz nicht mehr halten, so daß die bis dahin getrennten Rollen des privaten und des öffentlichen Menschen zusammenfallen. Von da an sind Tarnung und Verstellung Zeichen eines angstgesteuerten Fliehens. So verweist die im Sitzen veranschaulichte Trennung der Substanzen auf kommende Spaltungen, zugleich aber darauf, daß man den Menschen nicht länger in ein privates und ein öffentliches Wesen unterscheiden kann und will. Damit veranschaulicht das Sitzen ein Empfinden für den verminderten Selbstwert des neuzeitlichen Menschen.

Die Metaphern, nach denen das Urlicht die Welt aus sich heraus entläßt und das Jenseits das Diesseits erleuchtet, sind Bilder für Schöpfung und Erkenntnis. Vollkommene Erkenntnis fordert Erleuchtungen durch den göttlichen Geist. Der neuzeitliche Mensch wendet das Bild des Sündenfalls gegen Gott und überläßt dem vollkommenen Wesen, das eine unvollkommene Welt schuf, dessen widersprüchliches Produkt. Er bescheidet sich zunächst mit der vollkommenen Erkenntnis der Welt zum Zweck nachträglicher Rekonstruktion, um sie danach in eine von Menschenhand herbeigeführte Vollkommenheit zu entlassen. Die Aufklärung ist der äußerste Gipfel dieser Strategie. In ihr tritt der Mensch nicht aus der Finsternis selbstverschuldeter Unmündigkeit ins Helle, er erhellt mit eigenem Licht die Finsternis. Leibniz zufolge kann auch Gott nur der einen Vernunft gemäß handeln und entscheiden, für Descartes gelten alle Menschen als der Vernunft zugänglich. Vernunft (*lumen naturale*) sei die bestverteilte Sache der Welt und erhelle als das *eine* Licht oder die *eine* Vernunft das Diesseits. Mit der Demokratisierung des Throns erweist sich jeder Sitzende als Verkörperung der göttlichen Herrschaftsgeste und als Bild der allgemeinen Ausbreitung des *lumen naturale*, der göttlich-humanen Vernunft.

Aber das Sitzen erzeugt spezielle Formen von Angst und Enge, die wiederum eine besondere Enge des Erkennens nach sich ziehen, die sich in Gedanken und Texten niederschlägt. Sitzen abstrahiert ebenso von der Vitalität leiblicher Prozesse, wie die Erkenntnis aus dem Sitz heraus von der Bindung des Erkenntnisvorgangs an den Leib absieht. Hinter der Abstraktion stecken Absichten, die verborgen bleiben können. Deshalb erweisen sich die Widersprüchlichkeiten des Sitzens und des Erkennens in gereinigten Erkenntnisvollzügen selbst als unerkennbar. So fördert Sitzen zwar Erkenntnis, sperrt aber das Verständnis.

Die Verbreitung und Anwendung sowohl der Sitzhaltung (Herrschaftsgeste) als auch des *lumen naturale* (Licht, Vernunft) finden in der Aufklärung und im elektrischen Stuhl[44] ihren Höhepunkt und destruktiven Abschluß. Nicht hingeworfen wie das abzuschlachtende Tier, sondern aufrecht in ziviler Haltung sitzend, an die Maschine des Stuhls gebunden und in deren Nervensystem integriert, erwartet der Verurteilte seinen Tod. In dem Bild wird die animalische Veranlagung des Verurteilten, die sich in der ungesetzlichen Tat äußert,[45] negiert, und die Gemeinschaft verhindert das individuelle Absinken eines Menschen ins Tierhafte und macht exemplarisch den Verdacht zunichte, dem Menschen könnten Qualitäten des Animalischen zukommen. Der durch die unterstellte verbrecherische Tat von der Gemeinschaft Abgefallene kehrt sitzend in die Gemeinschaft zurück und wird getötet. Alle zuvor genannten Eigenschaften, die sich im Stuhl und im Sitzen dem oberflächlichen Blick entziehen, drängen hier potenziert ins Bild: der absolute Triumph des Menschen und sein jäher Untergang. Selbst angesichts des Todes bleibt dem Verurteilten in einer Haltung,

Elektrischer Stuhl

die seine Untaten vergessen machen soll, der Ausdruck eines elementaren Triebs verwehrt. Er soll sterben, und er stirbt. Er stirbt in einer Zwangsapparatur, in der er zugleich als Bild und Symbol überlebt: als Homo sedens.

Prozesse des Mechanisierens und Differenzierens der dem Menschen äußerlichen Natur finden in den unterschiedlichen Ordnungen neuzeitlicher Philosophiekonzepte eine Parallele. Durch Reserviertheit und Zurückhaltung unbeweglich gewordene Glieder machen aus den organischen Leibern Automaten, und der Versuch, den leeren und abstrakten kartesianischen Begriff der *cogitatio* inhaltlich immer weiter zu differenzieren, scheitert. Die Differenzierung findet bei Hegel, der den ganzen Inhalt der Denkbestimmungen ermittelt zu haben meint, ihren Abschluß. Und bereits im 19. Jahrhundert drohen beide Prozesse umzuschlagen. Mit zunehmender Unbeweglichkeit vermag der menschliche Leib keine zusätzlichen Impulse mehr zurückzuhalten, während der Hegelsche Begriff der *cogitatio* keine weiteren Bestimmungen mehr faßt, ohne zu zerspringen. Hegel läßt schon durch den Kern seines absoluten Idealismus ein Materiebehaftetes durchscheinen, das in seiner unmittelbaren Nachfolge dem Idealismus entwächst. Kierkegaard, Marx, Nietzsche und Freud sind diejenigen Theoretiker, die sich der Praxis verpflichten und zu einem neuen Verständnis des Menschen beitragen. Der Beginn des Aufbrechens der Reserviertheit, der Kontrolle und des Gehemmtseins findet in der Charakterisierung des 19. Jahrhunderts als Zeitalter der Hysterie seinen Ausdruck.

Der Thron wird im Gegensatz zum elektrischen Stuhl aus Marmor, Holz oder Stein, der Stuhl zunächst aus Holz, dem Material des

Baums, gefertigt. Semiotisch betrachtet scheint im Stuhl eine vierfache Verwurzelung zu liegen. Bei näherer Betrachtung löst sich der Schein der erd- und baumhaften Bindungen auf und erweist sich als Projektion des sitzenden Individuums. Gegen jede Tendenz zur Verwurzelung bleibt der Stuhl das mobilste aller Möbel. So gesehen kann auch das Individuum als Möbel angesehen werden. Im Zustand der größten Mobilität, die der Mensch in der freien Beweglichkeit der Kräfte seines Geistes – nicht des Leibs – erlangt, wird der Mensch zum Bürger, der als Bürger nur Individuum sein kann. Aus diesem Grund gehören Individuum und Stuhl, nicht aber Bürger und Baum zusammen, denn Baum und Bürger sind einander entgegengesetzte, feindliche Wesen. Im Sitzen kommt der Mensch wieder zum Ursprung, zum Ausgangspunkt seiner Entzweiung mit Gott zurück. Während sich im Stuhl Bilder von Erkenntnis und Holz verdichten, liefert der Baum der Erkenntnis auf eine zweifache Weise das Material für den Stuhl: als stoffliche Substanz und als Medium zur Ausbildung der neuzeitlichen Erkenntnisform. Allerdings befindet sich der Mensch bei dem erneuten Frevel Gott gegenüber in einer günstigeren Position. Er hat seine in der jüdischen Paradieskonstruktion ausgesetzte Gottähnlichkeit aufgehoben und sich auf den Gottesthron gesetzt und kann das Maß der Strafe für eigenes sündhaftes Tun selbst dosieren.

Jeder in Erkenntnis investierende Mensch befindet sich in der Untat in Gemeinschaft mit dem zum Tod auf dem elektrischen Stuhl Verurteilten. Vielleicht nicht in der schroffen Gleichheit, in der die Erkenntnis des einen mit dem Mord des anderen identisch wäre, aber immerhin so, daß die Gesellschaft beide Taten ideell aufhebt, indem sie diese als Untaten, als ungetane und sogar als unausführbare Taten, deklariert. Erkennen scheint sowenig ein Handeln zu sein wie ein Mord. Allerdings birgt die Möglichkeit der Selbstbestrafung ein unkontrollierbares Moment. Es besteht darin, das Maß der Bestrafung entweder zu groß oder zu klein zu bemessen.

Mit dem *cogito, ergo sum* und der geometrischen Abbildbarkeit natürlicher Vorgänge liefert Descartes die Möglichkeit, Natur auf ihre quantifizierbaren Aspekte, und, von jeweiligen Besonderheiten abstrahiert, auf inhaltsleere Formen und bloße Größen zu reduzieren. Gleichgemacht ist Natur ein Meer ununterscheidbarer Quantitäten, so daß es möglich erscheint, daß die menschliche Welt eines Tags nicht dem Wärmetod, sondern dem Tod durch die abstrakte Gleichheit von allem mit jedem erliegt. Der Quantifizierbarkeit unterworfen, wird der Mensch seiner Impulse beraubt, haltlos und manipulierbar. Während der Stuhl durch seine neue Ordnung die Haltlosigkeit überwinden soll, erzeugt das Sitzen gerade das, was dem Menschen bis dahin nicht gelang: anderes als Natur, nämlich eine künstliche, eine perfekte Welt zu schaffen.

Wie die Sitzhaltung ein treffendes Zeichen neuzeitlicher Begriffe der Philosophie darstellt, so bilden umgekehrt diese Begriffe, die nicht in sich selbst gründen, abstrakte Ordnungen des Sitzens.

Der Denker des Vollkommenen und einer abstrakten Begrifflichkeit ist ein Philosoph des Stuhls, ist Johann Gottlieb Fichte. Er sagt: »Ich setzt sich« und »Ich setzt Nicht-Ich«. Aber Ich setzt auch die gliedernden Instanzen innerhalb des Ich, und so wie das sitzende Subjekt muß nach Fichte auch das Wissen »in sich ruhen«. Fichte nennt die Setzung Tathandlung, wobei Ich den Inbegriff von Geist, Wille, Glaube und Sittlichkeit bildet. Einerseits setzt das Ich Geist und Wollen, andererseits setzen erst die wollenden Instanzen das Ich, wodurch das *Setzen* ein geistiges Subjekt etabliert, das als Sitzen sich geistigen Prozessen hingibt und sich gegen alles Leibliche abschotten will. Daß für Fichte die subjektive Vergeistigung oder die geistige Subjektivierung eine Tätigkeit bedeutet, mag ein Hinweis auf den sedativen Zustand des Ich sein, vor allem aber macht es deutlich, daß es sich bei dem Ich um ein bürgerliches Ich handeln muß, nicht um ein allgemein menschliches. Schopenhauer zeichnet listig an den Rand seines Quartheftes neben den Satz »Ich setzt sich« einen Stuhl, und Carl Schmitt glaubt zu wissen, daß jeder Ich-Verrückte im Nicht-Ich seinen Feind wittert.

Die Nähe von Fichte zu Stuhl und Holz zeigt sich nicht nur solcher Sätze wegen. Er hat sie zu einem Zeitpunkt formuliert, an dem sich das Bürgertum als Klasse setzen will: Um 1800 nimmt der Bürger endgültig den Stuhl an, in sich hinein, und 1794 wird erstmals Fichtes *Wissenschaftslehre* veröffentlicht. Fichte, Denker und geistiger Vollender des Setzens, führt als Philosoph des Stuhls das Sitzen auf den zeitgemäßen Punkt und bringt den Homo sedens als Metapher und metaphysisches Bild zu einem geistigen Abschluß. So haben die neuzeitlichen Begriffe der Philosophie ein Fundament in der leiblichen Konstitution des Sitzenden sowie in den mit dem Sitzen gewonnenen Ordnungen des Sozialen, Spirituellen und Proxemischen.

Mit der Darlegung des Bürgers als Homo sedens steht endlich der anthropologische Stuhl fertig vor uns. Rückenlehne, Sitzebene und die vier Beine sind gezeichnet. Das vierte Bein hat erläutert, wie sich die Übergänge vom Königsthron und vom Chorgestühl zum bürgerlichen Stuhl vollzogen haben, wie die im 2. und 3. Kapitel dargelegten Fundamente des Sitzens realisiert wurden und wie das Sitzen die Bürger und deren politische und religiöse Ordnung mitgestaltet hat. Was vom Stuhl noch zu beschreiben bleibt, ist der imaginäre Fußschemel, das Bild der Metamorphose des Raums und des Wollens. Für einen Moment dient der Schemel dem Sitzenden als kulturelle Basis der Füße. Er löst sich aber rasch auf, verschwindet, geht mit dem Untergrund eine innige Verbindung ein, weitet sich ins Unendliche und wird den Füßen zum gleichsam naturhaften Boden: ein Bild für den Wandel der menschlichen Sinnlichkeit. Vom Fußschemel aus, der als Mosaik gestaltet ist, werden im 7. Kapitel von verschiedenen Ausgangspunkten aus (von der Industrie und der Philosophie, vom Wahn und von der Literatur, der modernen Nomadologie und der religiösen Vision) Expeditionen unternommen, um die sedierenden Wirkungen des Sitzens zu veranschaulichen, die den Homo sedens zum Homo sedativus umgestalten.

7. Kapitel
Der Bürger als Homo sedativus

Die Humanisierung des Baums zum Stuhl

Der Homo sedativus, die fortgeschrittene und durchgebildete Gestalt des Homo sedens, ist die Spezies, die sich freiwillig unter den Fuß beugt, den sie sich selbst auf den Nacken setzt. Und der Stuhl ist das Gerät, das den Kreis der Instinkte erweitert, aber auch um ein kleines Stück verengt. Wer sitzen will, will angepaßt und regelhaft wie das Tier sein und will zugleich den Menschen überwinden. Im Stuhl greift der Mensch nach unermeßlicher Freiheit, vor der er sitzend zurückschreckt.

In der Umgestaltung des Homo sedens zum Homo sedativus wird deutlich, daß die Qualitäten, die den Homo sedens charakterisieren, lediglich Sehnsüchte und Phantasien sind. Nicht weil sich unterhalb der sedativen Schichten Unruhe und Wildheit erhalten hätten, sondern weil aus deren aggressivem Potential die selbsterhaltenden Komponenten infolge der Sedierung mehr und mehr eliminiert sind und die destruktiven Elemente die Oberhand gewinnen. Was der Homo sedens verspricht, kann der Homo sedativus nicht halten.

Im selben Maß, wie der christliche Gott seit Beginn der Neuzeit dekomponiert und im 19. Jahrhundert noch einmal radikal in Frage gestellt und in die entgegengesetzten Elemente des milden sowie des unerbittlich rächenden Christus zerlegt wird, gewöhnt sich das Bürgertum an den Stuhl und nimmt im 19. Jahrhundert endgültig Platz.

Schopenhauer betont die starke Seite eines gottähnlichen Prinzips, einen übermächtigen und unausrechenbaren kosmischen Willen, dem alles Lebende ausgeliefert sei. Der Mensch soll die opfernde Seite Gottes annehmen, will er göttlich sein. Nietzsche dekretiert, daß es keinen Gott mehr gebe. Dieses freie Feld von Möglichkeiten sei zu nutzen. Der Mensch soll die mächtige Seite Gottes annehmen, wenn er göttlich sein will. Der wahnsinnige Schreber hält beide Momente zusammen und wähnt, diese in sich zu tragen. Er versteht sich als Bürger und als Gott, als Opfer und als Mächtiger. Der Mensch soll beide Komponenten in sich vereinen, will er göttlich sein. Beckett führt die Tendenzen an ein Ende. Er bindet die These Nietzsches, daß es keinen Gott mehr gebe, an die Schopenhauersche, daß man resignieren müsse, und

Herstellung eines Stuhls im Bugholzverfahren (Technisches Museum, Wien)

verknüpft wie Schreber die starken mit den schwachen Komponenten. Doch die Möglichkeiten zu einem gottähnlichen Dasein sind verbraucht. Dennoch soll der Mensch die opfernde Seite Gottes annehmen, wenn er auch verloren ist.

Mit den Thonets[1] tritt eine Handwerkerfamilie auf den Plan der Geschichte, um Bäume und Holz in riesiger Menge zu verschlingen und in gewandelter Form wieder auszuspucken. In einem Bugholztechnik genannten Verfahren wird Buchenholz einer rabiaten Prozedur unterzogen. Es wird zerrissen und gesägt, feucht gemacht und erhitzt, gestaucht, geformt, ausgetrocknet und verleimt. Die neue Form und Idee ist der Wiener Caféhausstuhl. Das Schicksal, das die Buche hier erleidet, gleicht dem Schicksal, dem Könige unterworfen werden. Ähnlich wie sich das Material Mensch in den Stuhl zwängt, wird das Material des Stuhls im Bugholzverfahren gezwungen. Das in Furniere zersägte Holz wird unter enormem Druck feucht gemacht, in Leim gekocht, gepreßt, mit Hilfe von Maschinen gebogen, in Formen gebracht, getrocknet und schreinermäßig bearbeitet. Später nimmt man Massivholz, weicht es auf, staucht Fasern, die absplittern könnten, in entsprechenden Apparaturen, biegt es in die Formen der Einzelteile des Stuhls und läßt es in Formschablonen austrocknen. Dem getrockneten Leim der frühen Technik, dem die späteren Stauchvorrichtungen ver-

Stuhl von Michael Thonet (um 1859)

gleichbar sind und der die Funktion ausübt, das Zurücklaufen des Holzes in seine ursprüngliche Form zu verhindern, entsprechen innere Zustände des Sitzenden. Dieser bedarf eines Klebstoffes, soll er seine Form beibehalten, nachdem er die Prägeform Stuhl verlassen hat. Sein Leim liegt in der Formbarkeit der menschlichen Physis. Endgültig ausgehärtet ist sein Leim, wenn sich physiologische Formen mit einer entsprechenden geistigen Struktur verklebt haben.

Das Naturprodukt Holz wird seiner charakteristischen Formen und Qualitäten beraubt und in eine Künstlichkeit überführt, die der des Sitzens gleichkommt. Die Idee des Stuhls, das Werkzeug zur Verfeinerung menschlichen Rohstoffes, siegt über die Idee des Baums, und in dramatischen Inszenierungen wird die ältere durch eine höhere Idee überwunden. Buche und Mensch werden nicht nur vom selben Wollen erfaßt, sondern auch ähnlich durchgeformt. Die Resultate der Gestaltung sind Stuhl und Homo sedens (Bürger). Als Material und Form geht der Mensch in den Homo sedens ein und macht den Bürger zur *humanen* Form des Menschen. Als Material und Idee geht der Baum in den Stuhl ein und macht den Stuhl zur *humanen* Form des Baums: zwei Variationen auf das christliche Kreuz.

Um 1800 erfaßt das Sitzenwollen der bürgerlichen Massen den Stuhl, der seinerseits die Massen zum Sitzen verführt. Der Stuhl ist die Sehnsucht des Gesäßes nach einer Unterlage und das 19. Jahrhundert die Epoche, in der sich der Mensch setzt. Das Jahrhundert innerer Uniformierungen beginnt. Alle, auch die niederen Schichten, sollen und wollen seßhafte Bürger werden, denn erst mit dem Sitzen der Masse realisiert sich die Seßhaftigkeit. Der Prozeß ist dreifach gegliedert: Der Stuhl als Statussymbol gehobenen, gottgleichen Daseins dringt in alle Gesellschaftsschichten; der Wille zum Sitzen – das Bedürfnis, nach Art der Könige geformt zu werden, um die menschlichen Qualitäten erweitern und verengen zu lassen – erfaßt auch die Menschen, die bisher nur gelegentlich saßen; im Stuhl ergreift der Wille der Gesellschaft Besitz von Seele und Leib des einzelnen und bringt beide in ein spezifisches Verhältnis zueinander.

Langfristig lassen sich Ordnung und Disziplin nicht mit äußerem Zwang halten. Die Erziehung zum zivilen Menschen bedarf der Mittel, die das Bezwingende im Erziehungsverlauf von außen nach innen verlegen: Stühle stellen hierzu das allgemeinste Mittel dar. Da Sitzen eingeübt werden muß, sind die Kinder Europas, wo die Schule die zentrale Institution wird, um den Menschen zum Homo sedens und Homo sedativus umzugestalten, Erben von Mönch und König. Nach Moshé Feldenkrais ist ein wachsender Organismus eine Struktur in Funktion, und wozu sich Menschen machen, bestimmen Form und Maß ihres Funktionierens. Unter den Effekten von Atemreduktion und Muskelverspannung wächst das Kind in den Stuhl hinein, der den gedeihenden Organismus streng einfaßt und allmählich zur Sitzhaltung formt. Das Sitzen hat die Eigenschaft, alle Reizregionen, die das Lernen stören, die nicht dem bloßen Speichern und Kombinieren der Vorgänge der Großhirnrinde dienen, gut abzuschirmen. Kinder sitzen früh, aber bereits Jugendliche sitzen oft länger, als sie stehen, gehen und liegen, und wer die Schule verläßt, ist, was immer er später tun wird, ein Sitzender. Durch die Kinder hindurch schiebt das Bürgertum die Qualitäten von Isolation und Beruhigung vom Mönch und König auf den einzelnen, bis die Schulpflicht den Prozeß festigt. Aber der Zwang gilt nicht der Schule und den in ihr vermittelten Inhalten, er gilt dem Sitzen. Das Sitzen des einzelnen erhöht das sedative Maß des Einzelkörpers, aber erst der Sitzzwang in der Schule vermag den Gesellschaftskörper auf ein extremes Niveau der Sedierung anzuheben. Während die Gemeinschaft den König thronend begrenzt und seine Wirksamkeit kontrolliert, lernen Schüler sitzend in gegenseitiger Begrenzung Selbstkontrolle. So heißt Schule die Instanz, die sedative Strukturen früh legt, damit die Gesellschaft in der Verbesserung der menschlichen Beschaffenheit zügig vorankommt. Dabei differenziert das Maß der Sedierung das Gestühl. Je ausgiebiger wir uns den prägenden Einflüssen des Sitzens hingeben, desto größer und mächtiger die Stühle, mit denen die Gesellschaft uns aufnimmt: Vorsitze, Chefsessel, Lehrstühle und der Heilige Stuhl.

So steht hinter dem historischen Bildungsprozeß der Institution Schule das allmähliche Zurücknehmen des äußeren Zwangs. Es ist der

Stuhl, der den Abbau möglich macht, weil er Formen und Maße von Strafen birgt, deren Urheber unbekannt sind, da der Stuhl als Gegenstand kein handelndes und strafendes Subjekt wie Eltern oder Lehrer darstellt. Es ist das schlichte Objekt Stuhl, das dem Kind Handlungen und Haltungen befiehlt, ohne daß ein Stachel (Elias Canetti) zurückbleibt. Was bleibt, ist die Lust am Sitzen und damit die Lust an der Hemmung sowie das Weitergeben des Befehls an andere, zu sitzen. In der Lust am Gehemmtsein wandeln sich die Schüler allmählich in selbstregulierte Systeme, die keiner Kontrolle von außen mehr bedürfen. Das Erziehungsideal der Gesellschaft hat sich zum Ideal und zum Wollen ihrer Kinder verschoben.

Zwar erheben sich früh kritische Stimmen zum Sitzen, in denen sich die moderne Orthopädie ankündigt, aber man erörtert lediglich die strittige Frage nach der korrekten Schulbank und unterscheidet ein richtiges vom falschen Sitzen. Die Haltung des sitzenden Kindes bleibt Randphänomen, da man als natürliche und kindgerechte Norm das rechtwinklige Sitzen mit straff aufgerichtetem Oberkörper unkritisch zugrunde legt. Die über längere Zeit nicht haltbare Position aufrechten Sitzens soll mit Hilfe von vielerlei Apparaturen unterstützt und erzwungen werden.

Von der Anschauung her vermittelt das zum Stuhl gebogene Endprodukt der Familie Thonet eine Analogie zum Resultat sitzender Tätigkeit. Die bis heute gefertigten Wiener Caféhausstühle offenbaren durch ihr geringes Gewicht Illusionen von Freiheit und durch ihre reduzierten Abmessungen Illusionen ästhetischer Leichtigkeit. Solche Freiheiten kommen in den Charakterisierungen der ersten Wiener Caféhäuser Griensteidl und Daum zum Ausdruck. Man nennt sie Feentempel, Café Größenwahn oder Zweites Parlament, und sie sind Wechselstuben für Gedanken und Pläne, Orte des spirituellen Austausches.[2] Man trinkt hier weniger Kaffee, als man diskutiert und sich informieren läßt. Eben auch von der Seite des Stuhls her. Schnell werden die Cafés zu geistigen Mittelpunkten des kulturellen Wien, von wo aus sich das Sitz-Interieur des Caféhauses über die ganze Welt ausbreitet.[3] Das Geistige des kulturellen Treibens veranschaulicht der Bugholzstuhl in seiner Formgebung, in seiner Grazie von Stofflichkeit und Form sowie in der Absetzung von allem nostalgisch Historisierenden. Es kommt nicht auf Herkunft, also Adel, sondern auf Modernität, also Bürgerlichkeit, an. Die Erschwinglichkeit für einen großen Kreis von Menschen und das Ungewöhnliche und Neue seiner Form machen den Caféhausstuhl schnell zu einem Massenprodukt. Von da an entwickelt sich das Sitzen zu einer Haltung des Alltäglichen, zu einer Gebrauchshaltung, die allmählich zur Norm wird und unaufhaltsam in alle gesellschaftlichen Tätigkeits- und Kulturbereiche eindringt.

Das Bugholzverfahren kann angewendet werden, weil Buchenholz vielfältig formbar ist. Auch der Mensch läßt sich im Sitzen formen und bilden, weil seine Physis eine dynamische Struktur besitzt und unterschiedliche Formungen aufnehmen kann. Unter dieser Bedingung kann man auch die Kunstform des Sitzens als natürliche Haltung ansehen, als eine Möglichkeit menschlichen Verhaltens. Allerdings dieselbe Art Natur, wie Technologie und Industrieprodukte Natur sind. So scheint es, Michael Thonet, der Erfinder des Bugholzverfahrens, habe lediglich hingeschaut und überlegt, wie der Stuhl mit sitzenden Päpsten und Königen verfährt und in welche inneren Leim- und Leibverhältnisse von Dehnung und Stauchung, Spannung und Erhitzung diese dabei gebracht werden. In dieselben Verhältnisse will er nun mit seinem erschwinglichen Möbel Massen von Menschen bringen. Von den nahezu vier Millionen Stühlen, die die Firma Thonet in den Jahren 1850 bis 1870 produziert, bleibt ein Drittel in Österreich, der Rest wird in alle Welt exportiert, als Boten einer neuen Zeit und eines neuen Menschentyps: des Homo sedens. Nicht der öffentliche Platz ist es, an dem sich der Mensch zum Massenwesen umgestaltet, es ist die beengte Stätte des Stuhls.

Was Michael Thonet praktisch umsetzt, sind Vorstellungen, die Schopenhauer metaphysisch faßt. Die eine (göttliche) Vernunft, das beherrschende Prinzip der Aufklärung, wird bei Schopenhauer zu einem Instrument, das dem selbsterhaltenden Wollen untersteht. Der Wille, der sich alles zu Diensten macht, zwingt das Leben in ein Pendel zwischen Leiden und Langeweile.[4] Jede Erfahrung, das Vorstellen eines Objekts für ein Subjekt, kann das Objekt nur gemäß den Verstandesformen des Subjekts von Raum und Zeit, Kausalität und Grund fassen. Das selbsterhaltende Wollen bindet sich mit Notwendigkeit an die Form, die das konstituiert, was wir Vorstellung und Erfahrung, Subjekt und Individuum nennen. Der kosmische Gesamtwille (Kants Ding an sich) arbeitet unablässig nach dem *principium individuationis* aus sich die unterschiedlichen organischen und dinglichen Erscheinungsformen heraus.

Der Einzelwille drückt sich unmittelbar in den Bewegungen des Leibs aus, der dem Menschen auf zwei Weisen gegeben ist: als Objekt der Außenwelt und in der Selbstwahrnehmung als Denken, Fühlen und Wollen. Da Leben *per se* Leiden ist und jedes Leben als manifestierter Wille der Kausalität unterliegt, wird das Heraustreten des Subjekts aus der Daseinsweise seiner individuellen Gestaltung zur Bedingung der Aufhebung des Leidens. Hierzu seien Kunst und Askese die beiden Wege.

Im kontemplativen Versenken in Werke der Kunst entsagt das Subjekt dem Wollen und hebt damit die Abhängigkeit von den Verstandesformen auf. In ihm fallen die Formen der Erfahrungswelt auseinander. Dieses begierdefreie Anschauen gilt Schopenhauer als einer der beiden Wege zu wahrhafter Erkenntnis, da es frei von den Verzerrungen der Wahrheit durch die Kategorien von Raum und Zeit sei. Sie erfasse die immergleichen Formen, die Ideen, die Urbilder aller Dinge,[5] die derselben Ebene der Objektivation des Willens angehören. Als Erkenntnisform erhält die Kunst den Primat vor der Philosophie, weil sie sich auf Begriffe stützt, die auf Anschauung gegründet sind. Das Wesen der Kunst liege außerhalb von Raum und Zeit, und die Basis aller Erkenntnis sei Anschauung. So kann die jenseits des Verstandes liegende Erkenntnis zum Quietiv, zu einer besonderen Form der Sedierung, werden und das Leben über die Alltagserfahrung hinausheben.

Da sich im Individuum ein Wollen objektiviert und ausdrückt und das Individuum selbst Wille ist, gründe eine Befreiung vom Leiden in der Verneinung des Willens zum Leben. Die Erlösung vom Hin und Her zwischen Langeweile und Leid liege im Aufgeben unablässigen Getriebenwerdens zu immer neuen Bedürfnissen und Zielen, liege in Resignation und Mortifikation jeglichen Wollens, im Leben des Heiligen. Allerdings untersteht diese Fähigkeit nicht dem individuellen Wollen, sondern der Gnade. So baut sich der Schmerz an der Welt erst in der Entsagung, in der ein zusätzliches Leiden liegt, erst in der Verdoppelung des Leidens, ab. Das Leben aller Kreatur ist Verdammnis, allein der Mensch kann Erlösung erlangen: in der Mortifikation des Lebens selbst. Auf diese Mortifikation und jene Erlösung zielt das Sitzen.

Die Gedanken Schopenhauers bewegen sich in einem Zwiespalt. Die Entsagung verhindert, daß der Wille unangefochten seine zerfleischenden und unergründlichen Kräfte ausarbeiten kann. Allerdings werden mit der Verneinung des Willens zum Leben nur erneut schärfere Formen der ordnenden Verstandestätigkeit erzeugt. Wie aus dem Streit niederer Formen höhere entstehen, so verschlingen stärkere Ideen schwächere. Leben ist beständiges Ringen um Materie, Form und Macht. Während einer Tierart die Pflanze als Nahrung dient, kann sie selbst zur Beute und Nahrung eines stärkeren Tiers werden. Das Tier erlangt sein Dasein dadurch, daß andere abtreten.»Wo ein Lebendes atmet, ist gleich ein anderes gekommen, es zu verschlingen, und ein Jedes ist durchweg auf die Vernichtung eines Anderen wie abgesehen und berechnet.«[6] Jede Natur hat ihre spezifische Form und befindet sich in einem permanenten Krieg mit anderen Kräften. Eine Kraft erbeutet eine andere, um wiederum einer dritten als Nahrung und Mittel eigener Formgebungen zu dienen. Am Ende schlägt die stärkere ihre Zähne auch in diese. Es ist der eine kosmische Wille, der sich im Kampf der konkreten Einzelwillen von Beute und Jäger, von Individuum und Gesellschaft oder Mensch und Stuhl selbst zerfleischt. Der Stuhl ist der Jäger des Menschen. Der Maler Georg Baselitz hat in seinen Kopf-nach-unten-Figuren diesem Gedanken Ausdruck verliehen. Im Angewachsensein auf dem Stuhl haben sich die Perspektiven vertauscht: der Stuhl hat auf dem Menschen Platz genommen.

Ressentiment und Sitzen

Der Wille zum Stuhl findet im Leib des Sitzenden sein widerstreitendes Prinzip. Den Neigungen des Leibs und dem Wollen zum Leben steht die Neigung des Willens zum Sitzen konträr gegenüber, denn Sitzen heißt Sterbenwollen. Aber nicht bloßes Absterben, sondern geformtes, stufenweises, ästhetisches Hinscheiden, ein Sterben aus tiefem Leid und aus dem Genuß an diesem Leid. Im Stuhl greift ein gesellschaftlicher Wille über sich hinaus ins Wollen und in den Leib der einzelnen Träger der Gesellschaft. Das lebendige einzelne will seine Kraft verausgaben, aber der Gesamtwille steht dem Einzelwillen des ins Sitzen Einzuübenden entgegen, ordnet sich diesem unter und formt ihn. Pädagogen und Orthopäden erachten es als Gewinn, wenn Kinder früh gebändigt und gesetzt werden. Kinder sind Setzlinge im Kindergarten, menschlicher Rohstoff, der des Trainings und der erzieherischen Zurichtung bedarf. Der Zweck liegt im Geradegezogenen des Leibs und im Rechtwinkligen der Seele. Frühzeitiges Setzen läßt einen Willen zu systematischem Ziehen und Längen, zum Beugen unter einen Gesamtwillen erkennen. Der Stuhl schneidet nicht nur in die Physiologie, sondern zähmt und formt auch den Willen der einzelnen, um ihn dem der Gemeinschaft zu unterwerfen. Mit dem 19. Jahrhundert nimmt der Stuhl seine massenhafte Umarbeitung des Menschen zum Homo sedativus auf. Wenn die Einübung ins Sitzen zu stabileren Leibes- und Sozialstrukturen geführt hat, wird das Sitzen allmählich zum Bedürfnis. Wenn sich die Menschen freiwillig setzen, hat die Gesellschaft über ihre einzelnen Glieder gesiegt und sie zu Individuen umgestaltet. In der Lust am Sitzen zeigt sich eine individuelle Lust, die den verinnerlichten Gemeinschaftswillen repräsentiert. In ihr hat sich das vereinzelte Wollen selbst zerstört. Doch nur scheinbar freiwillig, denn hinter der Lust steht ein gebändigter und gefügig gemachter Wille: Im Sitzen treten Individuum und Gemeinschaft auseinander, um sich sehr nahe zu kommen.

Im Sitzen wächst eine Geistigkeit, die sich zunehmend in feste Ordnungen differenziert. Ihr Ideal liegt in der Abstraktion von leiblichem Fühlen und Tun, die bis heute alle Hoffnungen an eine Aufgeklärtheit des Menschen gespeist hat. Schopenhauer, dem der Leib als Verkörperung eines individuellen und das Individuum als Objektivation eines kosmischen Willens gilt, bindet die Vernunft an den Willen und an den Leib. Er widerspricht vehement dem Grundsatz der Aufklärung, man könne den Willen und die tierischen Triebe im Menschen durch Vernunft zähmen. Aber auch er glaubt, man könne der Triebe Herr werden, nicht mit Hilfe der Vernunft, sondern mit Mitteln der Kunst in der völligen Entsagung des Wollens. Bedenkt man die Askese, die hinter den Idealen Schopenhauers und denen der Aufklärung steht, unterscheiden sie sich nur der Form, nicht der Sache nach, denn beide zielen auf die Beherrschung eines unberechenbaren Wollens.

Schopenhauer spricht negativ vom Sitzen, verkennt aber die Parallele zwischen der bürgerlich-asketischen Lebensform und der Seinsweise des Sitzens. Das Leiden an der Welt soll in der Askese überwunden werden, doch der Preis heißt Verdoppelung des Leidens. Im scheinbar ausgeschalteten Wollen erhält das sinnlos leidvolle Dasein einen neuen Sinn, und das Leiden in der Form selbstauferlegter Askese wird zum Mittel der Erlösung vom Leiden am Dasein. Aber worin liegen die Möglichkeiten, Leiden mit Leiden zu erlösen? Der Sinn liegt darin, daß das selbstauferlegte zusätzliche Leiden eine Lust enthält, die größer als das zweifache Leiden ist. Solche Art von Lust resultiert aus einer in der Askese ruhenden Möglichkeit besonderer Formen des Tötens. Sie liegt in der Macht über das Eigene, wenn das Bezwingen des Fremden unmöglich wird. Die Lust liegt in der Zerstörung des Leibs und im Aufbau und Differenzieren geistiger Vermögen, dem Aufstieg zu einem überhöhten Leib und der Chance, in die Gemeinde Christi aufgenommen zu werden. Der neue Sinn kommt aus dieser Lust, nicht jenem Leiden. Erst wenn das Leiden verinnerlicht ist, kann es zur Lust werden. Es ist die Lust am Bauen und Zerstören im Außen, das von außen abgelenkt nun im Innern baut oder zerstört. Der überhöhte oder physiologisch gehemmte Leib wird zum Bestimmungsort einer Strategie der Lust am Leiden. Zugleich wird in der Verdoppelung des Leidens auf eine Beschleunigung abgezielt, von der schon Meister Eckhart zu sagen weiß: »Das schnellste Tier, das euch zur Vollkommenheit trägt, ist Leiden.«[7] Erzeuger dieses geschwinden Tiers ist der Stuhl.

Mit der Verbürgerlichung werden menschliche Kräfte zersplittert und neu gefügt. Die Richtung, in der sie verausgabt werden, hat sich gewendet. Die nach innen arbeitenden Kräfte des Wollens, die sich gegen ein ungeformtes Ausbrechen der Triebe stemmen, prägen an der Naht von Innen und Außen eine Form von Macht, die der Nach-innen-Gerichtetheit folgt und zum Modell für das Verhalten gegenüber der Welt wird. Die Macht, die sich hier ausbildet, ist das Vermögen der Individuen, sich aus freiem Willen zu begrenzen. So sind die Formen, in denen der Mensch gegen die eigene Physis und Psyche arbeitet, dieselben, mit denen er der Natur oder anderen Menschen begegnet. Die Form des Kriegs gegen den oder das Andere(n) liegt im umfassenden und systematischen Zugriff. Zertrümmerte Leiber und ausgebrannte Hirne sind gleichermaßen Bilder kriegerischer Feldzüge, einseitiger Ausnutzungen von Natur und der inneren Zerrissenheit der Subjekte. Auch die Bedrohung der nichtmenschlichen Natur muß als nach außen gewendeter Prozeß innerer Verfestigungen angesehen werden. In den Prozessen rheumatischen Reißens, das sich zwischen Stuhl und innerer Mechanisierung des Sitzens ereignet, erstarrt der Mensch.

Zwischen die Instanzen von Wille und Trieb schiebt Nietzsche den Begriff des Ressentiments, dem er den Gedanken zugrunde legt, daß Instinkte, die nicht nach außen treten, sich nach innen wenden, verinnerlicht werden und sich allmählich zu dem auswachsen, was wir Seele nennen. Der Mensch des Ressentiments agiert Reaktionen nicht mehr aus, er fühlt (*sentire*) sie deshalb, fühlt sie nach (*re*). Der moderne Abendländer ist ein Nachfühlender, der nicht vergessen kann.

Das Vergessen gilt Nietzsche als ein positives Hemmungsvermögen, als eine ausheilende Kraft, die das Bewußtsein von den unbewußten Strukturen trennt. Er unterscheidet eine psychische Instanz, die Erregungen aufnimmt, ohne sie festzuhalten, von einer anderen, die Erregungen als dauerhafte Spuren eingraviert. Würde der Mensch nur auf die fixierten Erinnerungsspuren reagieren, wäre er für neue Situationen schlecht angepaßt, da zur Anpassung eine freie Reaktion auf aktuelle Reize gehört. Erst ein solches Vermögen schließe Vorgänge ab, heile sie aus und mache so etwas wie Hoffnung, Glück, Heiterkeit oder Gegenwart erfahrbar. Dagegen steige beim nachfühlenden Charakter die Gedächtnisspur ins Bewußtsein und verschmelze aktuelle Reize mit Erinnerungen und vermöge nicht mehr auf die aktuelle Erregung zu reagieren. Dies nennt Nietzsche das aktive Aussetzen des Vergessens oder das Nicht-mehr-vergessen-Können. So muß der Mensch ein hohes Maß an Energie aufbringen, um die Spur der Erregung zu besetzen, da er nur noch auf fixierte Bahnen reagieren kann und will.[8]

Nietzsche unterscheidet in bezug auf die Fähigkeit, vergessen zu können, die beiden Menschentypen Sklave und Herr. Der aktive Charakter, der Herr, zeichnet sich durch allgemeine Vergeßlichkeit und die Macht aus, reaktive Kräfte zur Wirkung zu bringen. Den reaktiven Charakter, den Sklaven, zeichne ein ungewöhnlich gutes Gedächtnis aus, die Macht des Ressentiments. Aber die reaktiven Kräfte seien nicht passivisch, sondern auf ihre gehorchende Weise ebenso stark wie die aktiven. Allerdings nur unter der Voraussetzung, daß sie ihrer Bestimmung gemäß ausagiert werden. Wenn der sklavische Mensch die reaktiven Kräfte passiv zurückhält und sich zum Herrn aufschwingt, entsteht der Charakter des Ressentiments.

Das zur Vergeßlichkeit komplementäre Prinzip ist das Gedächtnis, das Nietzsche das Nicht-wieder-loswerden-Wollen nennt. Mit ihm läßt sich das Vergessen für besondere Fälle blockieren. Infolge des Fixierens besonderer Erlebnisse läßt sich zwischen einem »Ich will...« und dem Ausagieren dieses Wollens in einer Handlung eine Welt fremder Dinge und neuer Willensakte einschalten, ohne die Kette des Willens zu sprengen. Ideen, die nicht ausgelöscht werden, sondern einmal eingraviert gegenwärtig bleiben sollen, lassen sich über besondere Verfahren dauerhaft machen. Eine solche Prozedur ist die Bestrafung für das Nichteinhalten von Vereinbarungen. Im Fall des Vertragsbruchs schneidet sich der Gläubiger einen für angemessen erachteten Teil vom Leib des Schuldners. Daß solche Äquivalenzen je aufgestellt wurden und Gültigkeit besitzen konnten, liegt Nietzsche zufolge in dem Genuß, den das Leidenmachen verursacht. Während die Schuld in solchen Fällen abbüßbar ist, läßt sich die Schuld gegenüber Ahnen schwerer abwägen. Sie wird um so größer, je mächtiger die Ahnen waren. Man kann sie aber nie ganz abtragen. Das Maß der Schuld könne so stark anwachsen, daß die Macht der Ahnen wie im Fall des christlich-jüdischen Gottes überhandnehme und zu Selbsthaß und Selbstunterdrückung führe. Mit der in der Schuld angedrohten Strafe lassen sich Ideen aus dem spirituellen Vorrat einer Gemeinschaft herauslösen und in asketischen Prozeduren des Strafens und rituellen Formen des Lebens unvergeßlich machen.[9] Mit dem Sieg über das unbekümmerte Ausleben innerer Impulse würden die reaktiven Kräfte hervortreten, die aktiven niederhalten und den Menschen des Ressentiments ausbilden. Die Ängste vor dem übermächtigen christlichen Gott sind bis heute unausgelöscht, so daß die mit ihnen verbundenen Ideen noch wirken und den nervösen intellektuellen Menschen, den die Ideen hypnotisierten und leiden machten, hervorbringen konnten.

Nietzsche nennt das, was Schopenhauer die Verneinung des Willens zum Leben nennt, den Weg zur Wahrheit und inneren Ruhe oder den Willen zum Nichts. Für ihn stärkt dieser Nihilismus die reaktiven Kräfte, die das Ressentiment, den Geist der Rache hervortreiben. Und gerade Schopenhauer, der Philosoph mit dem sensiblen Einfühlungsvermögen sowohl für die allgemeinen als auch die besonderen Gestalten der Natur, zieht als Konsequenz aus dem Leiden an der Welt die Verlängerung dessen, was die christliche Welt schon immer tut: das Leiden auf Kosten des Lebens überwinden. Die Überwindung des Menschen, von der Nietzsche spricht, ist dagegen gerade die Überwindung von Ressentiment und schlechtem Gewissen, die Umkehrung dessen, worauf Schopenhauer abzielt. Nicht Starke, sondern Ohnmächtige und Gedrückte sehen ihr Glück als »Narkose, Betäubung, Ruhe, Frieden, ›Sabbat‹, Gemütsausspannung und Gliederstrecken«.[10] Der Mensch des Ressentiments ist weder naiv noch aufrichtig, seine Seele schielt, sein Geist liebt Verstecke, Schleichwege, Hintertüren und Schlupfwinkel. All das dient der Absicherung nach außen. Er lebt als Burgensucher aus der Angst heraus und versteht sich auf das Kleinlaute, auf das Schweigen und Nichtvergessen, das Warten und Sichdemütigen. Er ist klüger als der Vergeßliche und Starke. Die zivilisierte Welt besteht aus einer hochkultivierten, aber matten Menschheit, die sich in ihrer Gleichheit und Mittelmäßigkeit, ihrer Verknechtung und Bezwingung selbst verhöhnt und verachtet. Der zivile Mensch krankt an seinem Wollen: »Willenslähmung: Wo findet man nicht heute diesen Krüppel sitzen.«[11] Es fehlt die Kraft zu wollen, einen ganzen Willen lang zu wollen. Leben heißt für Nietzsche vor allem Egoismus, Unterdrückung, Überwältigung, Verletzung, Aneignung und Einverleibung. Der moderne Mensch hinterläßt den Eindruck, er lebe so, als könne er sich aller organischer Funktion enthalten.

Nietzsche beschreibt in seinem Werk den gegenwärtigen Menschen und beschwört den zukünftigen. In seinen Formeln erweist er sich als Gegner des Sitzens. Der Stuhl prägt einheitliche seelische und leibliche Charaktere, die die Menschen einander angleichen und die mit dem Charakter des Ressentiments deckungsgleich sind. Er produziert den demokratischen, nicht den aristokratischen Menschen, den Typus der Mitte und der Toleranz, des Guten und des Zahmen. Im Sitzen legt sich der Mensch an die Kette, wird sein eigener Hund und macht sich zur Spezies, die noch einmal seßhaft wird und ihre schon vorhandene Domestizierung noch einmal domestiziert. Es sind die Spuren des doppelten Leidens, die hier erneut zum Vorschein kommen. In der im Sitzen erzeugten zweifachen Verhäuslichung wird der Übermensch, wie ihn sich Nietzsche vorstellt, verhindert.

Dem Typus des Ressentiments steht der Übermensch gegenüber. Der neue Mensch gilt Nietzsche als das höchste Ziel der Menschwerdung, ein Ziel, zu dem sogar die Natur hindränge, um sich zu vervollkommnen. Der Übermensch, der in sich die Qualitäten des Philosophen, Künstlers und Heiligen vereint, ist anmaßend, gebieterisch, erobernd, vergeßlich. Dagegen ist der Sitzende mittelmäßig. »Nicht eure Sünden«, ruft Nietzsche den Mittelmäßigen zu, »eure Genügsamkeit schreit gen Himmel.«[12] Er wird nach herkömmlichen Maßstäben nicht genügsam und nicht ohne Brutalität und Sünde sein, sondern ein vergeßlicher Mensch ohne Rache und mit einem langen Wollen ohne Ressentiment. Nietzsches Philosophie versteht sich als ein Hinarbeiten auf die besten Exemplare, ein Hinarbeiten zum Vorteil weniger. Nietzsche argumentiert gegen das, was sich die abendländische Zivilisation mühsam anerzog, das Gleichwerden aller im Demokratisierungsprozeß. Die daraus entspringenden Formen des Lebens kehren den Willen zur Macht in ein laues Wollen: ein Wollen zum Nichts.

Der heutige Abendländer ist das Wesen mit dem langen, aber flachen Atem zum Sitzen. Er ist Homo sedativus, aber er hat sich auch Merkmale des Übermenschen anerzogen: die Fertigkeiten einer raffinierten und unerbittlichen Geistigkeit. Dagegen wird dessen wesentliche Qualität, das Wollen, im Sitzen rigoros zunichte gemacht. Das Wort Nietzsches: »Tut immerhin, was ihr wollt – aber seid erst solche, die wollen können!«[13] erreicht die Menschen nicht mehr. Immer weniger kann der heutige Mensch wollen; je länger er sitzt, desto weniger. Das ergibt einen guten Grund dafür, Stühle bequemer, anthropometrisch und ergonomisch angemessener zu gestalten: mit dem Erfolg, problemlos über noch längere Zeit sitzen zu können. Das ist der Fortschritt im Geschäft mit dem Stuhl. Er macht ein immer länger ausgedehntes Sitzen, ein immer intensiveres Ausbilden geistiger Kräfte, ein immer umfassenderes Aushöhlen des menschlichen Wollens möglich. Allein der Wille zu den im Stuhl stattfindenden Torturen bleibt ungebrochen. Ein Wille immerhin, aber ein Wille zur Gebrochenheit.

Nietzsche hat als Wanderer und Schatten ein besonderes Verhältnis zum Sitzen. Wie er sich gegen jedes Stillstehen ausspricht, so redet er auch gegen das Festsetzen. Er bringt die im Phlegma erstickten Kulturwerte und die unkämpferische Fassung des modernen westlichen Menschen gedanklich in Fluß. Die wenigen Bemerkungen Nietzsches zum Sitzen vermitteln den Zusammenhang von Bewegung, Sitzen und Muskulatur, der eine besondere Form des Geistes ausbildet und sich an den Charakter des Ressentiments bindet. Sein *Zarathustra* spricht von »hartem Sitz- und Wartefleisch«, und im *Ecce homo* heißt es: »So wenig als möglich sitzen; keinem Gedanken Glauben schenken, der nicht im Freien geboren ist und bei freier Bewegung, – in dem nicht auch die Muskeln ein Fest feiern. Alle Vorurteile kommen aus den Eingeweiden. – Das Sitzfleisch – die eigentliche Sünde wider den heiligen Geist.«[14]

Allen Erscheinungen heutiger Kultur fehle es am Gegensätzlichen: am Gegensatz des Heiteren und Tragischen, des Zerstückelten und Unversehrten sowie des Schmerzes und der Freude. Überall fehlt ihm das Dionysische.

Diese Kraftlosigkeit ist das Bild des Homo sedativus und des Menschen mit einem ausgeprägten Ressentiment. Seine Potenzen liegen in einer enormen geistigen Fassung, allerdings liegen seine Möglichkeiten zum Herrschen in der mittleren Position von Schwäche und Stärke. Es ist das Herrschen als Kontrolle und als Beherrschung über das Eigene, das den Sitzenden selbstbewußt über die anderen Geschöpfe der Natur heraushebt. Aber erst indem sich das Selbstbewußtsein des Sitzenden als hybrid erweist, vermag man die Unsicherheit und Angst hinter der Fassade zu erkennen. Nietzsche deckt die moderne Form des Bewußtseins eines Selbst oder des Selbstbewußtseins bereits als Instanz der Sklavennatur und als eine Form des Ressentiments auf. Der Thron ist ein Gefäß, das Bilder und abstrakte Ideen einer Gemeinschaft aufbewahrt. Da das Verfahren, Ideen unvergeßlich zu machen, die nicht vergessen werden dürfen, Opfer und Bestrafung wie im Schinden Vertragsbrüchiger fordert, kann man jeden thronenden Herrscher als Gestraften und Geopferten auffassen, der einer Gemeinschaft die Schuld den Ahnen gegenüber abnimmt und der die Ideen konserviert und als Bild veranschaulicht. Was sich vom thronenden Herrscher und vom Thron sagen läßt, gilt gleicherweise für jeden Sitzenden und seinen Gebrauchsstuhl, der Form und Idee des Throns in sich trägt. Und ebenso wie der Herrscher konserviert der Sitzende Ideen und trägt in seiner Bestrafung und seinem Opfer, das er im Sitzen gibt, die Schuld den Ahnen gegenüber ab. Nietzsche unterschätzt allerdings die bürgerliche Ordnungsprinzipien konstituierenden Fertigkeiten des Sitzens: Geist sei Leben, das ins Leben schneidet. Doch Geist schneidet nur dort ins Leben, wo er leibliche, das heißt straf(f)ende, heutzutage vor allem eine stuhlische Unterstützung erfährt.

Nietzsche sieht das Ideal des Menschen nicht in der willenlosen Askese, sondern im Willen zur Macht. Das menschliche Tun als ursprüngliche Einheit seelischer und organischer Kräfte wird im Sitzen in die Komponenten Wille, Geist, vegetative Triebkräfte differenziert. Erst die Scheidung macht es möglich, einzelne Elemente verkümmern zu lassen und zu kultivieren. Die Zurichtung zu einer abstrakten, vor allem auf sich bezogenen Individualität ist das Resultat der einseitigen Ausbildung geistiger Qualitäten, die den Energiehaushalt des Organismus reduziert. Je geringer die Energie, mit der das Wollen und der Geist die Triebe in den Grenzen des von ihnen selbst abgesteckten Terrains halten, desto größer in einem schon gehemmten Organismus die Lust zum leiblichen Niedergang und zu einem geistigen Aufstieg, zu wachsender Macht über äußere Sinnesreize und zur Kontrolle innerer Affektionen. Im Sitzen hemmt der Mensch seine vitalen Antriebe und setzt seine geistigen Vermögen einem permanenten Differenzierungsdruck aus, der wiederum die Antriebe hemmt, die ihrerseits erneut den Verfeinerungsdruck erhöhen. In der kreislaufartigen Verdichtung liegt die physiologische Basis des Ressentiments. Die Sinne stumpfen in einem solchen Ausmaß ab, daß ihre verlangsamte Reaktion nur noch ein verspätetes Fühlen, das Nachfühlen, möglich macht.

Das Ressentiment birgt immer Züge des Melancholischen und erweist sich als eine Haltung des Wartens auf den geeigneten Moment der Rache. Es geht in der Stimmung des Ressentiments weniger um die

Trauer einer Kränkung oder eines Verlustes wegen, zu groß ist das Potential an destruktiven Kräften, sondern darum, eine erlittene Kränkung zu rächen. Das Melancholische im Ressentiment liegt in zweierlei: Obwohl der Nachfühlende der Gegenwart nachfolgt, ist seine Stimmung eine Flucht, da er aber chronisch nachfühlt, ist seine Flucht eine vergebliche. Der Homo sedativus zeigt sich als das Wesen in der Schwebe, immer wartend und immer bereit, im geeigneten Moment seinen Haß auszuagieren.

Im Kreislauf von Abstraktionsvermögen und Hemmungen bildet sich der Sitzende in den Schopenhauerschen Asketen um und unterläuft den Übermenschen Nietzsches. Die extremen Geistesfähigkeiten, Gegenstand der Kritik Schopenhauers, machen in einem idealisierten Sinn begierdelos. Der Mensch gewinnt das Vermögen, in der Kontemplation sein Wollen auszuschalten, verliert aber seine Fähigkeit zur anschauenden Erkenntnis. Nach Nietzsche ist auch dieser Gewinn ein Verlust. Es ist der doppelte Verlust, in dem der sitzende Mensch die letzten Reste des Tierhaften in sich überwindet, den Trieb zur Selbsterhaltung. Der Preis liegt in einer zu strengen Anpassung an die Umgebung. In ihr reduziert sich der Raum zum kleinsten möglichen Gehege, zum Stuhl. Den Extremen der erhöhten Geistigkeit und der tiefen Gebrochenheit des Vitalen entsprechen die beiden Formen der dem Menschen verbliebenen Gehege: Weltall und Stuhl.

Intergalaktische Visionen des Sitzens

Gesetzgebende Mächte, die ihren Einfluß verlieren, hinterlassen unvermeidlich Chaos. Die mit der Neuzeit anhebende Kritik an Einrichtungen des christlichen Glaubens steigert sich im 19. Jahrhundert zur Kritik an diesem Glauben selbst. Kierkegaards »Gott ist Subjekt« und Schopenhauers »Die bestehende Welt ist die schlechteste aller möglichen« fügt Nietzsche ein lapidares »Gott ist tot« hinzu. Das in den Formeln zum Ausdruck gebrachte Reißen in der Welt beschwört Katastrophen, führt zu Angst und Chaos und ruft den artusritterglichen Daniel Paul Schreber (1842–1911) dazu auf, die der Welt geschlagene Wunde auszuheilen. In seinen *Denkwürdigkeiten eines Nervenkranken* beschreibt er seinen Wahn und führt aus, wie man die Welt zu therapieren habe.

In der Spanne von Gericht und Orthopädie, Sitzen und Wahnsinn bewegt sich sein Bericht. Neben königlichen und kirchlichen Würdenträgern wächst Schreber zum ersten wahrhaft bürgerlichen Menschen, zum Bürger, der sich anmaßt, öffentlich zu proklamieren, die moderne Jungfrau Maria oder Gott selbst zu sein. Schreber ist der Schreiber und

Streiter für ein anthropozentrisches Weltbild. Zugleich wird er das Feld, auf dem der Konflikt des Bürgertums mit seinem ins Nebulöse verflüchtigten Gott sichtbar wird, so daß in seiner Persönlichkeit private und öffentliche, individuelle und gesellschaftliche Instanzen miteinander streiten.

Werden zentrale Institutionen brüchig, dann bleiben für ein erträgliches Dasein nur Resignation, passives Einordnen ins Bestehende oder die eigene Vermessenheit. Im letzten Fall unterliegt man dem Zwang zur Verwandlung und permanenten Abgrenzung gegen andere. Aber der Glaube an die eigene Auserwähltheit bietet Antriebe zum Weitermachen. Schreber wählt eine Variante des letzten Wegs: das Wähnen als ob. Diese Haltung gibt ihm die Freiheit zu sehr allgemeinen Abgrenzungen, und immer flieht er dabei in abstrakte Räume. Er überhöht sich in verkleideter Form als der Nichtnormale, der Verrückte oder Auffällige. Und er fällt weit nach oben. Im gesellschaftlichen Umgang erweist sich Daniel Paul als bescheiden, aber er maßt sich Unerhörtes und Noch-nie-Gesehenes an. Er fragt nicht, ob er auf Erden etwas Außergewöhnliches wird, er unterstellt selbstbewußt und zuversichtlich, daß der zur Diskussion Stehende ein Auserwählter und ohne eigenes Verschulden verrückt Gemachter ist, der aufgrund von Herkunft und besonderen Begabungen über außerordentliche Fähigkeiten verfügt und Geschichte machen wird.

Der weltordnungswidrige Riß durch die Welt, eine Krise von Religion und Politik, entstehe durch Turbulenzen um seine Person. Gegen ihn habe sich eine Verschwörung gebildet, in die auch Gott verstrickt sei, um Seelenmord an ihm zu verüben. Aber dank der Kräfte seiner Nerven sei es ihm gelungen, eine solche Anziehung auf Gott auszuüben, daß dieser seine aggressiven Absichten gegen ihn aufgegeben habe. Am Ende steht die Hoffnung, daß er sich in ein Weib verwandelt und mit Gott eine neue Menschheit hervorbringen wird. Schreber hofft, daß er durch eine enge Bindung Gottes an seine Person die familiären und die gesellschaftlichen Probleme seiner Zeit lösen kann. In seiner Gottähnlichkeit sieht er Chancen zu einer Überwindung weltordnungswidriger Zustände.

Schreber hat in den Bericht religiöse und politische Vorstellungen eingearbeitet, die weit über seine Person hinausweisen, mag seine Weltsicht auch ein Wahn sein. Es ist eine frohe Botschaft, die der Religionsstifter Schreber dem vor allem protestantischen Bürgertum verkündet. Sie könnte lauten: »Nutze du, Bürger, das Chaos der Zeit und setze dich auf den heiligen Thron Gottes, denn du selbst bist Gott. Ich zeige dir Weg und Perspektive. Aber auch den Preis.« Der Bericht wird hier nicht in erster Linie als Wahnsystem, sondern im Kontext des 19. Jahrhunderts als Text gedeutet, der einen neuen Menschen ankündigt.

Sein Religionssystem mag skurril anmuten, aber es ist eine Konsequenz der neuzeitlichen Sicht von der Welt und widerspricht weder den Grundsätzen einer bürgerlichen Politik noch der christlichen Religion. Im Gegenteil. Schreber postuliert lediglich Forderungen, die das Bürgertum bereits im 16. Jahrhundert aufgestellt hat: nämlich daß der Bürger sich endlich an Gottes Statt auf den Thron setze und das Zepter über die Welt annehme. Als Kind hat er ein bürgerliches Leben erfahren, jetzt führt er es bewußt und wahnhaft in Inszenierungen des Verrücktseins vor. Die *Denkwürdigkeiten* können als eine Anleitung zu einem christlich-bürgerlichen Leben und dessen Gefahren gelesen werden. Schrebers Wahn, darin liegt die eigentliche Pointe seines Berichts, ist zugleich die Verrücktheit eines einzelnen Menschen und der Wahn einer ganzen Klasse. Er offenbart die Grenzen einer verbürgerlichten, das heißt sitzenden Lebensweise.

So wie ursprünglich Gott und König die zentralen Bezugspunkte des Kosmos bilden, so hängt sich nun selbsterkoren ein Senatspräsident mitten in die bedeutungsschwangere Mitte, um einen Riß zu kitten, der auch durch ihn selbst hindurchgeht.

»Ich kann diesen Punkt kurz dahin bezeichnen, daß Alles, was geschieht, auf mich bezogen wird . . . Nachdem Gott zu mir in Nervenanhang getreten ist, bin ich für Gott in gewissem Sinn der Mensch schlechthin oder der einzige Mensch geworden, um den sich Alles dreht, auf den Alles, was geschieht, bezogen werden müsse und der also auch von seinem Standpunkt alle Dinge auf sich selbst beziehen solle.«[15]

Schreber stutzt den Kosmos zurück in sein privates Domizil, so wie es sein Vater zuvor mit der Zurichtung der Natur zum Schrebergarten gemacht hat. Sonnensysteme werden aus ökonomischen Gründen reduziert, Sternenhaufen zusammengezogen zu einer einzigen Sonne, oder ganze Galaxien werden abgehängt, um Schlimmeres zu vermeiden. Dem Vermeiden des Schlimmeren steht die Idee gegenüber, mit einer neuen Menschheit eine bessere Welt einzurichten. Aber schon der Vater hegt Vorstellungen von den Vorzügen des Anfangs. Man müsse den kindlichen Leib der streng geregelten Fürsorge durch beständige Korrekturen unterwerfen. Danach müsse man nicht länger relativierend das Schlimmste vermeiden, sondern könne sich auf die Herstellung des Wertvollsten, auf Ebenmaß und rechte Winkel, konzentrieren. Aller Wildwuchs sei zu begradigen. Das Wilde und Krumme gilt ihm als Ausdruck von Eigenwilligkeit und Mangel an Selbstbeherrschung:

»Unterdrücke im Kinde alles, . . . leite es beharrlich hin auf alles, was es sich angewöhnen soll . . . Indem wir das Kind gewöhnen, bereiten wir es vor, späterhin das Gute und Rechte mit Bewußtsein und aus freiem Willen zu tun.«[16]

Beharrlich wiederholte körperliche Ermahnungen und Gewöhnung bis zur Erreichung des Zwecks seien wesentliche Bedingungen des Verfahrens. Danach genüge ein Wort, ein Blick oder eine drohende Gebärde, und man sei Herr des Kindes für immer. Spuren der Erinnerung an die Konsequenzen finden sich in den Sätzen, mit denen später die inneren Stimmen den Sohn bedrängen: »Nicht auf die erste Aufforderung« und »ein angefangenes Geschäft muß vollendet werden«.[17] Die Beharrlichkeit, die der Vater eingraviert, wird über die inneren Stimmen wiedererinnert. »Aus freiem Willen« und »Herr des Kindes werden« bilden die beiden Pole des Widerspruchs einer auf Sedierung ausgerichteten Ordnung. Der Wille des einzelnen ist nur dann frei, wenn er mit dem gesellschaftlichen Willen zusammenfällt; eine überzogene Fassung des kategorischen Imperativs von Kant. Auf den Feldern des kindlichen Leibs von Besonderheit und Vielfalt wird ein gesellschaftliches Gesetz der Stereotypie und Einheit errichtet, das Unterordnung, Zwang und Anpassung heißt. Alle Pädagogik, die zur Freiheit erzieht, arbeitet innerhalb solcher Widersprüche. In der Auseinandersetzung zwischen dem Wollen des einzelnen und einem gemeinschaftlichen Wollen vertritt Schreber mit aller Härte dem Kind gegenüber den Standpunkt der Gemeinschaft. Daß es sich tatsächlich um ein politisches Kräftemessen handelt, demonstriert er in einer vertragsähnlichen, erzwungenen Verpflichtung des Kindes, dem Erziehenden nach jeder Bestrafung die Hand zu reichen: eine Art orthopädischer Feudalismus oder eine feudalistische Erziehung, und doch ganz und gar bürgerlich. In dieser Geste offenbart sich der Zusammenhang von Unterdrückung, Rache und der Hoffnung, das Entstehen von Ressentiment und Rache unterlaufen zu können. Schreber ist ein Orthopäde mit politischen Grundsätzen, die dem Protestantismus verpflichtet sind: Wahres Leben beginnt, von Kindheit an, als Absterben und Tod. Das Abzielen auf das Gute und Beste des Kindes ist immer ein Zielen auf das Leben selbst, wirft aber genaugenommen nur ein Licht auf den Erzieher. Zwar schreibt Schreber, daß Bewegung das Element des körperlichen Lebens sei, doch meint er dabei geformte Bewegung. Alles in seinem Sinn Ungeformte, wie etwa das nichtrechtwinklige Sitzen, gilt ihm als Unkraut, das schon im Keim auszurotten sei.

Um die erfahrene Schädigung der körperlichen Integrität zu erläutern, unterscheidet der von dieser Unterdrückung durch den Vater heimgesuchte Sohn Daniel Paul präzise zwischen einer totalen und einer relativen Bewegungseinschränkung von außen. Die totale Einschränkung ziele darauf ab, ihn bei jeder gerade ausgeübten Beschäftigung zu stören oder an jeder gerade eingenommenen Haltung zu hindern. Man wolle ihm als Raum einnehmendem Wesen den Lebensraum entziehen und seine Existenz vernichten.

Disziplinierung der Kinder durch den Stuhl

»Überhaupt wollte man mich in keiner Stellung oder bei keiner Beschäftigung lange dulden; wenn ich ging, suchte man mich zum Liegen zu zwingen und, wenn ich lag, von dem Lager wieder aufzujagen. Daß ein tatsächlich nun einmal vorhandener Mensch doch irgendwo sein müsse, dafür schienen die Strahlen kein Verständnis zu haben.«[18] Die relativen Einschränkungen erlebt er als die Anstrengung, eine Stellung, die er gerade einnimmt – und man nimmt zwangsläufig eine ein –, zu korrigieren. Er beschreibt sie als wunderhafte Erlebnisse des Festgesetztseins, die er in den orthopädischen Apparaturen erfährt, die der Vater experimentell an seinen Kindern erprobte. Es sind vor allem Erlebnisse der Verwundung und des Verletztseins, der Trauer und Wut über das Bestreben, ihm Autonomie und Willen zu rauben.

»Ich kann sagen, daß kaum ein einziges Glied oder Organ meines Körpers vorhanden ist, das nicht vorübergehend durch Wunder geschädigt worden wäre, keine einzige Muskel, an der nicht durch Wunder herumgezerrt würde, um sie ... in Bewegung zu setzen oder zu lähmen.«[19]

Eine der mit dem Sitzen zusammenhängenden Wunden als Resultat der väterlichen Bewegungsbehinderung nennt Daniel Paul Steißbeinwunder. Bei der Verwundung handelt es sich um einen knochenfraßartigen, schmerzhaften Zustand, der den Zweck hat, das gerade Liegen und das aufrechte Sitzen zu erzwingen. Der Vater schreibt: Bei der sitzenden Haltung solle man darauf achten, daß »Kinder stets gerade und gleichseitig aufsitzen, ... weder mit der rechten, noch mit der linken Seite angelehnt«.[20] Der Wiederholung und Gewöhnung wird ein großes Gewicht beigemessen, wobei mit wiederholten Eingriffen an eine Norm gewöhnt werden soll, die sich an die geometrischen Grundformen von Kreis und Gerade anlehnt. In der Sitzhaltung, wie sie sich die Orthopädie bis heutzutage vorstellt, berühren weder Steißbein noch Sakrum den waagerechten Sitz, aber im Bemühen, aufrecht zu sitzen und die Lende zu lordosieren, werden insbesondere in der Phase der Einübung ins Sitzen Spannungen in der Sakralregion erzeugt, durch die es zu Taubheit und sensiblen Irritationen kommen kann. Daniel Paul spricht in dem Zusammenhang von Unterleibsfäule. Da der Vater davon ausgeht, daß jede leibliche und seelische Abweichung von der Norm durch beharrliche Manipulationen korrigierbar ist und sich zum Beispiel abstehende Ohren in eine *Normalstellung* überführen und stumpfe Nasen durch »sanftes, aber oft (täglich 2–3mal) wiederholtes und über einige Monate fortgeführtes Herabziehen der Nasenspitze«[21] regulieren lassen, hat er vermutlich in der Einübungsphase des Geradesitzens dem Zurückbiegen der Lende in die Kyphose durch kleine unangenehme Reizungen der Sakralregion, die der Sohn als Verwundungen erlebt hat, entgegenwirken wollen. Dies ist um so wahrscheinlicher, als er die Wirkungen vom Leib auf die Seele in bezug auf Wollen und Geist kennt, denn das Ziel seiner Erziehung ist der vollkommene Bürger, »die denkbar höchste allseitige Ausbildung ... in der Richtung nach gottähnlicher Geistesfreiheit, die möglichste Verwirklichung der Menschheitsidee«.[22] Der Bürger gilt als der allgemeinere Mensch, als das Wesen mit gottähnlichen Kräften, dessen Pflege man nicht dem Zufall überlassen darf. Aber dazu muß der Mensch festgesetzt werden. In der Stillstellung des Leibs wuchert der Geist, in der Stillsetzung gedeiht er in geordneten Bahnen.

Als zweites an das Sitzen gebundenes Wunder nennt Schreber das Wunder der Engbrüstigkeit, das ihm als ein zentrales Wunder gilt. Es entstehe durch das Zusammenpressen des Brustkorbs und der damit einhergehenden Atemnot, die sich dem gesamten Körper mitteile. Er nimmt hier die zentrale Erkenntnis von Wilhelm Reich vorweg, daß die Atmung einen Hauptmechanismus zur charakterlichen Panzerung bildet. Mit der Wunde der Engbrüstigkeit spielt Schreber vor allem auf die Wirkungen der Geradhalter an, die durch starre Metallreifen um

Schulbank mit Geradehalter nach Fürst (19. Jh.)

den Kopf den kindlichen Leib im Sitzen in eine straffe, aufrechte Haltung zwingen. Die Halter garantieren, daß Rumpf und Kopf nicht seitlich ausweichen können und in der Frontalebene die kyphotisierte Lendenwirbelsäule einem permanenten Druck in Richtung auf eine Lordosierung ausgesetzt ist. Das Wesentliche der Prozedur besteht aber nicht einmal darin, daß die Vorrichtungen hart ins Fleisch schneiden, sondern daß die Fixierung in der Sitzhaltung den Tonus der beteiligten Muskeln erhöht und daß zugleich die Lendenkyphose die Beweglichkeit des Brustkorbs und damit die Atmung stark einschränkt. So wirken die Geradhalter von zwei Seiten her auf die kindliche Physis ein. Nicht in erster Linie die Schnitte ins Fleisch und die Festsetzungen im räumlichen Sinn, sondern die mit der Sitzhaltung selbst, von innen her, gegebenen Formungen führen bei Schreber zum Wunder der Engbrüstigkeit, zur Wunde der Atemnot und zum daraus folgenden Weg in den Wahn.

Man will den jungen Schreber also weder liegend, stehend, sitzend. Man möchte ihn deshalb hindern, reale Räume einzunehmen. Noch will man ihn so, wie er sich in dieser oder jener Position gerade befindet, und schränkt, wo immer möglich, seine Beweglichkeit ein. Nur in der relativen Bewegungseinschränkung wird ihm ein räumliches Dasein zugestanden. Man kommt von außen an ihn heran, greift formend in seine motorische Aktivität ein, was er als schädigend erlebt, um ihn von innen her zu gestalten. Durch eine »planmäßige Verschärfung der Sinne«[23] werden die Sinne Schrebers in erzwungenen und kontrollierten Wahrnehmungen so weit verfeinert, daß ihre Übersetzung in die Daten anderer Sinne (Synästhesie) mißlingt. Dadurch wird ein umfassender Austausch der Wahrnehmung mit den Empfindungen und Wahrnehmungsdaten gehemmt und eine Bindung zwischen sinnlicher Welt und Bedürfnis eingeschränkt. Und so verbleiben Schreber als Möglichkeiten, um der Festsetzung und der Behinderung eines räumlichen Ausweichens zu entgehen, nur Verwandlung und Flucht in spirituelle Welten, in den Wahn. Die letzte Flucht entbindet Schreber partiell von sinnlichen Erfahrungen und erlaubt und erzwingt die Konstitution eines rein privaten, privativen Kosmos. Allerdings kann seine selbsterkorene Welt die fremd gewordene so weit assimilieren, daß sich beide sehr nahe kommen. Es ist die extreme Daseinsform Schrebers zwischen Aufgescheuchtwerden und Festgesetztsein, die ihm eine besondere Form der Flucht auferlegt.

Deshalb muß er den für ihn unsicheren Raumpunkt Erde verlassen, um sich im Weltall, wie Elias Canetti sagt, zu befestigen. Er weitet seine innere Landschaft ins Kosmische und etabliert sich gedanklich im Zentrum und Stuhl des unendlichen Raums. Aber gerade hier gibt es keinen Halt: nicht weil unendlicher Raum weder Mitte noch feste

Beziehungsorte hat, sondern weil das Abstrakte und Absolute des Unendlichen Ausdruck von Verwundungen darstellt. Im Raum des Unendlichen gibt es keine Behinderung der Beweglichkeit. Man kann sich ausbreiten. Und so bewegt sich Schreber in Sonnensystemen und Galaxien und handhabt deren Distanzen und Massen, als spiele sich alles in seiner Hosentasche ab. Er weitet sich in der galaktischen Umgebung zum Medium allergrößter Attraktion und macht das Zentrum seines selbstgeschöpften Kosmos zu seiner neuen Burg. Und diese Burg ist ein Stuhl.

Der Verstand ist die zweite große Burg, die Schreber verteidigen muß. Er bildet den Kern aller Angriffe der übersinnlichen Mächte. Als die bedrohlichsten Attacken auf seine Person erscheinen ihm die Versuche, den Verstand zu verwunden. Man setzt ihm Skorpione in den Kopf oder greift Schädel und Rückenmark an, arbeitet mit Gedankenfälschungen oder überzieht seine innere Schädelwand mit einer Gehirnmembran, um Erinnerungen an sein Ich auszulöschen. Am Ende seiner asketisch und planmäßig durchgeführten Verteidigungen weiß er, daß nicht einmal Gott ihm seinen Verstand nehmen könnte. Zur Abwehr dieser vielfältigen Vernichtungsstrategien bedient sich Schreber einer besonderen Fassung und Einfassung seines Leibs: der Ruhigstellung in der Sitzhaltung. In einer Phase seiner Erkrankung spricht er von der Eintönigkeit des Anstaltslebens. Von wenigen Spaziergängen abgesehen, »saß ich ... während des ganzen Tages regungslos auf dem Stuhle«.[24] Auch im Garten bleibt er vorwiegend am selben Ort sitzen. Den Hauptgrund für seine Reglosigkeit sieht er darin, daß er »eine absolute Passivität gleichsam als eine religiöse Verpflichtung betrachtete«.[25] Weil seine inneren Stimmen von ihm »keine kleinste Bewegung!« fordern, glaubt er sich »beständig wie eine Leiche verhalten« zu müssen. So habe er das Opfer auf sich genommen, sich über Wochen und Monate fast aller körperlichen Bewegungen zu enthalten. Der Zweck sei die Erhaltung seines Selbst und die Erhaltung Gottes. Während er sich nach außen leichenhaft und an nichts interessiert zeigt, ist er innerlich dabei, die schwierigsten je einem Menschen gestellten Aufgaben zu lösen und »einen heiligen Kampf um die höchsten Güter der Menschheit zu kämpfen«.[26] Die vor allem im Sitzen praktizierte Ruhigstellung führt Schreber in eine geistige Lebendigkeit. Es ist die gebärdenlose Ruhe des Sitzens, das innere Motive verbergen hilft, so daß nicht einmal Gott in Schrebers Innenseite hineinreicht. Sitzen und Verstand sind bei Schreber die sich bedingenden Pole des Wahnsystems: Der Verstand rät ihm, sich zu setzen, und das Sitzen wird Mittel, die Reste des Verstandes zu retten.

»Ich selbst kam mir, wenn ich mit einem schwarzen Mantel und einem schwarzen Klapphut auf einem Feldstuhl im Garten saß, wie ein steinerner Gast vor, der aus längst vergangenen Zeiten in eine fremde Welt zurückgekehrt sei.«[27] Der Zerstörung des Verstandes steht der Denkzwang, eine »Nötigung zu unablässigem Denken«, gegenüber. Innere Stimmen, die Schreber unablässig mit stereotypen Fragen: »Warum nur...?« und Redewendungen wie: »Nun will ich mich...« konfrontieren, stellen ihn vor das Dilemma einer Zwickmühle. Ergänzt oder beantwortet er die unvollständigen Fragen nicht, dann beantworten oder ergänzen seine inneren Stimmen ihre eigenen Fragen. Wenn sie dies aber tun, verfälschen sie immer den ursprünglichen Sinn. Beides ist für Schreber gleichermaßen unerträglich, da es seine inneren Stimmen zu einem Mechanismus macht, der ihn zum Reagieren zwingt. Dieser permanente Zwang zum Denken, der ihm kein Ausruhen gestattet, hat dieselbe Funktion wie der Versuch, seinen Verstand zu zerstören, da man auch mit dem Zwang seinen Verstand mürbe machen und den Gedankenvorrat ausschöpfen möchte. Die Gegenmittel, die zur Verfügung stehen, können keine rationalen sein, denn Schreber selbst ist es, der sich mit den Mitteln einer überfeinerten Ratio paranoid verfolgt. Das anzuwendende Gegenmittel heißt Affektion. Wenn das Übertönen der inneren Stimmen in Litaneien des Klavierspielens, der Wiederholungen im Gedichtaufsagen oder des Murmelns stereotyper Sätze nicht mehr hilft, bleiben am Ende nur noch Brüllen und Schimpfen.

Mit dem Ruhigstellen in der rationalen Leibesfassung des Sitzens pariert er die Angriffe auf seinen Verstand, mit der sprachlichen Verausgabung in der irrationalen Expressivität des Brüllens pariert er den Denkzwang. Zwei Seiten derselben Prozedur, die Schreber in der Kindheit erlebt und mit denen er als Erwachsener Verstand und Weltmitte behauptet. Zwei Positionen, die er vor allem in der Ruhigstellung des Sitzens wahrt. Es sind die beiden Seiten, die das Menschliche charakterisieren, das Organische und das Spirituelle, die in Schreber auseinanderfallen. In ihm offenbart sich erneut die Illusion des Homo sedens. Die Sedierungen im Sitzenden spalten das Potential der unterschwelligen Unruhe und lassen die destruktiven Kräfte frei. Sie entladen sich völlig ungebunden oder werden im Wahn, man besäße unendliche Macht, unterdrückt.

Die Erziehungsmethode des Vaters ist ein Umwenden, ein Wenden des kindlichen Daseins um die Gegenwart herum, ein Verhindern des Ausagierens von Lust und Schmerz, so daß das, was Schreber später an geistigen Bildern produziert, Erinnerungen des Leibs sind, Ausgrabungen früher Eingrabungen, nicht nur Wahnwelten. Entsprechend der Erziehung des Vaters weitet sich Schreber zu einem Feld religiöser und politischer Auseinandersetzungen, und mit den *Denkwürdigkeiten* liegt ein Programm vor, das etwa mit folgenden Worten zu einem gottgleichen bürgerlichen Leben anleiten will: »Forme deinen Leib im gefaßten Bewegen, bediene dich deines Verstandes, traue dir nicht weniger als deinem Gott, denn als Bürger bist du ein Gottgleicher. Überhöhe deinen Leib im ruhiggestellten Sitzen.« Die Grenzen, auf die der Wähnende in seiner Umgebung stößt, kann er nicht als von außen kommende Begrenzung annehmen. Auch Schreber deutet die ihm von außen gesesetzten Schranken um, so daß sie als selbstbestimmte Resultate eigenen Wollens erscheinen. In der Regel sind Phantasien der eigenen Allmächtigkeit im Rahmen des Sozialen unwirksam, da sie ihre Basis in zerstörten Entschlußkräften haben, in einem gehemmten Wollen, das wiederum spezielle physiologische Dispositionen bedingt. Aber wie ist es möglich, daß sich der Bürger in eine gottähnliche Position emporarbeitet und sich zugleich beschränken läßt? Warum nutzt er nicht rücksichtslos den eigenen Willen zur Macht, und unter welchen Bedingungen duldet er die eigene Beschränkung im Wollen des anderen?

Der Krieg aller gegen alle wird nicht, wie Thomas Hobbes annimmt, durch Verträge verhindert, denn Verträge setzen bereits ein Vertragenwollen voraus. Wer sich nicht vertragen will, braucht keine Verträge. Es bedarf spezieller Hemmungen, die den Kampf aller gegen alle hindern und die als konstitutiv für das Bürgertum anzusehen sind, Hemmungen, wie sie die fühlbare Strafe erzeugt. Auch im Schneiden des Stuhls in das Gewebe des Leibs steckt eine Bestrafung, die Hemmungen ausbildet. Aber die Wirkung des Stuhls reicht weiter als die herkömmliche Strafe, da er den Krieg aller gegen alle trotz großer Zusammenballung der Sitzenden zu verhindern scheint. Die im Sitzen ausgebildeten Hemmungen wirken lenkend so auf den Willen ein, daß sich dieser gemeinsam mit den geistigen Fertigkeiten gegen die vitalen Bedürfnisse stemmt. Den Willen brechen heißt also, die ursprünglichen Impulse in die entgegengesetzte Richtung zu lenken. Die Fähigkeit des Umwendens läßt Emotionen und Affekte in ein kontrolliertes Handeln einmünden. Über eine ausgeprägte Geistigkeit zu verfügen bedeutet nicht, daß man bereits die Affekte im Griff hat. Erst wenn das Wollen und die vernünftige Entscheidung in dieselbe Richtung arbeiten, kommt es zu Verschiebungen innerhalb der Ökonomie des Organismus, die zur Fertigkeit beitragen, legitime Ansprüche, welche die erlangte Gottähnlichkeit versprechen, wieder begrenzen zu lassen. Während geistige Potenzen geweitet werden, wird das Wollen verengt und dem geistigen Vermögen untergeordnet. Gegen den Grundsatz der Aufklärung, daß der Wille kontrollierbar sei und die Rationalität die Kontrolle ausübe, haben Nietzsche und Schopenhauer opponiert, da sich der Wille des Verstandes, nicht der Verstand des Willens bedient. Und selbst dem gehemmten Wollen bleiben Verstand und Vernunft untergeordnet. Schopenhauer nennt dies die Verneinung des Willens zum Leben, Nietzsche das Wollen zum Nichts. Da aber der gehemmte und verneinte Wille kein suspendiertes Wollen, sondern ein Wollen mit umgekehrter Richtung darstellt, muß Nietzsche recht gegeben werden. Im Menschen mit einem gewendeten Wollen wie bei Schreber mag der Wille stark sein, er bleibt gehemmt und seine Macht eine imaginäre: eine Macht, die sich allein auf das Zugerichtete, geistig Geformte bezieht, welches man nur nach den Regeln der Zurichtung selbst beherrschen kann. Die Grenzen zwischen Wahn und Realität, zwischen einem Bürger und dem wahnsinnigen Schreber zerfließen. Das Zugerichtete läßt sich kontrollieren, wird manipulierbar und schafft spielerisch Orientierung in einer ansonsten fremden Welt. Das Fremde bleibt unerkannt, da nicht zugerichtet. So liefern die Sinne das, was den selbstgeschaffenen Regeln gemäß und schon zuvor bekannt war. Die Erziehung zur Wendung erfolgt durch das Einüben ins Sitzen, der Stuhl macht aus den subjektiv erzeugten Regeln des Zurichtens eigener Welten objektive Regeln der Vergesellschaftung.

In zweifacher Weise wird Schreber zum Erlöser. Zur Erlösung der Menschheit gibt er sich Gott als Opfer hin und erlöst die Menschen von der Übermacht des christlichen Gottes, um den Menschen zum Bürger wachsen zu lassen. Er glaubt, ohne individuelle Schuld zu sein, wenn er die Schuld der Gattung abbüßt, aber er lehnt sich gegen die von Gott verordnete Strafe auf. Er setzt sich wie Gott auf den Thron und wie der Bürger auf den Stuhl, um die Relation von Gott und Mensch in eine anthropozentrische Ordnung zu bringen. Schrebers Weltbild ist apokalyptisch. Die Welt muß untergehen, soll eine neue Ordnung entstehen, was Opfer und Leid bedeutet. Nur wer das Leben Schrebers kenne, könne die Qualen, die er erlitt, ermessen. Ihm seien Opfer in Gestalt von Berufsverlust, körperlichen Schmerzen, Auflösung seiner Ehe, geistigen Martern und Schrecknissen in einem solchen Maße auferlegt worden, daß sich für ihn hieraus »das Bild eines Martyriums« ergibt, »das ... in seiner Gesamtheit nur mit dem Kreuztod Jesu Christi«[28] verglichen werden kann. Schrebers Kreuz ist ein Stuhl und sein Stuhl ein verstecktes Kreuz. Er wächst mit den Qualitäten des Wahnsinnigen, des messerscharfen Denkers und des in der Sitzhaltung reglos Gemachten zum ersten vollendeten Bürger der Geschichte. Schreber hält sich für unsterblich, erlebt das Kreuzopfer Christi und hat damit das Anrecht, bis in alle Ewigkeit auf dem Thron Christi zu sitzen. Kreuz und Stuhl sind als Formen des Verstecks die kleinstmöglichen räumlichen und unräumlichen Fluchtorte des Menschen, Startrampen und Landebahnen für innere Ausweitungen ins Galaktische.

Unbewegtheit als Ordnung des Sitzens

Wenn der »Aufenthaltsort der Beute«, wie Schopenhauer sagt, »die Gestalt des Verfolgers bestimmt«, welche Form müßte dann der Verfolger eines Sitzenden annehmen? Der, dem hier nachgestellt wird, ist nicht der Sitzende, sondern der Mensch hinter diesem, und was in der Verfolgung übertragen werden soll, ist das Leiden. Die Sitzhaltung macht den Stuhl zum Versteck und zum Aufenthaltsort des Menschen, und sein rechter Winkel macht ihn zu einem Schlupfwinkel. Da sich sowohl das Leben als auch das Leiden an die Formen des Verstandes (Raum, Zeit, Grund, Kausalität) und an den Leib binden und das Sitzen die Funktion hat, von leiblichen Funktionen zum Zweck eines Lebens im Geist frei zu machen, wird die Sitzhaltung zum Aufenthaltsort, um den Verfolgungen des Menschen durch das an das Leben gebundene Leiden zu entkommen, indem der mögliche Angriffspunkt gegen den Leib verlagert wird.

Den inneren Kämpfen des sitzenden Individuums liegen drei Motive zugrunde: individuelle, gesellschaftliche und auf die Gattung bezogene. Schopenhauer und anderen ist Leben Kampf und Leiden, das dem Mangel entspringt. Die Behauptung Schopenhauers, die auch Samuel Beckett teilt, nährt sich vom Gesetz, jedes Tier diene einem anderen zur Beute und Nahrung. Und seit langem hegt der christlich-abendländische Mensch die Hoffnung, animalische und an die Natur angepaßte Daseinsformen, insbesondere das Beutewerden, überwinden zu können, und zwingt mit einem gemeinschaftlichen Wollen die Individuen im Stuhl auf den Weg der Vergesellschaftung. Der Individualwille kann sich hiergegen behaupten, wenn er gesellschaftliche Züge und entsprechende physische und psychische Dispositionen annimmt. Die Gemeinschaft legt den Individuen durch das Sitzen ein zusätzliches Leiden auf, von dem sich diese befreien, wenn sie als Individuen willenlos werden. Da gerade das Sitzen willenlos macht, muß sich das Individuum paradoxerweise setzen, um dem von der Gesellschaft auferlegten Leiden durch das Sitzen zu entgehen. Das Individuum entgeht also den Nachstellungen durch die Gesellschaft, wenn es das eigene Wollen aufgibt und sich dem gesellschaftlichen Wollen, dem Sitzzwang beugt. Am Ende steht die Identifikation mit dem Aggressor. Der gesellschaftliche Gesamtwille findet im sitzenden Individuum, das sich zum Homo sedativus gewandelt hat, die Erfüllung seiner Aufgabe, der Individualwille seine existentielle Grenze.

Beckett thematisiert das Sitzen implizit, das Sitzen von der Seite der Literatur. Er veranschaulicht es in der Unbewegtheit und treibt Schopenhauers Ideale eines sedativen Lebens den fortgeschrittenen Verhältnissen angemessen weiter und stellt sie deutlicher dar. In seinem Werk hat er gegenwärtige und überhistorische Elemente vereint, die sich scheinbar widersprechen. Viele Interpreten gehen davon aus, daß die Resignation des heutigen Menschen und dessen Zugerichtetheit im Vordergrund des Beckettschen Werkes stehen. Allerdings verrät Beckett in seinem Proust-Essay eine Nähe zum Gedanken Schopenhauers, das Leben sei ein Pendel zwischen Leiden und Langeweile. Und wie für Schopenhauer verdanken sich Leiden und Langeweile dem im Leben mitgegebenen Leiden aller Kreatur. Leben heißt Leiden, in welcher Form und unter welchen Bedingungen auch immer. Der Pessimismus Becketts wurzelt im Anthropologischen, nicht im Zufälligen der Gegenwart. Leiden ist das Wesen des Daseins und Langeweile dessen *humane* Variante.

In der Hauptfigur des ersten Romans von Beckett, *Murphy*, der die Gewohnheiten des bürgerlichen Berufs- und Ehelebens nicht erträgt, laufen die Verhaltensweisen und Denkmuster auseinander, die ein an die Gesellschaft angepaßtes Leben mit sich bringt. Murphy lebt mit einer Prostituierten zusammen, verläßt sie, nimmt Arbeit in einer Irrenanstalt an und kommt dort bei einem Brand ums Leben.

Zu Beginn des Romans sitzt Murphy nackt auf einem Schaukelstuhl, an den er sich mit sieben Schals bindet.

»Zwei fesselten die Schienbeine an die Stuhlkufen, einer seine Oberschenkel an den Sitz, zwei die Brust und den Bauch an die Rückenlehne und einer seine Handgelenke an die hintere Querstange. Es waren nur äußerst begrenzte örtliche Bewegungen möglich. Schweiß brach ihm aus allen Poren und straffte die Gurte. Sein Atem war nicht wahrnehmbar.«[29]

Zwar sitzt er festgeschnürt auf seinem Schaukelstuhl, aber es macht ihm Spaß. Zunächst bereitet es seinem Körper, den es beruhigt, Freude, »dann befreite es ihn auch in seinem Geiste. Denn erst wenn sein Körper beruhigt war, konnte er beginnen, in seinem Geist zu leben.«[30] Murphy sitzt gefesselt in seinem Stuhl, den er bis zum äußersten ins Schaukeln bringt. Danach ruht er aus und gleitet aus der Welt, in der *quid pro quo* feilgeboten wird, und versinkt in eine kleinere Welt, in der man das *quid pro quo* vergeblich sucht. Die kleine Welt, ein geistiger Raum, bildet das Ziel der Prozedur des Fesselns, Schaukelns und Sitzens.

Quid pro quo ist ein Vertauschen, das Verwechseln einer Sache mit einer anderen. Für Murphy erweist sich die Welt, die den Wahrnehmungsformen Raum und Zeit unterliegt und die der üblichen Wahrnehmung wahr erscheint, als eine Welt des Trugs. Er möchte sie mit Hilfe des Schaukelstuhls gegen eine Welt des Geistes, eine von den Anschauungsformen des Verstandes freie Welt ohne *quid pro quo* eintauschen. Der Gewinn der Freiheit besteht im Ablösen des Geistes von den Zudringlichkeiten der Sensationen und Reflexionen, so daß Murphy sich geistig frei und lebendig zu fühlen beginnt, wenn er sich körperlich auflöst. Während die meisten Patienten der Irrenanstalt ihn als ihresgleichen ansehen, erwecken sie in ihm »den Eindruck jener in sich selbst versunkenen Gleichgültigkeit gegenüber den Zufälligkeiten der zufälligen Welt«.[31] Murphy vermutet, daß sie das erleben, was er für sich selbst als einziges Glück erkoren, aber selten erreicht hat. Der Gewinn einer spirituellen Welt im Schaukelstuhl. Während ihm die Heilbehandlung den Zweck zu haben schien, den Patienten wieder einen Zugang zur Welt zu verschaffen und den Abgrund zum Realen zu überbrücken, strebt Murphy umgekehrt an, sich von der Realität abzulösen. Und was die Psychiater Exil nennen, sieht er als ein Heiligtum an, und ihm scheint, als sei der Messias bei der Wiedererweckung des Lazarus »vielleicht ein einziges Mal zu weit gegangen«.[32]

Im Roman *Murphy* hat Beckett Körper, Geist und Sitzen eng aufeinander bezogen. Murphy sitzt nicht nur auf dem Schaukelstuhl, er sitzt dort festgeschnürt. Da das lange Sitzen der Entspannung durch Bewegung bedarf, Beckett aber gerade darauf abzielt, die Unbewegtheit des Menschen darzustellen, fixiert er Murphy nicht nur in der Sitzhaltung, sondern gesteht ihm eben nur isometrische Anspannungen der Muskulatur zu. Die sich im statischen Spannen der Muskeln sammelnde Energie kann nicht ausagiert, sondern nur unbewegt ausgepreßt werden. Aber isometrisch beanspruchte Muskeln ermüden rasch und werden bei Dauerbelastung so geschädigt, daß Umfang und Dynamik körperlicher Bewegungen beeinträchtigt werden. Das Zusammenbinden der Hände hinter dem Stuhlrücken schränkt die Atemtätigkeit ein und unterstützt darin die Wirkung der Schals, die infolge der Einschnürung von Brust und Bauch ebenfalls die Atmung reduzieren. Murphys Bewegungsspielräume sind gering, und er bedarf ausgleichender Bewegungen, die er sich im Schaukeln verschaffen muß. So hat der Schaukelstuhl die Aufgabe, die in den Haltespannungen nicht verausgabte Energie abzuführen, ohne die Sitzhaltung aufgeben zu müssen.

Beckett richtet seine Gestalt von zwei Seiten her zu. Die isometrische Anspannung schwächt die Skelettmuskulatur und führt zu einem gebrechlichen Gehen und Stehen, das durch das Sitzen infolge der Muskelverspannung und der Formung des Atmens zusätzlich erhöht wird. Beckett zeigt hier, wie der Mensch im Sitzen seine Beweglichkeit behindert, die sich allmählich zur Unbewegtheit festigt. In der zweiseitigen Zurichtung wird das Sitzen mehr und mehr zum Bedürfnis, und die Fähigkeit, ausdauernd zu sitzen, wächst. In der Transsubstantiation des Leibs in einen Körper, im Freimachen des Geistes von leiblichen Vorgängen, in der Kontrolle der Empfindungen sowie im

Abbau möglicher sinnlicher Reaktionen und Regungen, in den *Ab* und *Weg* vom Leib liegen die Mittel zu einem höheren Zweck, im Heraus- und Heraufarbeiten geistiger Zustände aus den Brunnen des Leibs. Es ist der Weg zu einer Form innerer Anschauungen, zu einer leiblosen, bloß körperhaften Geistigkeit. Es ist der Weg zu einer willenlosen und nicht an die Gewohnheit gebundenen Existenz. Im Glauben daran, daß solche Formungen möglich sind, erweist sich Beckett zur Zeit des ersten Romans als optimistisch. Er nimmt an, daß sich Sinnlichkeit und leibliche Funktionen so weit formen lassen, daß der Körper nur noch die Impulse und Bedürfnisse entläßt, die mit Willen und Vernunft übereinstimmen.

Daß Murphy das Wollen ausschalten kann, wenn er in seine kleine Welt eintaucht, verdankt er dem zuvor an seinem Leib inszenierten und vollstreckten Martyrium. Sein Leib wird gepreßt und fixiert, gestaucht, geschnürt und verhärtet. Beckett unterwirft ihn einer asketischen Prozedur, die eine Geistigkeit herstellt, die sich mit seiner Stimmung deckt. Der Geist hinter den martialischen Übungen stimmt mit den lebens- und leibverneinenden Idealen der protestantisch-christlichen Religiosität überein.

Es ist der Stuhl, der den Romanhelden aus einer trügerischen und unfreien in eine geistige Welt schaukelt. Im Roman erfüllt er zwei Funktionen. Er soll Menschen sitzend zeigen, um die Unbewegtheit anschaulich zu machen, und er soll entfesseln und frei machen. Beide Funktionen überlagern sich, widersprechen sich aber nur scheinbar. Der Stuhl dient Beckett zur Veranschaulichung der Unbewegtheit, eines Zustands mit hohem Sedierungsgrad.

Dem Optimismus, sich unbeschadet in eine Geistesverfassung zu schaukeln, stehen in Becketts *Endspiel* pessimistische Bilder gegenüber. Im *Endspiel* steht der Verfall körperlicher und seelischer Zustände im Vordergrund der Geschehnisse, die keine Hoffnungen übriglassen. Das einzige Interieur ist ein rollbarer Sessel in der Mitte des Bühnenraums, auf dem Hamm, die Hauptfigur des Stückes, sitzt. Hamm sitzt, weil seine Beine ihn nicht tragen, seine Augen ihn nicht führen können. Auch Clov, sein Diener, hat Probleme mit den Beinen. Er geht steifbeinig und kann nicht einmal sitzen. Am Rande der Szene vegetieren in Mülltonnen die Eltern Hamms, Nell und Nagg, die bei einem Unfall ihre Beine verloren haben. Beckett zeigt im *Endspiel* die Natur als Zerfall, nicht als Wachstum, als eine Art negatives Wachsen: »Wir verlieren unsere Haare, unsere Zähne! Unsere Frische! Unsere Ideale.«[33] Das Individuelle der vier Gestalten unterscheidet sich vor allem in der Art und im Grad ihrer Bewegungseinschränkungen. Es herrscht ein eifriges Tun um das Wenige, das sie haben und das sie sind. In der kargen Raumausstattung wirken die Rituale des Herrschens und

Ordnens, des Wollens und Dummfragens hilflos. Gegenstände, die ihnen zugewiesene Orte nicht einnehmen, verursachen Angst und ein inneres Drängen, sie an ihre Plätze zu ketten. Clov äußert während eines unvermittelt begonnenen Aufräumens: »Ich liebe die Ordnung. Sie ist mein Traum. Eine Welt, in der alles still und starr wäre und jedes Ding seinen Platz hätte, unterm letzten Staub.«[34] Was Clov über die Dinge sagt, sagt er auch von den Menschen. Sein Ideal wäre ein Zustand, der die Welt in einem solchen Ausmaß sediert hätte, daß alle Dinge ihren Ort der Ruhe eingenommen und alles Leben und Fleisch sich in Gebein gewandelt hätte. Hier wäre er von der Angst, die das Leben bereitet, erlöst. Nachdem Hamm sich aus dem Zentrum heraus zur Wand des Raums fahren lassen hat, muß Clov den Sessel exakt an den Ursprungsort zurückpostieren. Hamm fühlt sich zunächst zu weit rechts und zu weit links, dann zu weit hinten und zu weit vorn. Als der Sessel das vermeintliche Zentrum einnimmt, verjagt er seinen hinter dem Sessel stehenden Diener mit den Worten »Du machst mir angst«. Angesichts einer sinnlos erscheinenden, langweiligen und leidvollen Welt wirkt das konsequente Festhalten an Gewohnheit und Oberflächlichkeit komisch und tragisch zugleich. Es sind der unerkannte Sinn und Unsinn des Lebens, der nach Beckett die Scheinaktivitäten hervorruft, die sich im Kargen absurd ausleben.

Hamm glaubt, an einem höheren Grad des Verfalls als alle anderen zu leiden: »Kann es überhaupt ... ein Elend geben, das ... erhabener ist als meines? Wahrscheinlich. Früher. Aber heute?«[35] Der blinde Hamm sitzt. Er sitzt stellvertretend für ein königlich-göttliches Wesen in kosmischer Mitte. Aber er ist kein König, sondern jedermann. Und als jedermann zeigt er, was aus einer Welt wird, in der jeder sitzt und sitzen muß, in der das Maß an innerer Beruhigung so groß geworden ist, daß es das Leben aus den Menschen herausgenommen hat. Hamm ist der letzte Repräsentant einer sitzenden Kultur. Das Sitzen verweist anschaulich auf den sittlichen, spirituellen und leiblichen Zusammenbruch des Homo sedativus. Zugleich zeigt Beckett das Scheitern des Menschen, wenn er das gewohnheitsmäßige Funktionieren, die Unterordnung unter den gesellschaftlichen Willen nicht transzendieren kann. So wie sich das *Endspiel* um Hamm als zentrale Figur bewegt, so dreht es sich um den Sessel. Aber der Stuhl wirkt nicht wie in *Murphy* als ein zweiseitiges Medium, das in geistige Welten hineinschaukelt, sondern als Symbol eines Verfallsprozesses, der nie endet. Der Verfall wird auf halbem Weg gehemmt, da das Wollen nicht ausreicht, ihn bis zu Ende zu führen.

Karge Bühnenbilder, in sich kreisende und irrationale Dialoge sind falsche Argumente für eine Deutung, nach der Beckett die Zurichtung und Abstraktheit der neuzeitlichen Subjekte darstellt. Diese Deutung verdeckt diejenigen Motive, die die Zurichtungen erst möglich macht. Beckett stellt weder in erster Linie die Zurichtung moderner Subjekte noch die daraus resultierende Unfähigkeit zur Kommunikation dar, sondern es geht um die hinter den Gestalten und den spartanischen Vorgängen liegenden universellen Formen, um die Ideen. Beckett thematisiert nicht das moderne Leben, er führt das Dasein in seiner allgemeinsten Form vor. Die Reduktionen im *Endspiel* repräsentieren das Nackte des Daseins schlechthin, die Funktionsweisen und Mechanismen des Lebens unter den Bedingungen der Kategorien des Verstandes. Beckett schaut hinter die Kulissen des gewohnheitsmäßigen und des versesselten Daseins und offenbart uns in der luftleeren Enge und kargen Dümmlichkeit eine Fratze dessen, was man gemeinhin Leben nennt.

Schopenhauer sucht Wege, dem Pendeln zwischen Leiden und Langeweile zu entgehen. Wenn sich das Leiden, wie er glaubt, notwendig an den Willen zum Leben bindet, muß man, um dem Leiden zu entgehen, dem Willen entsagen und in nicht verstandesgemäßer Anschauung das Wesen der Welt zu erfassen suchen. Diese Weise der Erkenntnis erfasse eine Welt ohne Trug, ohne Liebe und Haß, eine Welt ohne Begehren, in der jedes Wollen zu Staub geworden ist. Die mit der Erkenntnis verbundene Einsicht in die Enge und Verkehrtheit der kausal aufgefaßten Welt wird zum Quietiv des Erkennenden, der die naturhafte Kette des Leidens am Beutemachen und Erbeutetwerden zerbricht. Im *Endspiel* zerfallen die Hoffnungen, der sedierte Mensch sei willenlos, demütig und von innen her ruhig.

Das Sitzen scheint in *Murphy* und im *Endspiel* widersprüchlich konstruiert zu sein. In *Murphy* gestaltet Beckett den Stuhl zu einem Mittel, das den Körper beruhigt, den Geist frei macht und das ein in Becketts Verständnis positives Verfallen des Menschen vom Stehen über das Sitzen zum Liegen anschaulich macht. Murphy verfügt mit seiner Schaukelstuhltechnik über eine Methode, die Beckett mit Prousts Worten unwillentliche Erinnerung nennt, um in die wahre Welt, die eine spirituelle ist, einzutauchen. Im *Endspiel* dagegen dient der Sessel als Symbol von Herrschaft, Gewohnheit und Unbewegtheit. Hamm sitzt im Zentrum, von dem aus er herrscht und in dem er gelegentlich zu erstaunlichen Einsichten gelangt. Er gewinnt diese nicht über eine innere Bereitschaft zur Erkenntnis, sondern aus dem hohen Maß an Leid und Überdruß, das in der Müdigkeit die Kruste der Gewohnheit durchstoßen kann und Einsichten vermittelt. Der Stuhl, die anschauliche Gestalt der beiden Lebenspole, Langeweile und Leiden, hat die Qualität, Foltergerät zu sein und ein Schutzorgan gegen das Leiden.

Beckett verknüpft Schopenhauers willenlose Erkenntnis mit dem von Proust entwickelten Begriff der unwillentlichen Erinnerung und gibt ihm den Status einer ontologischen Eigenständigkeit.[36] In einem Erlebnis nehme man die gesamte Wahrnehmung auf, bemerke aber nicht die Details. Was man wahrnimmt, aber nicht bemerkt, wird vergessen und bleibt dem willentlichen Erinnern unzugänglich. Hierin liegt das Moment der Gewohnheit. Sie untersteht dem Gesetz von Kausalität und Grund, das die persönliche Identität und die Einheit des Bewußtseins bewahrt. So wie sich für Schopenhauer der Wille in den Formen von Zeit und Raum in den Individuen objektiviert, so gilt Beckett die willentliche Erinnerung als ein dem Willen zur Selbsterhaltung unterworfenes Erinnern, das das Erinnerte präzise vor das Bewußtsein stellt. Es bleibt aber allein der unwillentlichen Erinnerung vorbehalten, die wahre Realität zu fassen. Sie ist die Form der Erinnerung, die das vergangene Erlebnis von Ordnungsformen befreit und das bis dahin Registrierte, aber nicht Bemerkte miterinnert und entzerrt. Das ohne Absicht ins Bewußtsein tretende Erlebnis wird nachträglich vollständiger erlebt und erlaubt das Erfassen außerhalb der Zeit liegender Ideen, die keine diskursiven Begriffe, sondern Bilder in der Art von Hieroglyphen, unverzerrt und durchgängig bestimmt, darstellen.

Beckett macht die Körper seiner Figuren zu Trägern des Geschehens und dem hinter dem Geschehen liegenden Wollen und gibt dem Stehen, Sitzen und Liegen fest umrissene Bedeutungen. Wer ohne Behelfsmittel stehen oder gehen kann, zeichnet sich durch einen starken Lebenswillen aus, dagegen erträgt der Sitzende nicht mehr uneingeschränkt das unter kausale Formen gebeugte Leben. Erst der Liegende sagt sich von den gewohnheitsmäßigen Lebensformen los. Während das aufrechte Gehen und Stehen Verkörperungen des Sich-behaupten-Wollens sind, zeigt Beckett vor allem Menschen, die fallen. Die meisten seiner Figuren kranken an den Beinen, und wer noch gehen könnte, ist blind oder entzieht sich bewußt der aufrechten Haltung wie Murphy, Malone oder der Namenlose. Wenn das Stehen Ausdruck des Wollens und die Willenlosigkeit, die Bedingung zu wahrer Erkenntnis, sich im Sitzen, Liegen oder Kriechen ausdrückt, wird krankhaftes Stehen oder Gehen zum Zeichen beginnender Erkenntnis.

Auch Becketts Theater muß in Raum und Zeit spielen. Vom Vordergrund des Geschehens hebt sich eine Ordnung ab, die sich nicht auf Inhalte bezieht, so daß es unerheblich bleibt, was Personen wollen; entscheidend ist, daß sie Wollende sind. Beckett faßt das Wollen als Streben, bei dem sich der Mensch trotz aller Rätselhaftigkeit des Lebens abmüht, sich zu erhalten. Die Ordnung wird durch die Merkmale Selbsterhaltung, Schmerz, Langeweile und die Verstandeskategorien Raum, Zeit, Grund und Kausalität bestimmt. Sie stellt das menschliche Leben in seiner abstrakten Allgemeinheit dar.

Unterhalb dieser Ebene befindet sich eine Ordnung, die das zeigt, was die Daseinsform betrifft. Sie hat die Merkmale: festgesetzt, vegetativ gehemmt, sedativ, präzise Logik, fehlende Entschlußkraft, Gebein. Diese Merkmale sind zugleich die Elemente einer formalen Ordnung des Sitzens.

Schon der Roman *Murphy* liefert Einblicke in Zusammenhänge, die im *Endspiel* ihren Abschluß finden. Während Beckett in *Murphy* aus der Perspektive eines Sitzenden einen Sitzenden beschreibt, negiert das *Endspiel* diese Möglichkeit. Murphy überläßt sich im Sitzen auf dem Schaukelstuhl der freien Assoziation der unwillentlichen Erinnerung und flieht aus der raum-zeitlichen in eine imaginäre Welt. Die sieben Schals machen ihn zu einer lebenden Mumie, dem Bild innerer Beruhigtheit. Da er die Hände hinter dem Rücken festbindet, besteht die Gefahr, daß der Stuhl umkippt und den Kopf von Murphy, den kein helfender Arm abschirmen könnte, schwer verletzt. Er provoziert die Gefahr, verursacht das Kippen des Stuhls, fällt und bleibt, in sitzender Haltung gefesselt, umgestürzt auf dem blutenden Kopf liegen. Nachdem ihm die Gurte gelöst werden, liegt er »wie gekreuzigt, ausgestreckt auf dem Boden«. Im Ereignis des Unfalls und im Bild des gekippten Stuhls zeigt sich der Sinn für Murphys Sitzhaltung und sein Verschnürtsein. Er erinnert an afrikanische Könige, die mitten im Busch auf einem umgestürzten Stuhl thronen. Gefesselt auf dem Thron, mit einem Fußtritt umgekippt, übt der König seine Funktion als Oberhaupt aus. Beckett hat in *Murphy* das Bild dieser Könige mit dem des gekreuzigten Christus verdichtet. Die Entschädigung, die Murphy für das leibliche Opfer erhält, liegt im Triumph über den Leib und in der erfolgreichen Gewöhnung ans Sitzen:

»Das Gefühl der Sitzfläche eines Stuhles, die mit seinem sich niederlassenden Hintern schließlich zusammentraf, war so herrlich, daß er sich sofort wieder erhob und sich von neuem hinsetzte, ganz langsam und mit äußerster Konzentration. Solche Zärtlichkeiten wurden Murphy nicht so oft zuteil, als daß er es sich leisten konnte, ihnen gleichgültig zu begegnen.«[37]

Nach der Romantrilogie schreibt Beckett keine Romane mehr. Gestalten, die sich weder leiblich noch geistig zu bewegen vermögen, nur noch Struktur sind, geben keinen Stoff für eine Geschichte ab. Der Bewegungsraum der Personen wird nach dem Roman *Der Namenlose* in die Ebene gekippt und bietet nur noch eine Folie für unräumliche, zweidimensionale Muster. Becketts Leben verläuft in der Zeit, die er »Verschanzung im Zimmer« genannt hat, in ähnlichen Bahnen.

Im *Endspiel* wird eine Ordnung des Sitzens künstlerisch entfaltet. Nicht weil das Stück um eine sitzende Figur kreist, sondern weil die Ordnung des Stückes mit der Ordnung des Sitzens zusammenfällt.

Thema und Motiv im *Endspiel* sind die Darstellung der unterschiedlichen Arten der Festsetzung und Unbewegtheit. Hamm sagt zu Clov: »Eines Tages... Du wirst irgendwo sitzen, ganz winzig, verloren im Leeren, für immer im Finstern. Wie ich. Eines Tages wirst du dir sagen: Ich bin müde, ich setze mich, und du wirst dich setzen. Dann wirst du dir sagen: Ich habe Hunger, ich steh jetzt auf und mach mir was zu essen. Aber du wirst nicht aufstehen. Du wirst dir sagen: Ich hätte mich nicht setzen sollen, aber da ich mich gesetzt habe, bleib ich noch ein wenig sitzen, dann steh ich auf und mach mir zu essen. Aber du wirst nicht aufstehen und du wirst dir nichts zu essen machen.«[38]

Hamm kennzeichnet hier ein strukturelles Merkmal des Sitzens, die Neigung, sitzen zu bleiben. Er kann deshalb Clovs Einwand damit parieren, daß er vergessen habe, daß Clov nicht sitzen könne: »Dann wirst du dich eben legen, als wenn das was wäre. Oder du wirst ganz einfach anhalten und stehen bleiben, wie jetzt. Eines Tages sagst du dir: Ich bin müde, ich halte an. Ganz gleich wie!«[39]

Die Müdigkeit, bevor man endgültig anhält, läßt sich in Becketts Texten auch physiologisch deuten. Im *Endspiel* leiden alle an ihren Beinen. Deshalb muß jeder über einen festen Ort verfügen. Hamm sitzt im Sessel fest, Nell und Nagg vegetieren beinlos in urnenförmigen Mülltonnen, und Clov kann sich zwar bewegen, aber auch seine Beine sind krank, und er wird, einer Prophezeiung Hamms zufolge, wie dieser enden. Das Sitzen äußert sich in den Theaterstücken Becketts als Struktur des Festhaltens und Festgehaltenwerdens, und Seele und Leib werden von den Festsetzungen gleichermaßen ergriffen. Was in *Murphy* möglich war, erweist sich im *Endspiel* als vergebliche Mühe, da das Aufbauen einer geistigen Ordnung über das Zurückhalten der Affekte im Sitzen scheitert. Das *Endspiel* führt vor, daß das hohe Maß an Sediertheit keinen Weg zu wirklicher Beruhigung darstellt. In seiner unablässigen Forderung: »Gib mir mein Beruhigungsmittel« drückt Hamm aus, daß das Sitzen zwar beruhigt, aber erneut eine Unruhe erzeugt, die weiterer Beruhigungsmittel bedarf. Trotz permanenten Wollens sind die konstruktiven Lebenskräfte zu schwach. Die Körper sind nicht nur äußerlich krank – beinlos, blind oder lahm –, sondern der Antrieb zum Leben fehlt. Becketts Personen leiden unter dem Phänomen der Depersonalisation. Der Zustand von Clovs Beinen verschlechtert sich, die Sehkraft seiner Augen läßt nach, einmal weiß er nicht, wo er seinen Kopf, ein andermal nicht, wo er seine Sinne hat. Bei Hamm erfaßt sie gelegentlich den gesamten Organismus. »Ich bin nie dagewesen.« Die Beckettschen Figuren leiden unter seelischen Störungen, insbesondere dem Überdruß und dem Mangel an Entschlußkraft. Clovs stereotyper Satz »Ich werde dich verlassen« hält das *Endspiel* zusammen, aber Clov hat nicht die Kraft zu gehen. Er stellt seinen Gehorsam in Frage, bleibt unsicher und stellt den Zweifel selbst in Frage: »Tu dies, tu das, ich tu's. Ich weigere mich nie. Warum?«[40] Gewohnheit und das Sitzen haben Clov destruktiv gemacht, aber bis zur Selbstaufgabe gezähmt und gelähmt. Auch Hamm verfügt über keine Entschlußkräfte. »Ich könnte vielleicht an meiner Geschichte weitermachen.«[41] Könnte und vielleicht, zwei Möglichkeitsformen des Zögerns, der Unsicherheit und der Angst. Und ebenso wie bei Clov haben Wollen und Nichtkönnen allgemeine Dimensionen: »Was soll ich nur machen? ... Warum tötest du mich nicht?«[42] Während die Figuren auf der Ebene des Handelns durchaus Wollende sind, sind sie strukturell solche, die nicht mehr wollen können, und decken sich mit den Qualitäten, die das Sitzen ausbildet. Murphy bedient sich des Sitzens in genießender Absicht und mit positiver Wirkung, aber die berufsmäßigen Sitzer sind bei Beckett Schriftsteller. Molloy oder Moran, die als Schreibende an ihren Tischen sitzen, verlieren im Verlauf des Romans ihre leibliche und seelische Identität. Am Ende kriecht Molloy wie ein Reptil und zieht sich mit Krücken, wie Haken verwendet, liegend voran. Pozzo, der einzige, der in *Warten auf Godot* sitzt, nimmt auf seinem tragbaren Klappstuhl Platz, um aus selbstverfaßten Stücken vorzulesen. In Hamm, der sich im Schreiben versucht und sich nur sitzend halten kann, gelangen die konstruktiven Elemente der sitzenden Lebensform ans Ende. Sie zeigt sich als Ermüdung und als in sich kreisende Entschlußlosigkeit. Hamm verfügt schon über die Einsicht, daß das Sitzen die Entschlußkräfte untergräbt, und kann ihm nicht nur Sympathie abgewinnen. »Friede unsern ... Ärschen!« ist seine knappe Formel für diese Einsicht.

Seit *Warten auf Godot* schränkt Beckett die Bewegungsmöglichkeiten seiner Akteure zunehmend ein, bis das *Endspiel* das Setzen zur Einsperrung verdichtet. Der Aktionsraum verengt sich zu einer Zelle, die die Struktur eines Stuhls annimmt. Die Zelle bildet die kleinste räumliche Einheit eines unter körperlichen Aspekten betrachteten Individuums; der Stuhl ist der unräumliche Ort, an dem der Leib geformt wird, um die Flucht aus der Gegenwart zu ermöglichen und in innere Räume einzutreten; der Stuhl bildet die kleinste mögliche unräumliche Einheit eines unter unkörperlichen Aspekten betrachteten Individuums, eine Ordnung innerer Räume. Der Homo sedens kommt in den späten Stücken Becketts nur als tragische Figur vor. Die vegetativen Prozesse sind blockiert, die rationalen Qualitäten durch zu große Verfeinerung hoffnungslos in sich verstrickt, ohne das Vermögen, Bewegungen wollend nach außen zu initiieren. Im Stuhl als Zelle, dem kleinstmöglichen leiblichen wie seelischen Fluchtpunkt des Menschen, liegen die Maße für das *solo ipse* des Individuums, der extremsten Form bürgerlichen Daseins.

Da Beckett die Räume begrenzt, erscheinen Flucht und Verwandlung nicht mehr möglich. Er zeigt eine abstrakte Ordnung, die Sitzen, Nichtkönnen und Unbewegtheit veranschaulicht, und deutet das Wollen des Menschen als eine vergebliche Anstrengung zur Flucht.

Becketts Lebensideale decken sich mit der christlichen Askese und der Moral, in der Nachfolge Jesu Christi zu leben. Die Konsequenz, die er aus dem Leiden an der Welt und der Monotonie des Lebens zieht, fällt mit den Quellen zusammen, denen Leid und Monotonie entspringen. Der Mensch, von Geburt an schuldig, erlebt seine Verdammnis in der zeitlichen Existenz und findet Erlösung nur in der Rücknahme der leiblichen Geburt. Schopenhauer und der Orthopäde Schreber teilen mit Beckett die Vorstellung, Weisheit bestehe »nicht in der Befriedigung, sondern im Abtöten des Verlangens«.[43]

Da das Band zwischen Ich und Objekt nicht mehr bestehe, schafft sich Beckett als Künstler – allein dieser erkenne die wahrhafte Welt – eine subjektive Welt, die man nur aus dem zusätzlich auferlegten Leid aufbauen könne. Schopenhauers Verneinung des Willens und Becketts Unbewegtheit sind dasselbe Mittel zur Aufhebung des Leidens an der Welt: allerdings ein doppeltes Leiden. Beide sind moderne Asketen, Mönche der Moderne. Da Beckett Zeit gleichermaßen als Mittel zur Verdammnis wie zur Erlösung gilt und das erhöhte Leid die Schuld schneller abträgt, erweist er sich wie Schopenhauer als Beschleuniger auf dem Weg in eine mumienhafte Starre und gesteigerte Spiritualität. Erst sterben, dann leben, heißt die Weisheit beider Pessimisten. Aber es drängt sie lediglich zu der Konsequenz, die das Sitzen dem Menschen auferlegt. Im Sitzen erhöht sich das Leiden, das Sitzen macht den Sitzenden namenlos und lenkt ihn ins Nichts. An diese Schwelle, die Schwelle zum Wahnsinn, führt der Stuhl den Menschen heran. Im Zustand des fortgeschrittenen Verfalls vegetativer Prozesse wird es erforderlich, eine geistige Ordnung um und in sich auszubreiten, um im Prozeß wachsender Sedierung minimale Orientierung zu bewahren.

Selbsterhaltung, Langeweile und Schmerz, die Angstmacher des in die Zeit gebetteten Ungeheuers Leben, treiben den Menschen in eine lange Flucht und in eine mehr und mehr von den Sinnen abgezogene Welt. Was die Sinne vermitteln, wird in der Geschichte des Körpers immer zugerichteter, ärmer, einseitiger. Auch die Sinne stumpfen ab, und indem der Leib verkümmert und verfällt, fällt auch die Außenwelt. In der daraus folgenden Irritation sucht der Mensch Wege ins Innen, von wo aus die Außenwelt nur noch als Wahnwelt konstruiert werden kann. Becketts Räume haben zu Schrebers interstellarer Vision eine große Nähe, wenn auch geschrumpft zum kleineren Ort der Wüste.

Unwillentliche Erinnerung oder willentliche Kontemplation sind zwei Namen dafür, daß man dem Leib zu Leibe rücken will. Das Leben wird als unerträgliche Last erlebt, die nur im Lachen und in der Komik und damit im Unterlaufen eines zu heftigen Wollens ertragen werden kann. Die Flucht in die Unbewegtheit bildet ein Hauptmotiv für die heutige Künstlichkeit und unser Einrichten des Lebens im Tode und des Todes im Leben. Sie wird zum Schlüssel für ein Verständnis von Beckett. Der Stuhl wird dabei das Bild und Werkzeug dieser kurzschlüssigen Prozedur.

Es ist der Bürger, eine innere Form des Menschen, die sich aus Lebensangst, verlorengegangener Hoffnung und Haltlosigkeit aus der Gegenwart heraus in äußere Burgen flüchtet. Der Bürger, der scheinbar allgemeine Mensch, erweist sich als hochspezialisierte Form. Unter den Menschen stellt er das flüchtigste Wesen dar. Als gewöhnliche Ziele auf seiner Flucht gelten ihm Burgen wie Stadt und Stuhl. Seine letzte Burg, sein eigentliches Ziel, das vollkommenste aller bergenden Gefäße ist ihm der Himmel. Doch nicht einmal dieses vollkommenen Schutz gewährende Gefäß vermag dem geängstigten Wesen die Angst zu nehmen, denn selbst im Himmel, der den Christen ein Thron ist, bedarf es seines speziellen Werkzeugs, des Stuhls. In dem Gefäß im Gefäß, in dem doppelten Fassen läßt sich die menschliche Angst ermessen. Die Angst zum Leben kann so groß werden, daß man es sich erst nach dem Tod glaubt zutrauen zu können. Aber die Angst in der Flucht wird umgedeutet und entsprechend genutzt. Die in der Sedierung des Menschen liegende Verfeinerung des Geistes macht den Menschen kontrollierbarer und damit perfekter. Diese Kontrollierbarkeit erhält eine besondere Auszeichnung, den Status des Guten und des Besseren. Deshalb wird das Maß der Sedierung als Maßstab für die Vollkommenheit des Menschen genommen. Wer seine Unruhe zügeln kann, gilt als beherrscht, als vollkommen und gut.

So ist der Homo sedativus der Name für das menschliche Wesen, das am Ende der Sedierung steht. Seine vegetativen Bedürfnisse drängen nur noch zu dem, was den Vorstellungen gemäß ist, während sich seine Vorstellungen ganz an die eigenen Impulse angeschmiegt haben. In ihm fallen die Richtung der Triebe, die intellektuellen Maßstäbe und das Wollen ununterscheidbar in eins. Homo sedativus ist der Name für ein selbstgesteuertes und kontrolliertes Wesen, das leiblich und geistig über eine befriedete Ordnung verfügt, die darauf hinarbeitet, die Umwelt den eigenen Gesetzen gemäß zu gestalten. Die Zellstruktur der Ordnung entfaltet sich längs der Spuren des Profanen und des Sakralen: KOSMOS BEZIRK THRON – HAUS STUBE STUHL. Der Kosmos verkleinert sein Maß, um von ihm ausgehende Impulse zu vervielfältigen. Per Knopfdruck sind wir in der Zelle Stuhl im Nu überall, im gesamten Kosmos. Und insofern Sedierungen Ordnungsweisen des Setzens sind, ist der Stuhl eine Ablagerung des Gesäßes. Aber auch der Kosmos als Instanz der Ordnung hat sich im Stuhl sedimentiert. Als sakraler Raum ist er geschrumpft, hat sich verdichtet und dem gewöhnlichen Stuhl alte Schichten und Bilder eingegraben. Stühle sind Zeichen für Freiheit und Perfektion sowie für das Sklerotische am Menschen. Homo sedativus ist der Name für die semiotische Seite der Geschichte von All und Mensch: das Bild ihrer gebrochenen wechselseitigen Vervollkommnungen.

Die Macht des Homo sedativus liegt darin, die Welt nach selbstfabrizierten Formeln zu beherrschen. Nach den Regeln, nach denen er seinen Leib sitzend bezwingt, richtet er die Welt zu, indem er Natur in geistig geformte Welten überführt. Unser perfektes Wissen ruht in den exakten Wissenschaften. Aber Naturwissenschaft ist nicht Wissenschaft von der Natur, sondern ist austreibende (*exigere*) Wissenschaft, die austreibt, was sie nicht bemessen will, nämlich Natur. Da ihr Natur nur geistig geprägte Natur bedeutet, ist sie Geisteswissenschaft, aber befrachtet mit dem Geist der Naturwissenschaft. Diese geistige Welt wird ein Meer innerer Bildsamkeiten, von denen die Weltbilder die vollkommensten sind, da sie Natur zu Theater und Theorie umrüsten. Die im Zuschauen (Theater) liegende Kraft hat die Kette von Jäger und Beute sprengen können und den Menschen Gott gleich gemacht. Aber die Befriedigung des Innen und die Bemächtigung des Außen gehen nicht auf, sondern bereiten Angst und Enge, an denen das Projekt der Sedierung und Vervollkommnung des Menschen scheitert. Die Angst, Impulse nicht kontrollieren zu können und preisgeben zu müssen, macht die Form des Sitzenden zu einer paranoiden und autistischen Ordnung: der Grund dafür, daß der Homo sedativus die Spezies wird, die sich unter den Fuß beugt, den sie sich auf den Nacken setzt. Zwar kommt man nicht über die äußere Gestalt, über Gesten und Gebärden, an den ausdrucksarm Dasitzenden heran, aber die Verfolger sind nicht abgeschüttelt. Wenn der Aufenthaltsort der Beute die Gestalt des Verfolgers bestimmt, kann der Verfolger des Sitzenden nur ein Sitzender sein, einer, der aufgrund eigener Introspektionen und psychologischer Verfahren die Zeichen des gebärdelos Sitzenden zu deuten vermag und den Sitzenden, der er selbst ist, weiter ins Innen hineintreibt. In der Gestalt des Homo sedativus erweist sich der Bürger als Flüchtling, in dessen Flüchtigkeit die Wurzeln zu allen Formen des Fortschritts und der Perfektion liegen. Fortschreiten, Fliehen und Vervollkommnen bedeuten in diesem Kontext dasselbe, und jede Besserung verengt sich zu neuer Flucht. Flucht meint hier allerdings unräumliche, zeitliche Bewegungen, da der Sitzende unerfahren ist und nicht fährt, nichts wagt und nur noch fliehen kann. Daher die Ziellosigkeit des heutigen Menschen, der sich gejagt, verfolgt, getrieben fühlt. Er flüchtet und nutzt in der Flucht jede Chance zur Verwandlung, so daß seine Bewegung, dem jeweiligen Gelände angepaßt, zu zufälliger, das heißt zielloser Bewegung wird. Der Verfolger zerfällt in die beiden Gestalten des Bürgers und des christlichen Gottes. Auf der Ebene des Alltäglichen stellt der Bürger mit dem psychologischen Blick dem Innen seines sitzenden Bruders nach. Dagegen heißt Gott diejenige Instanz im Bürger, der es gelingt, potentiell jede Falte und jeden Schlupfwinkel der Seele aufzuspüren, auszuleuchten und die Menschen in Gute und Böse zu scheiden. Während die Macht des Homo sedativus also darin besteht, daß er das Leben kontrollieren und restlos überschauen kann, bestehen Illusion und Ohnmacht darin, daß sich nur das bereits auf Ordnung angelegte Leben rigiden Gesetzen beugt und Übersicht und strenge Kontrolle lediglich das Lebendige aus dem Leben austreiben.

Das Perfekte wird im harmonischen Zusammenspiel von Wollen, Triebhaftigkeit und Vernunft gesehen. Ein Zusammenspiel, das man in der Sitzhaltung einüben möchte. Beckett hat Variationen über dieses Thema verfaßt und mit dem Mythos aufgeräumt, der Homo sedativus liefere den Beweis, eine aufgeklärte Welt könne dem Pendelschlag zwischen Langeweile und Leiden entrinnen.

Mobilität und Beschleunigung als Ordnungen des Sitzens

Die andere Seite der Unbewegtheit ist das schleunige Vorankommen, die Basis für alle Erscheinungen des Fortschritts. Wobei die Metapher der Hochgeschwindigkeit gleich auf das Wesentliche des Phänomens hinweist: auf das Anheben in der Schnelligkeit. Mit zunehmendem Tempo verändert sich der Raum. Empfindungsmäßig weitet er sich und wird aufgelöst, in Wirklichkeit verschwindet er aber. Während die Unbewegtheit eigentlich nicht, aber offensichtlich gerade noch auf der Bühne dargestellt werden kann, gehören Geschwindigkeit und Mobilität dem modernen Alltag an: dem Fitness und Massentourismus, der nervösen Physis des Westlers, der Ästhetisierung des Kriegs, der elektronischen Informationsvernetzung.

Das Tempo, das der Mensch vermittels eigener Organe erzeugen kann, ist ein Laufen, dem die Sinnesorgane angepaßt sind. Jede höhere Geschwindigkeit erfordert das Abheben der Fußsohle vom Boden und das Verlagern auf fremde Ebenen wie Pferderücken oder Fahrgestelle und eine veränderte Sinnlichkeit. Bereits das Abheben auf den Rücken eines Tiers bedingt ein inneres Anheben, eine Zähmung von Tier und Mensch. Aber erst indem der Mensch den Stuhl, der Gestell heißt, zum

Gefährt macht, beginnt ein Prozeß zunehmenden Tempos, das die Sinne überfordert. Der Übergang von der Kutsche zur Eisenbahn hat die Geschwindigkeit von der Fessel einer begrenzten Anzahl von Pferden frei gemacht und ihre rasche Zunahme freigegeben. Indem sich das Eisengestell der Bahn als Prothese zwischen Mensch und Erde schiebt, werden Sturz und Fall in der Geschwindigkeit zu tödlichen Ereignissen oder traumatisch, da die Sinne die Vorgänge nicht nachvollziehen können und der Organismus mit dem Zusammenbruch des Nervensystems reagiert.

Der literarischen Verarbeitung der Unbewegtheit durch Beckett stehen Analysen der Mobilität und Beschleunigung gegenüber, die wie die Unbewegtheit Ordnungen des Sitzens darstellen. Immer häufiger sucht man alternative Formen des Alltagslebens und der Wissenschaft mit Begriffen des Nomadischen zu beschreiben, wobei man den Begriff für all das nimmt, was sich nicht der Tradition und der gegebenen Ordnung beugt. Aurel Schmidt spricht von einem schweifenden, unfertigen und paradoxalen Denken, das einfallsreich, zupackend und ein Spurendenken sein müsse und keine Absicht verfolge, sondern die eigene Unruhe und Sensibilität belebe. Er benutzt zur Charakterisierung der kulturellen Wende den Begriff des Nomadischen, da dieser weitläufig sei und Vieldeutigkeit und ein ungebahntes Denken zulasse. Nomadismus sei eine Philosophie der Minderheiten, der Potentialität und des Raums. Er legt dem Begriff das zugrunde, was eine Kultur von Sitzenden entbehren muß: Sinnlichkeit, Toleranz, Erfahrung und Wärme. Zwei andere Theoretiker, Jacques Attali und Vilém Flusser, haben sich dem Nomadischen von der Seite der neuen Medien genähert. Für Attali bewegen wir uns auf eine narzißtische Gesellschaft und ein neues Nomadentum zu, in dem wir weder über eine traditionelle Familie noch über einen festen Wohnsitz verfügen und in dem wir das, was wir zum Leben benötigen, größtenteils wie Kleider, Walkman oder Schmuck an uns tragen. Schon heute gibt es tragbare Telefone, PCs oder Telefaxe, und solche *objets nomades* würden zunehmen und das berufliche Leben und die Freizeit von Grund auf umgestalten. Flusser gelten bereits die neunziger Jahre als Ende der Seßhaftigkeit und Prothesen wie Telefon, PC und Fax als Elemente eines neuen Nomadentums. Daß wir nomadisch werden, bedeutet ihm nicht, daß wir uns von den Stühlen erheben, zu sehr sieht er den Menschen als denkendes Wesen, das für die Differenzen zwischen einer Lebensweise auf dem Fuß und dem Gesäß nicht empfänglich ist. Die Theoretiker des Nomadischen[44] gehen davon aus, daß eine permanente Revolution der Medien die Chance bietet, die Menschen geistig, kommunikativ und körperlich mobiler zu machen, indem sie deren Besitzstand reduziert und in erdumspannende Mediennetze einbindet. Während sich Flusser auf die

Medien beschränkt, sieht Attali die erhöhte Mobilität zugleich als Folge der großen Reisegeschwindigkeiten, die den räumlichen Dimensionen die Distanz nimmt. Ihm sind schon diejenigen Nomaden, die heute von hier aus telefonieren, morgen dort am Computer arbeiten und übermorgen von einem dritten Ort aus telefaxen. Was an den Vorstellungen der Nomadologen auffällt, ist, daß der vorgestellte Nomade nicht steht und läuft, sondern sitzt, Homo sedens ist. Eine *contradictio in adiecto*, da nomadisch und seßhaft Gegensätze sind. Was haben Nomaden, die Herden von Weide zu Weide treiben oder eine Salzkarawane durch die Sahara leiten und in der Woche bis zu über vierhundert Kilometern unter extremen Bedingungen zu Fuß zurücklegen, mit den mobilen und beweglichen Bedienern moderner Medien gemein, die sich zwar beschleunigt, aber sitzend durch die Welt bewegen? Und dennoch hat ihr Begriff eines modernen Nomadentums einen Sinn, wenn man mitbedenkt, was sich Nomaden und was sich gegenwärtige Abendländer unter Natur und Wirklichkeit vorstellen. Die technisch-nomadische Mobilität läge in einem geistigen, kommunikativen und reisenden Unterwegssein, geistig per Buch oder Computer, kommunikativ per Telefon oder Fax, reisend in geschwinden Transportmitteln. Dem Reisenden, der die Medien mit sich trägt, würden die Orte identisch, da das imaginäre Büro immer gegenwärtig ist, so daß Unterwegssein eine Kombination aus Zustand und Vorgang wäre: sitzend im Büro unterwegs.[45] Im Gegensatz dazu ist den traditionellen Nomaden gerade die Differenz der Orte Anlaß zum Weiterziehen. So wäre die hohe Mobilität eines technischen Nomadentums nicht der Ausdruck einer Beweglichkeit des Leibs, sondern Ausdruck einer technischen Beweglichkeit infolge des Gebrauchs von Apparaten. Bei ihren Überlegungen haben sich die Nomadologen vor allem auf den Aspekt des Ortswechsels bezogen, weniger auf die Art und Weise des Wechsels. Sowohl das reisende als auch das kommunikative und geistige Unterwegssein findet sitzend statt, so daß wir als zukünftige Nomaden neben den Medien immer noch einen Stuhl dabeihätten.

So löst die erhöhte Mobilität infolge der Medien zwar die Seßhaftigkeit des modernen Menschen auf, aber das Sitzen, das höchste Maß an Seßhaftigkeit, bleibt erhalten. Die Mobilität erhöht sich nicht, indem sich der Mensch bewegt und zu Fuß unterwegs ist, sondern indem er sich den Prothesen anvertraut, die anstelle des eigenen Leibs die Ortsveränderungen bewältigen. Der moderne Nomade würde sich nicht vom Stuhl erheben und neu gehen lernen, im Gegenteil, als Techno-Nomade hätte er Wege gefunden, sitzend seine Reichweite um ein Vielfaches zu vergrößern. Nicht der seßhafte Mensch entwickelt sich in einem ursprünglichen Sinn wieder zum Nomaden, sondern es sind

Stuhl und Sitzen, die nomadische Züge annehmen. So gibt es, eigentlich gesprochen, keine neuen Nomaden, sondern eine neue Form des Nomadischen, in dem die Beine des Stuhls zu laufen beginnen oder den Stühlen Flügel wachsen und den Sitzenden unermeßlich beweglich machen.

Paul Virilio ist der Theoretiker des geschwinden und verschwindenden Laufens (Dromologie), der sich dem Nomadischen von der Seite des Seßhaften nähert. Die Differenz seiner Theorie, der Dromologie, gegenüber der von Flusser und Attali besteht darin, daß das Tempo des Lebens ein Phänomen ist, das jede kulturelle Entwicklung des Menschen begleitet und die komplementäre Seite der Sedierung darstellt, während die Kommunikationsmedien ihre Basis in den besonderen Formen der Sedierung haben, die das Sitzen erzeugt – wenn auch gerade im Sitzen die Geschwindigkeit eine enorme Steigerung erfährt. Die hohe Geschwindigkeit von Mensch und Maschine zerstört nach Virilio die soziale Nähe, hebt die reale Größe des Raums und die Ebenen der Erfahrung auf und macht die schnell Reisenden omnipräsent. Beschleunigung diene dem Krieg, und die Mobilmachung ende im militärischen Staat. Daß Virilio Geschwindigkeit und Beschleunigung implizit mit den Merkmalen des Sitzens charakterisiert, liegt an der engen Verknüpfung von Sitzen und Schnelligkeit, in der das Sitzen sowohl das grundlegendere als auch das frühere Phänomen darstellt. Die Beschleunigung des Lebens ist ein abgeleitetes Phänomen. Sie verdankt ihre Dynamik der Energie der sedativen Ordnung und ist der Versuch, die Unbewegtheit und die zunehmende Sklerotisierung zu kompensieren. Geschwindigkeit und Sitzen sind komplementär.»Die Schnelligkeit ist unerhört«, schreibt Virilio,»die Blumen am Wege sind keine Blumen mehr, sondern Flecken oder eher noch rote und weiße Striche, keine Punkte mehr.«[46] Auch das Sitzen verändert die Gegenstände. Ihre Konturen und Formen verdichten sich, bleiben auf eine Ansicht beschränkt, erstarren und wachsen zu Monumenten, zu Grabsteinen, die sich im dauernden Betrachten aufdrängen. Das Flüchtige steht gegen das Versteinerte, das Auflösen gegen das Bleiben. Im Erleben hoher Geschwindigkeiten in Automobilen, Eisenbahnen und Flugzeugen sucht der sitzende die Spannung von Ruhe und Unruhe, von Sediertheit und Nervosität abzuschütteln, muß aber die beschleunigte Weise des Seins erneut im Sitzen erleben, was wiederum die Neigung zur Geschwindigkeit erhöht. Zugleich liegt die Beschleunigung des Lebens darin, daß die Bilder- und Informationsflut zu immer rascherer Verarbeitung zwingt und die Vorgänge der permanenten Anpassung und geschwinden Geistesarbeit nach außen ableitet. Formen der äußeren Geschwindigkeit wie Geschäftsreisen und Massentourismus haben den Wegen nur scheinbar die Beschwerlichkeit genommen, tatsächlich heben sie den Weg entweder überhaupt auf oder nehmen ihm seine Qualitäten. Ob man die Erde in Richtung Osten oder Westen umfliegt, bleibt sich gleich. Schnell reisend, realisiert der Sitzende, wo er sitzend ohnehin schon immer gewesen ist – wenn auch als Abwesender. Er ist omnipräsent. Seiner Omnipräsenz folgen die geschwinden Waffen, die Ausdehnung des Raums unterlaufend, und machen den Sitzenden auch als Krieger allgegenwärtig und omnipotent.

Das Sitzen zerlegt die nomadische Beweglichkeit in die beiden gegensätzlichen Elemente Unbewegtheit und Beschleunigung. Wie die Unbewegtheit sind Beschleunigung und Mobilität Versuche des Fliehens. Es handelt sich um zwei Seiten eines Vorgangs: In der Unbewegtheit weitet sich der Raum grenzenlos, im Tempo engt er sich bis zum Verschwinden; die Unbewegtheit erzeugt ein mächtiges Denken, die hohe Geschwindigkeit eine militärische Allgegenwärtigkeit und ein Höchstmaß an Mobilität. Während die Unbewegtheit nur die Flucht ins Innen möglich macht, wo sich die gesteigerten Geisteskräfte gegenseitig zu lähmen beginnen, ist die hohe Geschwindigkeit eine Flucht im Außen, bei der sich die Integration der Sinne auflöst und räumliche Desorientierungen verursacht.

Und doch scheint in den modernen Medien neben ihrem ungeheuren Zerstörungspotential eine Chance gegeben, den Zwang zur Flucht mäßigen oder gar unterlaufen zu können. Was eine Kultur unter Natur und Wirklichkeit versteht, ist Konstruktion, ist ein komplexer Knoten aus Wahrnehmung und Lernen, aus Deutung und Modifizieren der Wahrnehmung, aus erneutem Lernen, erneuter Deutung und so fort. Da Sitzen ein Zurückhalten des Menschen von sich selbst und die Arbeit mit den Medien eine Trennung von der Welt ist, erlebt der zivilisierte Mensch eine radikale Trennung von der äußeren Welt und der eigenen *Natur*. Die Omnipräsenz oder Ortlosigkeit des Techno-Nomaden entspräche der Ortlosigkeit seiner Sinne, so daß er durch die Medien allmählich an das herankäme, was als neue Wirklichkeit zu verstehen und zu erleben ist. Er repräsentierte in seinem Tun und Denken eine tatsächlich erlebte und gegenwärtig anerkannte Form von Körperlichkeit, die zumindest vorerst eine amputierte Körperlichkeit wäre. Im Umgang mit unterschiedlichen Medien hat die zivile Menschheit im Sitzen eine amputierte Sinnlichkeit ausgebildet – sie erscheint zumindest aus jetziger Sicht verstümmelt –, der die Medien zugleich die Mittel sind, die aufgegebenen Funktionen zu ersetzen. Da der Mensch Kulturwesen ist und seine Wirklichkeit immer nur eine konstruierte sein kann, liegt die Chance, die Fluchtbewegung abzubremsen, darin, die technisierte Welt, die nur noch vermittelt und amputiert erlebt werden kann, als solche anzunehmen. Aus diesem Grund erscheinen die

Massenbewegungen des Tourismus und des Fitness anachronistisch, da die zeitgemäße Form der Mobilität als innere, geistig-technische Beweglichkeit gedacht wird, nicht als konkrete des Leibs. Deshalb sind sie aber nicht weniger Reaktion auf veränderte Lebensumstände, Ausdruck und Kompensation einer reduzierten Sinnlichkeit. So repräsentieren die Sport- und Tourismusbewegungen ebenso wie die neuen Medien eine Vorstellung, die dem nahekommt, was in den technisierten Gesellschaften unter Natur und Wirklichkeit verstanden wird. Es kommt nicht auf die jeweilige Bewegung und das jeweilige Tun an, sondern darauf, daß man sich bewegt und überhaupt etwas tut.

Die Rede vom Mobilitätswahn macht deutlich, daß Mobilität und Beschleunigung Scheinphänomene darstellen und doch ganz real sind, eingebildete und zugleich wirksame Weisen der Beweglichkeit. In den Bildern der Apokalypse sind die Gegensätze von Mobilität und Unbewegtheit, von totenhafter Starre und rasender Omnipräsenz gegenwärtig und entfalten die Beweglichkeit, die bleibt, wenn man die Glieder festhält und die Sinne versteppen läßt, in ihrer Perspektive: spastische Bewegungsabläufe, die das anvisierte Ziel verfehlen, aber doch alles, was zu packen ist, unbarmherzig ergreifen.

Das Apokalyptische des Sitzens

Das Äußerste des Grauens in den Darstellungen der Apokalypse bilden nicht die Vernichtungsschläge Gottes gegen seine Geschöpfe. Den Gipfel des Grauens stellt dar, was bleibt: das in Herrlichkeit erstrahlende Bild des untätigen Sitzens bis in alle Ewigkeit um den Thron des richtenden Gottes.

Die Apokalypse ist ein Abschied. Sie scheidet das Böse vom Guten ab, und mit ihr endet die Heilige Schrift. Sie ist die Perspektive und die Sehnsucht des christlichen Menschen, der auf den Tag des Jüngsten Gerichts so hinarbeitet wie die Heilige Schrift auf die Visionen des Johannes. Mit dem apokalyptischen Abscheiden endet die Möglichkeit jeglicher Flucht. Man nimmt Abschied, um für immer zu bleiben.

Die Apokalypse entfaltet ein prägnantes Bild der Thronordnung. Sie faltet die Struktur in ihre beiden gegensätzlichen Momente des Beruhigten und der aus der Beruhigung erwachsenen zerstörerischen Unruhe des Richtens und Rächens auseinander. Gott und Christus als Bilder der Ordnung sind nicht mehr anthropomorph, sondern als Träger abstrakter Vorstellungen gedacht, die um die Zahl Sieben kreisen und ein Spektakel aus Rache, Macht und Opfer inszenieren.

Johannes von Patmos hat den Christus der Liebe, der nicht richten, sondern geben wollte, zu einem kriegerischen Richter und Rächer um-

Jean Fouquet, *Anbetung der Heiligen Dreifaltigkeit* (um 1450–1455, Musée Condé, Chantilly)

gerüstet. Christus wird mit sieben Geistern und sieben Sternen gewappnet, wobei die Geister als Hörner Werkzeuge des Stoßens sind und als Augen Werkzeuge des beobachtenden Nachstellens. Die sieben Sterne bedeuten die sieben Engel (der sieben Gemeinden), die ausführenden Organe der vernichtenden Anordnungen Christi. Die sieben Engel posaunen die kommenden verheerenden Ereignisse aus, bringen die sieben Plagen über den Erdkreis und gießen die sieben Kelche des Gotteszornes über die Erde aus. Die hinter der Apokalypse stehenden Ideale bilden die Basis einer mächtigen religiösen Bewegung, die zwar weder das Christentum noch die Lehre Jesu repräsentieren, die aber Aspekte des Christentums betreffen und mit der abendländischen Welt und der sitzenden Lebensweise aufs engste verknüpft sind.

Die göttliche Vernichtungswut unterwirft den gesamten Kosmos. Das Meer wird vergiftet, brennende Sterne schlagen auf die Erde, Hagel, Blut und Feuer vernichten das Geschöpf. In immer enger werdenden Kreisen des Zerstörens und wachsenden Grauens wird das Übel der Welt ausgerottet. Es sind verheerende Mittel, zu denen der Zorn Gott greifen läßt, Mittel, die der Satan, den man bekämpft, nicht schlimmer einsetzen und inszenieren könnte. Schwert, Erdbeben, Pest und quälende Martern zahlen dem Bösen böse heim. Berge und Inseln werden aus ihrer ursprünglichen Lage verrückt, die Sonne schrumpft zum härenen Sack, und die Finsternis legt sich auf die Welt. Am Ende wird gar der Himmel wie ein Buch zusammengerollt.

In siebenfachen Schlägen werden die Menschen gerichtet und zerschmettert, die Erdreiche verbrannt und die Brunnen des Lebens verschüttet. Christus, der einen Krieg gegen Lügner, Unzüchtige, Mörder und Götzendiener führt, in dem nur wenige Auserwählte verschont bleiben, wird die Nationen mit eisernem Stab weiden (Offb. 19, 16). Der Thron des Jüngsten Gerichts stellt die Ebene dar, von der aus Gott seine Geschöpfe richtet. Von hier aus scheidet er das Gute vom Bösen, beseitigt die alte Welt und richtet auf der ausgebrannten eine neue auf. Es ist das Wort Gottes, die Abstraktion vom Leib und die Illusion einer nicht an den Leib gebundenen Spiritualität, die in einen solchen alles erfassenden Krieg hineinzuführen vermag.

In der neuen Welt soll es weder Schmerz noch Geschrei, weder Trauer noch Tod geben. Aber wer könnte die vorangegangenen Schreie und den Schmerz vergessen? In der Gestalt eines gigantischen Würfels baut man aus edlem Stein das neue Jerusalem, das eine abstrakte Ordnung des Thronens und das Bild eines ins Monströse gesteigerten Thronsitzes darstellt. Daß die Stadt von den beiden paradiesischen Bäumen vermutlich nur den Baum des Lebens aufnimmt, enthüllt den Schöpfungsmythos um ein zentrales Stück. Wie in der Apokalypse geht es im Garten Eden um den Gewinn ewigen Lebens, nicht, wie der Mythos vordergründig suggeriert, um die Erkenntnis: »Wer überwindet«, heißt es, »wird mir Sohn sein« (Offb. 21, 7), und »[ich werde ihm] zu essen geben vom Baum des Lebens« (Offb. 2, 7). Wer überwindet, bildet die Formel für die Worte Christi, daß Gottessohn und Gott selbst werden kann, wer ihm nachlebt. Aber der Christus Nachlebende wird in die zwei Momente von Rache und Festsetzung, erhöhter Ruhe und erhöhter Unruhe zersplittert, so daß der Thronende und das neue Jerusalem, Bilder starrer Blöcke des Gehemmtseins und schrankenloser Destruktion, von vergleichbarer Art sind. Das Leben, das den Tod überwinden soll, gibt dem in Ewigkeit Thronenden nur die gewandelte Form eines Todes, kein neues Leben. Das Verhängnisvolle besteht darin, daß der Thronende nicht nur das eigene Absterben in der Entsagung übt, sondern daß die aus seinem Festgehaltensein entspringende Vernichtungswut auch den Anderen trifft. Die eigene Stillstellung in der Festsetzung programmiert zwangsläufig die Zerstörung des Anderen mit, weswegen der Sitzende zwischen Selbstzerstörung und innerer Sedierung sowie dem äußeren Gleichmaß und dem Drang, den Anderen zu vernichten, hin und her schwankt. Wer überwindet, wird zur doppelbödigen Formel, die nicht für die Überwindung des Todes, sondern für die extreme Formung des Leibs und die Erhöhung des Geistes steht. Die Verdoppelung des Abstrakten verwandelt Leben in Tod, und das ewige Leben dient der Legitimation eines auf Überhebung und Unterjochung ausgerichteten Daseins. Wie der Thron ist das neue Jerusalem eine eiskalte Hand, die den sich überwindenden Gläubigen fest im Griff hält. Die letzte Burg des Menschen ist ein gläserner

Schrein, kein Sarkophag, denn das Fleisch ist restlos zu Gebein geworden und hat sein äußerstes Maß an Sedierung erreicht.

   Johannes und die an seinen Idealen ausgerichtete Strömung innerhalb des Christentums, die sich in der Geschichte immer wieder durchgesetzt hat, bieten dem Christen eine Scheinalternative: die Wahl zwischen Tod und Tod. Die Differenz liegt allein in der Form. Entweder soll, wer leben will, als das Böse ausgelöscht werden, oder man stirbt in freiwilliger Entsagung leiblich ab. Aber die Alternative bringt den Anspruch auf eine Macht zum Ausdruck, die in jeden Schlupfwinkel des anderen will, aber auch die Angst, daß man an den anderen nicht mehr herankommt. Es ist das Gläserne der neuen Braut Christi, das ein Bild dieses Wollens darstellt. Das durchsichtige Jerusalem macht das Leben des Gläubigen transparent, läßt nichts unverborgen und erweist sich darin als eine aktive Struktur, deren Tore und Pforten keiner Cherubim mehr bedürfen, da bereits die Schwellen ihrer Eingänge das Böse vom Guten scheiden und die Stadt zu einer selbstregulierten und selbsterhaltenden Ordnung machen. In Gott, der mehr auf das sieht, »was dich zum Handeln treibt, als auf das, was du wirklich tust«[47], wird das Prinzip des Nachstellens so umfassend, daß das Böse keinen Unterschlupf mehr findet. Deshalb bedarf es im neuen Jerusalem keiner moralischen Instanz, da in ihm jeder jedem und zugleich jeder sich selbst nachstellt. Die gottgleich gewordenen Sitzenden sind es, die sich in paranoider Kurzschlüssigkeit selbst ins Kreuz nehmen und beobachtend kontrollieren. Ihre Beute im Nachstellen ist das Gewissen des anderen, des anderen Sitzenden. Die Gestalt, die der Verfolger des Sitzenden annehmen muß, um an dessen inneren Kern heranzureichen, ist der thronende Gott sowie der Homo sedativus. Das Sich-selbst-Zerfleischen des kosmischen Willens (Schopenhauer) und die Verwandlungen in der Fluchtbewegung (Canetti) gelangen hier zum Abschluß. Es gibt kein Zerfleischen und keine Räume mehr. Indem man den Himmel wie ein Buch aufrollt, verschwinden Raum, Bewegung und die Möglichkeiten zur Verwandlung.

   Die Apokalypse besteht aus Bildern kosmischer und kollektiver Destruktion und aus Vorbildern für das rigorose Bändigen individuellen Wollens zugunsten eines abstrakten Lebens im Kollektiv der Gemeinde Christi. »Das Sterben«, sagt Thomas von Kempen, sollte »dein eigentliches Leben sein.«[48] Er reduziert den Menschen auf einen Organismus, der darin besteht, daß er nicht funktioniert, und auf eine leibungebundene Spiritualität. Das Erschreckende in der Vision des Johannes ist nicht so sehr der unfaßbare Haß, mit dem das alte Böse bekämpft wird, sondern die Systematik hinter dem Haß sowie das Programm, nach dem immer wieder ein neues Böses erzeugt wird. Die Basis dieses grausamen Mechanismus bildet das apokalyptische Thronen, das systematisch den Haß erzeugt, ansammelt, exzessiv abschüttelt und von neuem erzeugt. Die Logik besteht im Erzeugen einer inneren Übersichtlichkeit, die den Menschen vom Tier und von jeglicher Natur radikal scheidet. Die Übersicht entnimmt man den Vorgängen um das Sterben, das Sitzen und den Tod.

Die Apokalypse stellt Macht und Herrschaft trotz Nichthandelns anschaulich dar, eine Ordnung des Bleibens, in der Thron und Sitzender ununterscheidbar miteinander verschmelzen. Die Zeitspanne zwischen Sünde und Erlösung, Geburt und Tod sowie zwischen Tod und Jüngstem Gericht dient nicht dem Leben, sondern dem Warten auf den Tag der Abrechnung, auf den letzten Schlag der Rache, in der Hoffnung, den angesammelten Haß endlich ausagieren zu können. Sitzend soll der Gläubige ausharren, denn bis zum Jüngsten Gericht gibt es viele Stationen: die verschiedenen Tode und die sieben Siegel, die sieben Trompeten und die sieben Zornesschalen, die erste Auferstehung und die tausend Jahre, die zweite Auferstehung und das Jüngste Gericht. Der Gläubige wartet auf den Moment, in dem die Seelen der Märtyrer und der zu Richtenden zahlreich genug sind.[49] Die Rache und das Warten auf ihre Realisierung machen das Leben des Gläubigen zu einem gehemmten und aufgeschobenen Dasein.

Wenn sich die Offenbarung des Johannes auch als das Produkt eines einzelnen erweist und nicht das Ganze des Christentums zum Ausdruck bringt, so muß sie doch als eine Möglichkeit der christlichen Religion angesehen werden. Das apokalyptische Thronen ist ein Bild für das abendländische Sitzen. Die Bilder mögen den modernen Abendländer nicht mehr auf den Himmel fixieren, aber der heutigen Wirklichkeit unterliegt eine Struktur, die dieselben Bilder hervortreibt und den Menschen in derselben Weise von innen her umzugestalten sucht. Strukturell fällt das reale Sitzen mit dem apokalyptischen zusammen, und wie der Gläubige sitzt der Abendländer auch dort, wo er geht, steht oder liegt, und auch er ist wie jener einer, der wartet. So bildet das Sitzen Ordnungen des Wartens und Aufschiebens aus, Strukturen des Geduldigseins, oberflächlicher Ruhe und eines bis zum Äußersten getriebenen Hasses und Ressentiments.

Die Unfähigkeit, Haßimpulse bei ausgeprägter Selbstkontrolle jederzeit beherrschen zu können, erzeugen die unterschiedlichen Formen leiblicher und geistiger Lähmungen, insbesondere alle Formen der Selbstlähmung.

Während man sich in frühen Kulturen der Vergangenheit hingibt, um sich an ihr auszurichten, überlagern heute zunehmend an die Zukunft gebundene Perspektiven den rückwärtsgewandten Blick auf die Tradition. Aber erst das im Sitzen gegebene Warten verdichtet die Ordnung der Zeit so sehr, daß es deren Richtung umkehrt.

Von einer solchen Umkehr hat Hans Jonas ein Beispiel gegeben. Da die Wirkungen der Eingriffe in die Natur für nachfolgende Generationen unüberschaubar geworden seien, bedeute Verantwortung heute, das Leben an der Zukunft zu orientieren. Die Daten heutiger Praxis und deren Wirkungen müßten in die Zukunft projiziert werden, um von dort durch Interpolationen auf das Sollen eines angemessenen Handelns in der Gegenwart rückschließen zu können. Die Ethik von Jonas ist nicht mehr traditionell, sondern *präditionell*, eine Vorgabe an die Zukunft, aus der man auf die Gegenwart rückschließt. Da sich der Mensch nach Jonas' Vorstellung nicht von seiner Gegenwärtigkeit leiten lassen soll, sondern vom Anderen, vom zukünftig Lebenden, beschreibt sein Modell eine Variante des Verdrängens von Gegenwärtigkeit. Der westliche Mensch lebt bereits unter der von Jonas gegebenen Perspektive: geistig in der Abstraktion des gesunden Menschenverstandes oder des bloßen Theoretisierens; materiell zwar verschwenderisch im Reichtum, aber an seinen vitalen Bedürfnissen vorbei. Die Konsumwut muß als Ersatz für diese Spaltung genommen werden. Das gegenwärtige Leben erscheint nur noch als logischer Rückschluß von der Zukunft her auf die Gegenwart, so als hätte die Zukunft bereits in der Vergangenheit stattgefunden. Man interpoliert, wie man in der Gegenwart zu handeln hätte, damit künftige Generationen unter heute entworfenen Bedingungen leben können, aber man weiß heute nicht einmal mehr, wie man leben müßte, um in der Gegenwart zu leben. Im Gegenteil, die Entwürfe in die Zukunft sind gerade der traurige Ausdruck der Unfähigkeit, gegenwärtig zu sein. Die abenteuerlichen Planungsprojekte, Programme des Wartens und das Fliehen aus der Gegenwart erreichen kaum noch zu überbietende Abstraktionen, weil die Grundlagen vitalen Lebens in unerreichbarer Ferne liegen. Der Stuhl ist es, der die Zeitachse umkehrt, er beseitigt die Tradition und ersetzt sie durch das Prinzip der Prädition, nach dem der Sitzende lebt, als sei die Zukunft bereits Vergangenheit.

Das Umwenden der Zeitperspektive, der Verzicht auf Gegenwärtigkeit und der daraus erwachsende Wirklichkeitsverlust führen in die vielfältigen Formen des Verrücktseins und der Entrückung. Der Homo sedativus sitzt zwischen Fettleibigkeit und Magersucht, zwischen Paranoia und Melancholie, zwischen Sitzen und Marathon. Angesichts der Verfassung der Natur wie der inneren und äußeren Fassung des Menschen kehren sich die Relationen von normal und verrückt um. Der Stuhl, der dem Menschen eine todähnliche Starre auferlegt und die Lebensperspektiven verdüstert, bildet eine der wesentlichen Grundlagen solcher Umkehrungen.

Im Homo sedativus schließen sich vielfältige Prozesse ab. Der Raum verschwindet, die Zeitachse verkehrt sich und die geistigen Potenzen werden ins Unermeßliche gesteigert. Er erweist sich als gottähnlich, als perfektes Wesen, dem es gelungen ist, das Band zwischen Jagen und Gejagtwerden zu zerschneiden.

Das Perfekte am Menschen sind besondere Formen des im Sitzen erzeugten Sedativen. Es heißt Duldsamkeit, Selbstbescheidung, Affektbeherrschung, es heißt Absichtsvermögen, Abstraktionsfähigkeit und Selbstkontrolle. Diesen Vollkommenheiten stehen charakteristische Hemmungen gegenüber: Ordnungen des Wartens und der entwurzelten Sinnlichkeit, Formen der Ironie und des Zynismus, Ordnungen des Ressentiments. Die Hemmungen bilden aber zum Perfekten nicht bloß passive Oppositionen, sondern die vervollkommneten und geweiteten Funktionen selbst geraten in den Strudel der Begrenzung, in der sich am Ende sogar das Denken in sich verfängt und selbstzerstörerisch wird. Die Reduktionen und Weitungen engen den Menschen zum Homo clausus, weiten ihn zum Homo sedativus und erlauben, die geordneten Formen des Vollkommenen zu algorithmisieren und in den unterschiedlichen Gestaltungen der Maschine und des Technologischen nach außen abzulagern. Am Ende sitzt der perfekte Mensch, raumlos, ohne Kontakt und präditionell. Die Gegner sind scheinbar gebannt, die Arbeiten getan.

Im Bürger als Homo sedativus findet die Stuhlmetaphorik der sieben Kapitel als nun ausgeführtes anthropologisch-historisches Design ihren Abschluß. Von den Nomaden ausgehend, wurde offenbar, daß sich der Mensch mehr und mehr festsetzt. Die Nomaden leben in einem absoluten Kosmos, in dem das Besetzen jeglicher Art so gut als möglich gemieden wird. Der Beginn des Seßhaften ist ein Riß in der Geschlossenheit, aber erst im thronenden König wird das Band des Kosmos zerrissen und in seine polaren Elemente der kosmischen Genügsamkeit und der verschiedenen Möglichkeiten des Besetzens auseinandergebrochen. Neben den thronenden König, sitzend mit göttlichen Attributen ausgestattet, tritt als zweites Fundament des Sitzens der gekreuzigte Jesus Christus, und im Rahmen der klösterlichen Askese werden Sitzen, Besetzen und Gekreuzigtsein als Nachfolge Jesu Christi zur inneren Pflicht. Das Bürgertum übernimmt um 1450 das christliche und königliche Thronen und setzt sich. Bis ins 18. Jahrhundert hinein sitzen vorwiegend die Oberen der bürgerlichen Gesellschaft. Aber im weiteren Verlauf durchzieht das Sitzen als entscheidendes Paradigma des Bürgerlichen allmählich sämtliche Bereiche des gesellschaftlichen Lebens, bis es zum Prinzip einer inneren Form wird, die das Sitzen zu einem generellen Besetzen ausweitet. Bis hinein in die theoretischen Konzepte durchwirkt das Sitzen die bürgerlichen Ideale. Es beginnt mit der Ich-Besessenheit des kartesianischen Denkens und endet bei Fichtes »das Ich setzt sich«, mit dem sich die Etablierung des Stuhls vollendet und die formende Haltung des Sitzens ihre größte Allgemeinheit erreicht, indem sie den Bürger zum Homo sedens macht. Von nun an begegnen die Bürger einander wie Könige und Götter, sind ebenso mächtig wie diese. Und ebenso ohnmächtig. So hat sich der Mensch nach und nach vom metaphysischen Grund einer kosmischen Genügsamkeit heraus- und emporgearbeitet und ist über die Mechanismen der Seßhaftigkeit und des Sitzens mit dem Stuhl zu einer selbstorganisierenden Einheit zusammengewachsen, die der Götter nicht mehr bedarf und das irdische und jenseitige Dasein selbst regelt. Während man früher jemanden hinsetzte, damit sich viele bewegen können, oder für viele einen ans Kreuz schlug, sitzen in der modernen Welt die Bürger an Königs Statt und übernehmen die Funktion sowohl des einen als auch der vielen. Bisher hat sich gezeigt, daß der mit dem Sitzen gegebene Gewinn enorm ist, die Bürde aber, die der Mensch in dieser zweifachen Strategie auf sich genommen hat, bei weitem den Gewinn überwiegt. Indem der Stuhl zum Thron der Masse wird und die Neigung des Sitzens zum Sitzenbleiben den Homo sedens zum Homo sedativus umgestaltet, kommt der Mensch aus der Sitzhaltung nicht mehr heraus, weder im Stehen und Hocken noch im Liegen.

Anmerkungen

1. Kapitel

1 Vgl. Böhringer, Hannes, Ein Artikel Architektur, in: Brandolini, A. (Hrsg.), Platz machen, Berlin 1991, S. 79 f.
2 Ritter, Hans, Sahel. Land der Nomaden, München 1986, S. 120.
3 Bruce Chatwin hat in *Traumpfade* das nomadische Leben hervorragend beschrieben und Ansätze zu einer Theorie des Nomadischen entwickelt.
4 Jabès, Edmond, Die Schrift der Wüste, Berlin 1989, S. 129.
5 Lange vor unserer Zeit praktizierte man in Indien, China und Japan das Lotossitzen. Es ist eine strenge Disziplin, keine natürliche Haltung. Sie bedarf der Einübung. Man weiß, daß falsches Üben zu gesundheitlichen Schäden führen kann. Man ruht mit dem hinteren Abschnitt des Gesäßes auf einem niederen Kissen, kreuzt die Beine, legt die Füße so auf den Oberschenkel des anderen Beins, daß die Fußsohlen nach oben zeigen, und »lotossitzt« mit so geradem Rücken wie möglich. Es handelt sich um eine ökonomische Haltung, man verbraucht wenig Energie. Der Sinn liegt, anders als beim Hocken und Kauern, nicht im Gewinn der leiblichen, sondern der geistigen Gegenwärtigkeit. In gewisser Weise bildet sie zum Nomadischen einen Gegensatz. Der Zweck liegt in der Überwindung einer grundlegenden Resignation, einer Trauer um die erwartete Unerfüllbarkeit der Bedürfnisse in der äußeren, auf den Leib einwirkenden Welt.
6 Die Nilotenstellung ist der Stand auf einem Bein. Der Fuß des freien Beins wird dabei oberhalb des Knies auf den Oberschenkel gestützt. Es handelt sich um eine Ruhehaltung, die über Stunden eingenommen werden kann. Auch die Aborigines ruhen in der Position aus. Es gibt auch Menschen, die stehend schlafen können.

2. Kapitel

1 Den Zusammenhang von weiblicher Gottheit und Thron sieht bereits Neumann. Als Erdfrau sei die Große Mutter »der Thron an sich« (Neumann, 1988, S. 103). Aber Thron ist ihm etwas Abstraktes. Er unterscheidet nicht zwischen den Haltungen Hocken und Sitzen. McLuhans Definition: »Der Stuhl ist der *ablativus absolutus* des Gesäßes« (S. 8) läßt sich differenzieren: Er ist der *ablativus absolutus* des weiblichen Gesäßes.
2 Vgl. Reichel, Wolfgang, Über vorhellenische Götterkulte, Wien 1897, S. 21 f.

3 Zikkurate sind Tempel der sumerischen, babylonischen und assyrischen Baukunst. Sie sind gemauerte Festungen gewaltigen Ausmaßes auf einer Ebene. Treppen und Rampen führen hinauf ins Heiligtum.
4 Es gibt Heiligtümer, die niemand betreten darf. Es heißt, wer das Verbot übertritt, wird sterben.
5 Der geistige Kaiser Japans, der Mikado von Dairi, gilt als heilige Person. Er ist verpflichtet, die Zeremonien peinlich genau zu beachten. Er darf weder den Boden berühren noch sich der Sonne oder frischer Luft aussetzen. Seine Körperteile gelten als so heilig, daß niemand es wagen darf, Kopfhaar, Bart, Finger- und Fußnägel des Herrschers zu scheren. Solches Tun gilt als frevelhafter Diebstahl, mindert die Heiligkeit des Mikado und verlangt Tribut. In früherer Zeit sieht die Zeremonie vor, daß er unbeweglich mit gekröntem Haupt bis zur Mittagszeit auf seinem Thron sitzt. Man glaubt, die geringste Bewegung des Monarchen löse Krieg, Hungersnöte und anderes Unglück aus. Unbeweglich wie ein Bild, ist ihm versagt, Hände, Füße, Kopf oder Augen zu bewegen. Bis mittags ist der Mikado ein versteinerter Thron.

In Niederguinea lebt der priesterliche König Kukulu allein im Wald. Er darf weder sein Haus verlassen noch Frauen berühren. Er darf nicht einmal seinen Stuhl, der ihm zugleich das Bett ersetzt, verlassen. Legte er sich hin, könnte sich der Wind nicht aufmachen, und die Schiffahrt müßte ruhen. Der Wind wird als sitzend gedacht, er sitzt, wenn er nicht weht. Anders als der König: Wenn er sitzend ruht, kann sich alles aus seiner kosmischen Ruhe heraus bewegen. Allerdings ist der Thron nicht immer ein Stuhl, er kann auch ein niederer Kasten sein, auf dem der König hockt oder in einer Art Schneidersitz ruht.

6 Das Ka, neben dem Ba der bedeutendere der beiden Seelenbegriffe, gilt als zeugende und bewahrende geistig-seelische Lebenskraft. Das Ka des einzelnen wird in der Schwangerschaft von der Göttin Meschenet geschaffen und begleitet den Menschen durchs Leben, bis über den Tod hinaus. Das Ka wird auch als Doppelgänger aufgefaßt, da es, zwar immateriell, ein Ebenbild des Menschen ist, dem angehört. Ohne das Ka kann kein Lebewesen existieren, es ist die Mächtigkeit eines Menschen.

7 Hahn, Eduard, Thronende Herrscher und hockende Völker, in: Zeitschrift für Ethnologie 50, 1918, S. 220.
8 Wirz, Gretel, Tod und Vergänglichkeit, Augustin 1982, S. 35 f.
9 Wirz, a.a.O., S. 35.
10 Kuhlmann, Klaus Peter, Der Thron im Alten Ägypten. Untersuchungen zu Semantik, Ikonographie und Symbolik eines Herrschaftszeichens, Dissertation 1970, S. 25 f.
11 Kuhlmann, a.a.O., S. 34 f.
12 Nach Kuhlmann, a.a.O., S. 46.
13 Brunner, Helmut, Gerechtigkeit als Fundament des Thrones, in: Vetus Testamentum, Vol. VIII, No. 4, 1958, S. 426 ff.
14 Lexikon der Ägyptologie, Wiesbaden, S. 594.
15 Brunner, a.a.O., S. 426.
16 Evers, Hans G., Staat aus dem Stein, o. O. 1929, S. 52.
17 Frankenberg, Gisela von, Der schwarze Kontinent. Pharaonensymbolik, Bonn 1988, S. 85.

18 Kuhlmann, a.a.O., S. 85.
19 Echnaton führt als Thron nicht nur den mit aufgelegtem Kissen versehenen Hocker, sondern auch den Löwenthronstuhl ins königliche Leben ein.
20 Rosenstock-Huessy, Eugen, Soziologie, Bd. 2, Stuttgart 1956, S. 458 f.
21 Kuhlmann hat dargelegt, daß diese Deutung aus sprachlichen Gründen nicht möglich ist, a.a.O., S. 96 ff.
22 Neumann, Erich, Ursprungsgeschichte des Bewußtseins, Zürich 1949, S. 249 f.
23 Im Hocken nimmt das Sakrum eine ähnliche Position wie im Sitzen ein. Aber die Differenzen, die beide Haltungen unterscheiden, sind wesentlich. Im Gegensatz zum Sitzen ermöglicht das Hocken bodennahen Kontakt, Kontakt mindestens einer Fußsohle mit dem Boden, eine niedere Herzhöhe mit entsprechend günstiger Blutzirkulation, ein vorteilhaftes Zusammenwirken von Atmung und Muskelspannung. Darüber hinaus verhilft es zu Nähe, direkter Kommunikation und zu größerer Beweglichkeit.
24 Kolpaktchy, Gregoire, Einführung in das Ägyptische Totenbuch, in: Das Ägyptische Totenbuch, Bern-München-Wien 1970, S. 14.
25 Der Klismos ist ein einfacher Stuhl ohne Armlehne, mit geschweiften Beinen und einer geschweiften Rückenlehne.
26 Jung, Helmut, Thronende und sitzende Götter. Zum griechischen Götterbild und Menschenideal frühharchaischer Zeit, Bonn 1982, S. 28. Jung hat sehr präzise die verschiedenen Herleitungen von Thron herausgearbeitet und auf die Unterschiede zwischen sitzenden Männer- und Frauenfiguren bezogen.
27 Der Chiton ist ein Umhang, den man in unterschiedlicher Länge trägt.
28 Jung, a.a.O., S. 115.
29 Jung, a.a.O., S. 137.
30 Jung, a.a.O., S. 130 f.
31 Vielfach entsteht der Eindruck, auch die Römer hätten im Alltag gesessen. Ein Schluß von falsch gedeuteten Abbildungen auf historische Tatsachen. Die Römer saßen nur zu bedeutenden Anlässen. Die Reichen und die höheren Beamten verfügten über Stühle. Man findet Stühle auch bei Lehrern und Schülern und bei Handwerkern wie Schustern und Schmieden, die gelegentlich bei der Arbeit saßen. Herauszuarbeiten, bis zu welchem Grad sich das Sitzen tatsächlich etablieren konnte und wie es dazu kam, daß die Römer eine göttliche Haltung im Bereich des profanen Schaffens zuließen, bedürfte einer detaillierten Studie. Entscheidend ist hier, daß das Sitzen im Römischen Reich sporadisch und ohne nachhaltige Wirkung bleibt. Wo wir in der Regel sitzende Römer vermuten, hat meist die Überlieferung wie im Falle des Abendmahls nachgeholfen. Man setzt Christus, weil man ihn sitzend will: aber er hat mit seinen Jüngern wie die Römer beim Speisen gelegen.

3. Kapitel

1 *Human* meint im Text nicht *menschenfreundlich*, sondern lediglich das, was dem Menschen zukommt. So wie Kriege oder das Sitzen *human* sind.
2 Paradies leitet sich von *pairi-daēza* ab und verweist auf das Eingezäunte. Vgl. Eliade, Mircea, Geschichte der religiösen Ideen, Freiburg-Basel-Wien 1979, S. 158, Anm. 8.
3 Die Unterscheidung zwischen Israeliten, Hebräern und Juden wird hier nicht getroffen. Von Juden spricht man in erster Linie nach dem Exil in Babylon. Die Herkunft der Wörter ist nicht gesichert. Vgl. Chouraqui, André, Die Hebräer. Geschichte und Kultur zur Zeit der Könige und Propheten, Stuttgart 1975, S. 65 ff.
4 Ziegler, Leopold, Überlieferungen, München 1949, S. 317.
5 Der König bedarf immer einer göttlichen Legitimation. Im Abbild des Königs lauern Gefahren zur Bildwerdung Gottes. Bis dahin waren die Cherubim der Bundeslade die einzigen an Gott erinnernden Bilder. Vgl. Konzelmann, Gerhard, Aufbruch der Hebräer. Der Ursprung des biblischen Volkes, Frankfurt/M.-Berlin 1986, S. 167 ff.
6 Eliade, Mircea, Das Heilige und das Profane. Vom Wesen des Religiösen, Frankfurt/M. 1984, S. 85.
7 Die *sella curulis*, ein Stuhl aus der Zeit der Republik, hat einen Sitz mit niederer Rückenlehne und meist tierfüßig geformte oder geschweifte Beine, die überkreuzt sind. Sie ist ursprünglich der Faltstuhl, von dem der Feldherr von einer Anhöhe aus die Schlacht beobachtet. Spätrömische Kaiser benutzen als Thron häufiger das *solium*, den antiken *thrónos*. Als Faldistorium gelangt die *sella curulis* ins Christentum und wird zur Kathedra des Bischofs.
8 Zitiert nach Runciman, Steven, Kunst und Kultur in Byzanz, München 1978, S. 92.
9 Campenhausen, Hans Freiherr von, Die Bilderfrage als theologisches Problem der alten Kirche, in: Schöne, Wolfgang, Das Gottesbild im Abendland, Witten-Berlin 1957, S. 102.
10 Gerke, Friedrich, Spätantike und frühes Christentum, Baden-Baden 1967, S. 47.
11 Wessel, Klaus, Der Sieg über den Tod. Die Passion Christi in der frühchristlichen Kunst des Abendlandes, Berlin 1956, S. 7.
12 Wessel, a.a.O., S. 10 f.
13 Lange, Reinhold, Das Marienbild der frühen Jahrhunderte, Recklinghausen 1969, S. 9 f.
14 Braunfels, Wolfgang, Die Heilige Dreifaltigkeit, Düsseldorf 1954, S. XIX.
15 Schöne, Wolfgang, Die Bildergeschichte der christlichen Gottesgestalten in der abendländischen Kunst, S. 34, in: Schöne, W., Das Gottesbild im Abendland, Witten-Berlin 1957, S. 7–56.
16 Braunfels, a.a.O., S. XXXVII.
17 Braunfels, a.a.O., S. XXXVI f.
18 Zitiert nach Braunfels, a.a.O., S. XXXVII.
19 Zitiert nach Braunfels, a.a.O., S. XXXVII.

20 Braunfels, a.a.O., S. XXXVII.
21 Schmidt, Leopold, Bank und Thron und Stuhl, in: Antaios, Bd. XII, Stuttgart 1971, S. 99.
22 Der Heilige Stuhl, die *sedes apostolica* oder *sancta sedes*, ist die politische Bezeichnung des Papstes, des Papsttums oder auch der gesamten Behörde der Kurie. Er ist die völkerrechtlich anerkannte Regierung des Vatikans, also ein völkerrechtlich anerkannter Stuhl.
23 Zum einen ist der Heilige Stuhl seit dem 10. Jahrhundert kein heiliger Thron, sondern ein profaner Stuhl, der ursprünglich für Karl den Kahlen gefertigt wurde (Schramm, S. 113 ff.). Tatsächlich ist Karl nicht sitzend beigesetzt worden. Schriftsteller des 11. und 12. Jahrhunderts haben es so sehen wollen und der Nachwelt überliefert.

4. Kapitel

1 Kähler, Heinz, Die frühe Kirche. Kult und Kultraum, Berlin 1972, S. 11.
2 Presbyter sind die Gemeindeältesten; *presbytos*, alt, älter.
3 Einleitung in die Didache von Klaus Wengt, in: Didache (Apostellehre) – Barnabasbrief – Zweiter Klemensbrief – Schrift an Diognet, Darmstadt 1984, S. 61 ff.
4 *Laós* heißt Volk, Gemeinde. Im Frühmittelalter meint es den Gegensatz der Geistlichen zur Gemeinde, in der Neuzeit den von Gelehrten und Nichtgelehrten.
5 Kähler, a.a.O., S. 61.
6 Kähler, a.a.O., S. 65.
7 Das Sanktuarium ist der Raum um den Altar oder über den Gebeinen des Heiligen. Der Raum hat eine wechselvolle Geschichte und verschmilzt im Spätmittelalter mit dem Chorraum.
8 Braunfels, Wolfgang, Abendländische Klosterbaukunst, Köln 1985, S. 19.
9 *Vita communis* ist das gemeinschaftliche Leben der Mönche innerhalb eines Klosters, das sich am Leben Christi und seiner Jünger orientiert.
10 Braunfels 1985, a.a.O., S. 13.
11 Braunfels 1985, a.a.O., S. 25.
12 Braunfels 1985, a.a.O., S. 31.
13 Vigilien sind nächtliche Gottesdienste, die nach den römischen Soldatenwachen benannt werden. Die Vigil dauert bis in die Morgenstunden, gilt aber als Nachtwache. Der Tag beginnt mit den Lobpreisungen des Herrn am Morgen, den Laudes.
14 Nokturnen sind nächtliche Feiern. Benedikt begreift hierunter für sich bestehende Teile der Feier aus sechs Psalmen mit Einschüben. Unterbricht oder stützt man den Gesang des Psalmsängers durch die Anwesenden mit einem Amen oder Halleluja, spricht man von Antiphon.
15 Benedictus de Nursia, Die Benediktinerregel. Eine Anleitung zu christlichem Leben, G. Holzherr (Hrsg.), Zürich-Einsiedeln-Köln 1982, S. 162.
16 Von den ersten zehn Päpsten sollen sieben den Märtyrertod gestorben sein. Man bedenke auch die Sehnsucht des heiligen Antonius, als Märtyrer zu sterben.

17 Cassian, Johannes, Ruhe der Seele, Einweisung in das christliche Leben III, Freiburg 1984, S. 84.
18 *Chorós* bedeutet Tanz, eingehegter Tanzplatz oder Reigen. Es ist der Ort, an dem im Dionysischen Theater der Altar steht und das Opfer dargeboten wird.
19 Ganz, P. L. / Seeger, T., Das Chorgestühl in der Schweiz, Frauenfels 1946, S. 16.
20 Das Faldistorium ist eine Form der *sella curulis*.
21 Beim Psalmsingen soll der Mönch stehen. Nicht, wie die Miserikordie erlaubt und fördert, sitzen. Moralisch liegt immer noch ein Verstoß gegen die Tradition vor, wenn man auf der Miserikordie Platz nimmt, auch wenn die Regel dies fordert.

5. Kapitel

1 Schoberth, Hanns, Sitzhaltung – Sitzschaden – Sitzmöbel, Berlin-Göttingen-Heidelberg 1962, S. 6.
2 Schoberth, a.a.O., S. 5.
3 Schoberth, a.a.O., S. 40ff.
4 Rosemeyer, B., Zur Problematik der Wirbelsäulenhaltung im Autositz, in: Z. Orthop., 1981, S. 58.
5 Rücken- und Kreuzschmerzen sind in den Industrienationen längst zur Volkskrankheit geworden. Bereits mehr als jeder zweite hat Probleme mit dem Rücken. Der *Spiegel* 23/1991 faßt das Dilemma der Leidenden lakonisch zusammen: »Kein Tod, kein Leben.« Während Chirurgen eifrig operieren, Orthopäden tapfer gegen Symptome ankämpfen und unverdrossen am rechtwinkligen Sitzen festhalten, bosseln Ergonomen und Designer an komplizierten Stühlen herum. Zwecks Hoffnung auf Linderungsmöglichkeiten waren die *Spiegel* schnell vergriffen: von den Bahn- und Busfahrern und anderen Berufssitzern.
6 Rosemeyer, a.a.O., S. 59f.
7 Feldenkrais, Moshé, Bewußtheit durch Bewegung, Frankfurt/M. 1982, S. 113.
8 Staffel, F., Zur Hygiene des Sitzens nebst einigen Bemerkungen zur Schulbank- und Hausbank-Frage, in: Centralblatt für allgemeine Gesundheitspflege, 3. Jg., 1884, S. 406.
9 Staffel, a.a.O., S. 411.
10 Staffel, a.a.O., S. 411.
11 Staffel, a.a.O., S. 420.
12 In vorderer Sitzposition berührt der untere Lehnenabschnitt, der von seiner tiefsten Linie aus schräg nach oben verläuft, den oberen Beckenbereich und verhindert die Rückdrehung des Beckens. Beim Wechsel in die mittlere Position bleibt das Becken in Ruhe, während sich die Lendenwirbelsäule um den äußersten Punkt des Knicks nach rückwärts beugt. Wechselt man in die hintere Sitzlage, wird die Lendenwirbelsäule so weit nach hinten bewegt, bis die Brustwirbelsäule am oberen Bereich der Lehne anliegt. Da nun der Keil mit zu großer Kraft auf die Wirbelsäule drückt, muß das Gesäß auf dem Sitz so weit

vorgeschoben werden, daß der Kontakt mit dem oberen Lehnenabschnitt gerade noch erhalten bleibt. In allen drei Positionen, die den Umfang von einer flachen Kyphose bis zur ausgeprägten Lordose annehmen, gebe die Lehne dem Rücken Halt.
13 Vgl. Schoberth, a.a.O., S. 160.
14 Canetti, Elias, Masse und Macht, Frankfurt/M. 1982, S. 436.
15 Canetti, a.a.O., S. 411.
16 Canetti, a.a.O., S. 411.
17 Vgl. Mandal, A. C., Der sitzende Mensch. Theorie und Wirklichkeit, in: Zeitschrift für Krankengymnastik, 36. Jg., Nr. 1, 1984, S. 13 f.
18 Schmidt, Leopold, Bank und Thron und Stuhl, in: Antaios, Bd. XII, Stuttgart 1971, S. 87.
19 Gelbrich, H., Arbeitsstühle für Werkstätten, in: Reichsblatt Teil III: Arbeitsschutz, Reichsministerium Berlin (Hrsg.), 8. Jg., Nr. 26, 1928, S. 168.

6. Kapitel

1 Simmel, Georg, Das Individuum und die Freiheit, Berlin 1984, S. 192.
2 Bateson, Gregory, Ökologie des Geistes, Frankfurt/M. 1983, S. 201.
3 Feldenkrais, Moshé, Bewußtheit durch Bewegung, Frankfurt/M. 1982, S. 31.
4 Weber, Max, Die protestantische Ethik I. Eine Aufsatzsammlung, Gütersloh 1981, S. 115 ff.
5 Mumford, Lewis, Mythos der Maschine. Kultur, Technik und Macht, Frankfurt/M. 1970, S. 310.
6 Im Stuhl kommen Einflüsse unterschiedlicher Art zum Ausdruck. Nicht nur in Religionen und weltanschaulichen Entwürfen, in denen Herrschern die herausragende Leibeshaltung zugesprochen und abverlangt wird, sondern auch in den Elementen der Sprache und des Aberglaubens führt er ein untergründiges Dasein. So hatten sich nach altem Brauch Mägde bei Antritt eines neuen Dienstes zuerst auf einem Stuhl niederzulassen. Die Magd wird in eine Ordnung fremder Mächte, deren Kräfte sie partiell empfängt, eingefügt. Erst wenn sie den neuen Stuhl besessen hat, wird sie an dem Machtbereich, der sie integrieren soll, partizipieren. Die Masuren stellten dem Tod einen Stuhl zum Ausruhen ins Sterbezimmer. Der Tod, dem Würde und ihm gebührende Rechte zuerkannt werden, gesteht auch den Lebenden Rechte zu. Leben und Tod stehen dabei als einander entgegengesetzte Mächte in der Relation des Gleichgewichts. In beiden Bräuchen erscheint der Stuhl als Medium, das zwischen irdischen und kosmischen Mächten vermittelt. Der Stuhl, ein Umschlagplatz für Magisches, das sich in Reales, und für Unerklärliches, das sich in Vertrautes umwandeln läßt, macht Unsichtbares anschaulich.
7 Rochefoucauld, François de La, Spiegel des Herzens, Zürich 1988, S. 56.
8 Tabouret, Placet, Ployant oder Pliant sind Hocker und das häufigste Sitzmöbel in den königlichen und fürstlichen Schloßanlagen.
9 Ráth-Véch, István, Aus der Geschichte der Menschenverdummung, Budapest 1961, S. 255.

10 Neben der Eigenschaft, den Rang des Sitzenden zum Ausdruck zu bringen, wirkt das Sitzen auf die Füße und bestätigt die These McLuhans, daß Körperfunktionen, die durch Werkzeuge entlastet werden, wie amputiert sind. Funktionslose und wie amputierte Füße sind wie hartes, totes Gebein. Der Verlobten Philipps IV. wurden vom Bürgermeister einer spanischen Kleinstadt Seidenstrümpfe, Erzeugnisse der örtlichen Industrie, überreicht. Der Reisemarschall schob das Paket mit den Worten »Merken Sie sich... die spanische Königin hat keine Füße« (Ráth-Véch, S. 243) beiseite. Während einer Debatte zur Zeit der Französischen Revolution schlägt ein Abgeordneter eine Eingabe an den König mit der einleitenden Formel »Die ganze Nation legt Eurer Majestät ihre Huldigung zu Füßen« vor, worauf Graf Mirabeau mit dem Satz »Der König hat keine Füße« den Abgeordneten zum Schweigen bringt (Ráth-Véch, S. 243). Die Bemerkungen sind Metaphern für Eingriffe in den leiblichen Haushalt, die Änderungen und Modulierungen in der Ordnung der Triebe vornehmen. Es sind die Beine, die im Sitzen nur der Balance, der Feinabstimmung der Haltung dienen, auf die hier angespielt wird. In ihrer Funktion des Gehens oder Stehens sind sie wie amputiert.
11 Tomberg, Friedrich, Polis und Nationalstaat, Darmstadt-Neuwied 1973, S. 172 ff.
12 Reich, Wilhelm, Die Funktion des Orgasmus. Sexualökonomische Grundprobleme der biologischen Energie, Köln 1987, S. 274.
13 Schon einseitige geringe körperliche Dauerbelastungen führen durch Wasserverlust und Dehnungsschwund zu Tonuserhöhungen der Muskulatur, und die anfänglich reversiblen Veränderungen führen infolge von Gewebsveränderungen rasch zu Dauerschäden. Die Folge ist ein reduziertes und der Störung angepaßtes Atemmuster. Auch im Ruhezustand führen die Muskelhärten (Myogelosen) zu erheblichen Schmerzen.
14 Feldenkrais, a.a.O., S. 64.
15 Reich, a.a.O., S. 106 f. / 130 f.
16 Lowen, Alexander, Der Verrat am Körper, Reinbek bei Hamburg 1985, S. 19.
17 Lowen, a.a.O., S. 159 ff.
18 Reich, a.a.O., S. 233.
19 Es handelt sich um das extrapyramidale Nervensystem. Es regelt den Muskeltonus und gewährleistet die Ausführung koordinierter Muskelbewegungen.
20 Pallium und Substantia nigra sind Stammganglien.
21 Neundörfer, B., Die Parkinsonsche Krankheit. Ein Lehrbuch für Patienten und ihre Angehörigen, Stuttgart-New York 1987, S. 15.
22 Schmidt, Robert F., Biomaschine Mensch, München-Zürich 1979, S. 416.
23 Sacks, Oliver, Der Mann, der seine Frau mit einem Hut verwechselte, Reinbek bei Hamburg 1991, S. 135 f.
24 Schilder, Paul, Das Körperschema, Berlin 1923, S. 35.
25 Feldenkrais, a.a.O., S. 73.
26 Burton, Robert, Anatomie der Melancholie, München 1991, S. 250.
27 Hall, Edward Twinsell, Die Sprache des Raumes, Düsseldorf 1976, S. 11.

28 Hall, a.a.O., S. 19.
29 *Indissiduus* kommt in der lateinischen Sprache nicht vor, sondern nur *dissiduus*. Es leitet sich von *dissidere* ab und bedeutet uneinig, getrennt sein, zerfallen. Es besteht aus den Bestandteilen *dis-sedere*, wobei *sedere* sitzen bedeutet. Dagegen besteht *individuus* aus *in-dis-videre*, und *videre* heißt sehen. Sowohl *dividuus* als auch *indissiduus* haben beide dieselbe Bedeutung: getrennt und teilbar. So wäre *individuum* ein durch Sehen, *indissiduum* ein durch Sitzen getrenntes Unteilbares.
30 Plessner, Helmuth, Die Stufen des Organischen, Berlin-New York 1975, S. 127ff.
31 Plessner, a.a.O., S. 128.
32 Plessner, a.a.O., S. 128.
33 Plessner, a.a.O., S. 161.
34 Plessner, a.a.O., S. 292.
35 Plessner, a.a.O., S. 292.
36 Fitzgerald, Ch.P., Barbarian Bed. The Origin of the Chair in China, London 1965, S. 58.
37 Noch heute bindet sich in China die Haltung der Würde an das Knien auf der Matte. Mao Tse-tung war den Chinesen nicht der *chairman*, der erste Vorsitzende, sondern der *matmaster*, der Meister der Matte.
38 Vgl. Eberhard, Wolfram, Geschichte Chinas, Stuttgart 1971, S. 238.
39 Exokrine Funktionen sind durch Gerüche und andere Wahrnehmungen von außen hervorgerufene Reaktionen eines Organismus. Vgl. Hall, a.a.O., S. 47 und 57–61.
40 Hall, a.a.O., S. 66.
41 Die gemalte Landschaft und der Stuhl sind Zeichen des Bürgerlichen und sollen in der sich neu formierenden Welt verlorengegangenen Sinn stiften. Ursprünglich umfaßte der Begriff Landschaft die menschliche und tierische Gemeinschaft mit ihren geologischen und klimatischen Besonderheiten einer geographischen Region und galt als Institution mit einheitlichem Recht auf urbar gemachtem Boden. Er wurde im Verlauf der Geschichte spezialisiert, und nach und nach fielen die niederen Gesellschaftsschichten aus dem Bedeutungsrahmen heraus, bis in der Renaissance Landschaft nur noch das dem Menschen mögliche Feld seiner Betätigung bedeutete. Schon im 13. Jahrhundert beziehen sich *landscarp* oder *landscaff* nur noch auf die *lantherren*, später nur auf die regierende Obrigkeit, bis auch diese herausgelöst wird. So unterwirft man den Begriff einer Reihe von Fragmentierungen, stößt dabei den Begriff des Menschen aus ihm heraus, bis Landschaft zum Anderen, zum bloßen Umfeld des Menschen wird. Die Landschaftsmalerei als eigenständiges Sujet setzt Landschaftswahrnehmung voraus, die ihrerseits Fähigkeiten zum distanzierenden Betrachten bedingt. Aber wer in der Natur lebt, sieht und malt keine Natur, so daß der soziologische Ort von Landschaft und Landschaftsmalerei die Stadt ist. Landschaft kann also nie das unmittelbare Feld der Tätigkeit sein, sondern nur das potentielle und vermittelte. Vgl. Matthias Eberle, Individuum und Landschaft, Gießen 1980. Der Mensch, der zur Landschaft gehört, ist der private, privative Mensch, das Individuum, dem der Landmensch polar gegenübersteht. So wie die Landschaftsmalerei zum Element wird, den goldenen

Grund mittelalterlicher Kunstwerke zu durchbrechen, so wird der Stuhl zum Element, die Einheit des religiös-politischen Raums aufzulösen. Der Goldgrund umspannt Form und Farbe und verleiht den Werken die Aura des Heiligen. In der Renaissance benutzt man den raumlosen Goldgrund, um Raumpunkte zu schaffen, indem aufgetragene Versatzstücke von Landschaft ihn porös machen und allmählich auflösen. Landschaft entwickelt sich zu einem zentralen Bildmotiv. Weder ist Landschaft Natur noch gemalte Landschaft deren Abbild. Gemalte Landschaft ist Fragment, interpretiertes und auf ein beobachtendes Subjekt bezogenes Abbild eines gegebenen oder fiktiven Inhalts. Indem die Landschaft den Goldgrund verdrängt, wird das Bild einer Ganzheit durch das Zeichen eines Fragments ersetzt. Während das Fragment ein Ganzheit Stiftendes aufhebt, erhebt sich in ihm eine neue Form von Ganzheit und repräsentiert das, wovon es Fragment ist: seine jeweilige Ganzheit. Seitdem bleibt Kontemplation nicht länger den heiligen Gegenständen vorbehalten, sondern der stückwerklich konstruierte Landschaftsraum wird zum neuen Tempel. Die Grundform dieses Tempels ist der Stuhl, ein Fragment des Kosmos, von dem aus das Leben kontemplativ erfaßt wird.

42 Nitschke, August, Verhalten und Wahrnehmung, in: Gadamer H.-G. / Vogler P. (Hrsg.), Kulturanthropologie, Stuttgart 1973, S. 129.

43 Rosenstock-Huessy, Eugen, Soziologie, Bd. 2, Stuttgart 1956, S. 459.

44 Nordamerika hat zwei Stühle erfunden, den Schaukelstuhl und den elektrischen Stuhl.

45 Der Täter ist auffällig geworden. Er fällt nach oben. Deshalb opfert man ihn. Er soll aber zeigen, daß der Mensch selbst an seiner Grenze nicht zum Tier werden kann. Seine Tat, vielleicht ein bestialischer Mord, erscheint *human*, wenn man den Sterbenden in einer Haltung richtet, die ihn am weitesten vom Tier entfernt. Auch die Gesellschaft erweist sich als *human*. Sie tötet apparativ und in der Abgeschiedenheit. Man möchte im sitzenden Sterben beiden Taten, dem Mord und der Hinrichtung, das Bestialische nehmen.

7. Kapitel

1 Der Begründer des Unternehmens, Michael Thonet (1796–1871), gründet 1819 in Boppard eine Bau- und Möbelfabrik. Später siedelt die Firma nach Wien über und versorgt ganz Europa mit den Caféhaus-Möbeln.

2 Mang, Karl, Thonet. Bugholzmöbel, Wien 1982, S. 88.

3 Bestuhlte Caféhäuser gibt es bereits um 1700. Die ersten kennt man aus London.

4 Schopenhauer, Arthur, Die Welt als Wille und Vorstellung, Bd. I, Zürich 1988, S. 407.

5 Schopenhauer orientiert sich an Platon, entwickelt aber eigene Vorstellungen dessen, was er unter Idee versteht. Sie sind nicht begrifflich, sondern im Gegensatz zu Platon sinnlich aufzufassen.

6 Schopenhauer, Arthur, Über den Willen in der Natur, in: Schopenhauer, A., Kleine Schriften I, Zürich 1977, S. 245.

7 Meister Eckhart, Werke Bd. I, S. 492.

8 Nietzsche, Friedrich, Jenseits von Gut und Böse, Stuttgart 1976, S. 285 f.
9 Nietzsche, a.a.O., S. 289 ff.
10 Nietzsche, a.a.O., S. 265.
11 Nietzsche, a.a.O., S. 128.
12 Nietzsche, Friedrich, Also sprach Zarathustra, Dietzingen 1987, S. 8.
13 Nietzsche, a.a.O., S. 161.
14 Nietzsche, Friedrich, Ecce homo, Stuttgart 1978, S. 38.
15 Schreber, Daniel Paul, Denkwürdigkeiten eines Nervenkranken, Frankfurt/M. 1985, S. 180.
16 Schreber, Daniel Gottlieb Moritz, Buch der Erziehung an Leib und Seele, Leipzig 1891, S. 42.
17 Schreber, D. P., a.a.O., S. 115.
18 Schreber, D. P., a.a.O., S. 105.
19 Schreber, D. P., a.a.O., S. 105.
20 Schreber, D. G. M., a.a.O., S. 112.
21 Schreber, D. G. M., a.a.O., S. 72.
22 Schreber, D. G. M., a.a.O., S. 79.
23 Schreber, D. G. M., a.a.O., S. 11.
24 Schreber, D. P., a.a.O., S. 99.
25 Schreber, D. P., a.a.O., S. 100.
26 Schreber, D. P., a.a.O., S. 103.
27 Schreber, D. P., a.a.O., S. 65.
28 Schreber, D. P., a.a.O., S. 201.
29 Beckett, Samuel, Murphy, Hamburg 1973, S. 5.
30 Beckett, a.a.O., S. 6.
31 Beckett, a.a.O., S. 97.
32 Beckett, a.a.O., S. 104.
33 Beckett, Samuel, Endspiel, Frankfurt/M. 1974, S. 21.
34 Beckett, Endspiel, a.a.O., S. 83.
35 Beckett, Endspiel, a.a.O., S. 11.
36 Vgl. Pothast, Ulrich, Die eigentlich metaphysische Tätigkeit. Über Schopenhauers Ästhetik und ihre Anwendung durch Samuel Beckett, Frankfurt/M. 1982, S. 172. Pothast ist derjenige, der auf den Einfluß von Schopenhauers Philosophie auf Beckett hingewiesen hat.
37 Beckett, Murphy, a.a.O., S. 48.
38 Beckett, Endspiel, a.a.O., S. 53.
39 Beckett, Endspiel, a.a.O., S. 55.
40 Beckett, Endspiel, a.a.O., S. 63.
41 Beckett, Endspiel, a.a.O., S. 97.
42 Beckett, Endspiel, a.a.O., S. 17.
43 Beckett, Proust, Frankfurt/M. 1989, S. 15.
44 Zu den Theoretikern des Nomadischen gehören auch Gilles Deleuze, Nomaden-Denken, in: Deleuze, G., Ein Nietzsche-Lesebuch, Berlin 1979, und Michel Serres, Genèse, Paris 1982.
45 Es wird noch lange das Privileg von Managern und gehobenem Büropersonal sein.
46 Virilio, Paul, Fahren, fahren, fahren..., Berlin 1978, S. 22.

47 Kempen, Thomas von, Das Buch von der Nachfolge Christi, Stuttgart 1980, S. 28.
48 Kempen, a.a.O., S. 81.
49 Deleuze, Gilles, Nietzsche und Paulus, Lawrence und Johannes von Patmos, in: Deleuze, G., Kleine Schriften, Berlin 1980, S. 105.

Literatur

Adorno, T. W. / Horkheimer, M., Dialektik der Aufklärung, Frankfurt / M. 1984.
Åkerblom, Bengt, Standing and Sitting Posture, With the Special References to the Construction of Chairs, Stockholm 1948.
Altwegg, Jürg, Warum werden wir zu Nomaden, Monsieur Attali?, in: Frankfurter Allgemeine Zeitung, 14. 12. 1990.
Archi, Alfonso, Trono regale e trono divinizzato nell' Anatolia ittita, in: Studi micenei ed egeo-anatolici I, Roma 1966.
Baatz, Ursula, Vom Atem und den Bildern, in: Psyche und Pneuma. 1. Forschungscolloquium des Vereins für Sozialisationsforschung, Senator für Wissenschaft und Forschung (Hrsg.), Berlin 1986.
Badstübner, Ernst, Kirchen der Mönche. Die Baukunst der Reformorden im Mittelalter, Leipzig 1984.
Balthasar, Hans-Urs von, Die großen Ordensregeln, Einsiedeln – Zürich – Köln 1948.
Basler, Adolf, Zur Physiologie des Hockens, in: Zeitschrift für Biologie, Bd. 88, H. 6, 1929.
Bateson, Gregory, Ökologie des Geistes, Frankfurt / M. 1983.
Beckett, Samuel, Warten auf Godot, Frankfurt / M. 1971.
–, Murphy, Hamburg 1973.
–, Endspiel, Frankfurt / M. 1974.
–, Molloy, Frankfurt / M. 1975.
–, Proust, Frankfurt / M. 1989.
Beek-Goehlich, Maria, Die mittelalterlichen Kirchenstühle in Westpreußen und Danzig, Stuttgart 1964.
Bellow, Saul, Mann in der Schwebe, Reinbek bei Hamburg 1976.
Benedictus de Nursia, Die Benediktinerregel. Eine Anleitung zu christlichem Leben, G. Holzherr (Hrsg.), Zürich – Einsiedeln – Köln 1982.
Benz, Ernst, Geist und Leben der Ostkirche, Hamburg 1957.
Berquet, K. H., Schulmöbel: Geschichte – Auswahl – Anpassung, Bonn 1971.
Böhringer, Hannes, Künstlerphilosophentheologen, in: Lischka, G.-J. (Hrsg.), Philosophen-Künstler, Berlin 1986.
–, Ein Artikel Architektur, in: Brandolini, A. (Hrsg.), Platz machen, Berlin 1991.
Bonnet, Hans, Reallexikon der ägyptischen Religionswissenschaften, Berlin 1952.
Bowles, Paul, Himmel über der Wüste, Reinbek bei Hamburg 1986.

Braunfels, Wolfgang, Die Heilige Dreifaltigkeit, Düsseldorf 1954.

–, Abendländische Klosterbaukunst, Köln 1985.

Brunner, Helmut, Gerechtigkeit als Fundament des Thrones, in: Vetus Testamentum, Vol. VIII, No. 4, 1958.

Buchheim, Fides, Der Gnadenstuhl. Darstellung der Dreifaltigkeit, Würzburg 1984.

Budge, E. A. W., The Book of the Dead, London 1949.

Burton, Robert, Anatomie der Melancholie, München 1991.

Calasso, Roberto, Die geheime Geschichte des Senatspräsidenten Dr. Daniel Paul Schreber, Frankfurt/M. 1980.

Campenhausen, Hans Freiherr von, Die Bilderfrage als theologisches Problem der alten Kirche, in: Schöne, Wolfgang, Das Gottesbild im Abendland, Witten – Berlin 1957.

Canciani F./Pettinato, G., Salomos Thron. Philologische und archäologische Erwägungen, in: ZDVP 81, 1965.

Canetti, Elias, Masse und Macht, Frankfurt/M. 1982.

Cassian, Johannes, Ruhe der Seele, Einweisung in das christliche Leben III, Freiburg 1984.

Chadwick, Henry, Die Kirche in der antiken Welt, Berlin – New York 1972.

Chatwin, Bruce, Traumpfade, München – Wien 1990.

Chouraqui, André, Die Hebräer. Geschichte und Kultur zur Zeit der Könige und Propheten, Stuttgart 1975.

Constitutiones Hirsaugienses, Eine Chronik aus dem 11. Jahrhundert aus Hirsau.

Consuetudines Cluniacenses, Klosterordnung [Ergänzung der Carta Caritatis, vermutlich von Abt Alberic aus Cîteaux (1099–1109)].

Deleuze, Gilles, Nietzsche und Paulus, Lawrence und Johannes von Patmos, in: Deleuze, G., Kleine Schriften, Berlin 1980.

–, Nietzsche und die Philosophie, Frankfurt/M. 1985.

Denker, E./Denker, B., The Rocking Chair Book, New York 1979.

Descartes, René, Meditationes de prima philosophia, Hamburg 1959.

–, Regeln zur Ausrichtung der Erkenntniskraft, Hamburg 1979.

Didache (Apostellehre), Klaus Wengt (Hrsg.), Darmstadt 1984.

Drescher, C. W., Arbeitssitz und Arbeitsplatz. Entwicklungsbeispiele aus der Praxis der Siemensbetriebe, in: Reichsblatt Teil III: Arbeitsschutz, Reichsministerium Berlin (Hrsg.), 9. Jg., Nr. 17, 1929.

Duby, Georg, Die Zeit der Kathedralen. Kunst und Gesellschaft 980–1420, Frankfurt/M. 1980.

Eberhard, Wolfram, Geschichte Chinas, Stuttgart 1971.

Eberle, Matthias, Individuum und Landschaft, Gießen 1980.

Eckstein, Hans, Der Stuhl. Funktion – Konstruktion – Form. Von der Antike bis zur Gegenwart, München 1977.

Eickhoff, Hajo, Sitzen, in: Bauwelt, 83. Jg., Nr. 13, 1992.

Eliade, Mircea, Geschichte der religiösen Ideen I. Von der Steinzeit bis zu den Mysterien von Eleusis, Frankfurt/M. – Basel – Wien 1979.

–, Das Heilige und das Profane. Vom Wesen des Religiösen, Frankfurt/M. 1984.

–, Die Religionen und das Heilige. Elemente der Religionsgeschichte, Frankfurt/M. 1985.
Elias, Norbert, Die höfische Gesellschaft, Frankfurt/M. 1983.
Erikson, Erik H., Der junge Mann Luther, Frankfurt/M. 1975.
Erman, Adolf, Die Ägyptische Religion, Berlin 1905.
Eusebius von Caesare, Kirchengeschichte, Darmstadt 1967.
Evers, Hans G., Staat aus dem Stein, o. O. 1929.
Feldenkrais, Moshé, Bewußtheit durch Bewegung, Frankfurt/M. 1982.
Fetten, Frank, Der Ägyptische Stuhl, in: Z. B. Stühle, Katalog zur gleichnamigen Ausstellung des Deutschen Werkbundes e. V., Darmstadt 1982.
Fitzgerald, Ch. P., Barbarian Bed. The Origin of the Chair in China, London 1965.
Frankenberg, Gisela von, Der schwarze Kontinent. Pharaonensymbolik, Bonn 1988.
Frazer, James George, Der goldene Zweig. Eine Studie über Magie und Religion, Bd. I, Reinbek bei Hamburg 1989.
Freud, Sigmund, Der Mann Moses und die monotheistische Religion. Schriften über Religion, Frankfurt/M. 1981.
–, Totem und Tabu, Frankfurt/M. 1983.
Ganz, P. L. / Seeger, T., Das Chorgestühl in der Schweiz, Frauenfels 1946.
Gelbrich, H., Arbeitsstühle für Werkstätten, in: Reichsblatt Teil III: Arbeitsschutz, Reichsministerium Berlin (Hrsg.), 8. Jg., Nr. 26, 1928.
Gerke, Friedrich, Spätantike und frühes Christentum, Baden-Baden 1967.
Grabar, André, Byzanz, Baden-Baden 1964.
–, Die Kunst des frühen Christentums. Von den ersten Zeugnissen christlicher Kunst bis zur Zeit Theodosius' I., München 1967.
Grandjean, Etienne (Hrsg.), Sitting posture, Sitzhaltung, posture assise, London 1969.
Guardini, Romano, Das Christusbild der paulinischen und johanneischen Schriften, Mainz 1987.
Hahn, Eduard, Thronende Herrscher und hockende Völker, in: Zeitschrift für Ethnologie 50, 1918.
Hall, Edward Twinsell, Die Sprache des Raumes, Düsseldorf 1976.
Herodot, Historien, Stuttgart 1971.
Hesiod, Sämtliche Gedichte, Zürich – München 1984.
Heubeck, Alfred, Zu Homers Odyssee, in: Homer, Odyssee, München – Zürich 1986.
Hewes, Gordon W., The Anthropology of Posture, in: Scientific American, Febr. 1957.
Holm, Edith, Stühle. Von der Antike bis zur Moderne. Eine Stilgeschichte des Sitzmöbels, München 1978.
Homer, Ilias, München – Zürich 1983.
–, Odyssee, München – Zürich 1986.
Ionesco, Eugène, Die Stühle. Eine tragische Farce, Stuttgart 1982.
Jabès, Edmond, Die Schrift der Wüste, Berlin 1989.
Jantzen, P. M., Über das Sitzen im Kraftwagen, in: Medizinische Klinik, 53. Jg., 1958.

Jonas, Hans, Das Prinzip Verantwortung, Frankfurt/M. 1982.
Jung, Helmut, Thronende und sitzende Götter. Zum griechischen Götterbild und Menschenideal in früharchaischer Zeit, Bonn 1982.
Kaebisch, Walter, Über das Hinsetzen, Sitzen und Aufstehen, Breslau 1938.
Kähler, Heinz, Die frühe Kirche. Kult und Kultraum, Berlin 1972.
Kamper, Dietmar, Geschichte und menschliche Natur. Die Tragweite gegenwärtiger Anthropologiekritik, München 1973.
–, Hieroglyphen der Zeit. Texte vom Fremdwerden der Welt, München – Wien 1988.
Keegan, J.J., Alteration of Lumber Curve Related to Posture of Seating, J. Bone & Joint Surgery, 35-A.
Kees, Herman, Der Götterglaube im alten Ägypten. Mitteilungen der Vorderasiatisch-Ägyptischen Gesellschaft, Bd. 45, Leipzig 1941.
Kemp, Wolfgang, Die Beredsamkeit des Leibes. Körpersprache als künstlerisches und gesellschaftliches Problem der bürgerlichen Emanzipation, in: Gallwitz K./Beck H. (Hrsg.), Städeljahrbuch, München 1975.
Knowles, David, Geschichte des christlichen Mönchtums, München 1969.
Kollwitz, Johannes, Das Christusbild des dritten Jahrhunderts, Münster 1953.
–, Zur Frühgeschichte der Bilderverehrung, in: Schöne, W., Das Gottesbild im Abendland, Witten – Berlin 1957.
–, Bild und Bildtheorie im Mittelalter, in: Schöne, W., Das Gottesbild im Abendland, Witten – Berlin 1957.
Kolpaktchy, Gregoire, Einführung in das Ägyptische Totenbuch, in: Das Ägyptische Totenbuch, Bern – München – Wien 1970.
Konzelmann, Gerhard, Aufbruch der Hebräer. Der Ursprung des biblischen Volkes, Frankfurt/M. – Berlin 1986.
Krumme, Peter (Hrsg.), Der (bisweilen) leere Stuhl. Arbeitsplätze von Schreibenden, Frankfurt/M. – Berlin 1986.
Kuhlmann, Klaus Peter, Der Thron im Alten Ägypten. Untersuchungen zu Semantik, Ikonographie und Symbolik eines Herrschaftszeichens, Dissertation 1970.
Kyrieleis, Helmut, Throne und Klinen, Berlin 1969.
Lacan, Jacques, Über eine Frage, die jeder möglichen Behandlung der Psychose vorausgeht, in: Lacan, J., Schriften II., Freiburg 1975.
Lange, Reinhold, Das Marienbild der frühen Jahrhunderte, Recklinghausen 1969.
Lavater, Johann K., Physiognomische Fragmente, Stuttgart 1984.
Lepenies, Wolf, Melancholie und Gesellschaft, Frankfurt/M. 1981.
Lexikon der Ägyptologie, Wiesbaden.
Lorenz, Konrad, Die acht Todsünden der zivilisierten Menschheit, München 1973.
Lowen, Alexander, Der Verrat am Körper, Reinbek bei Hamburg 1985.
Lütgen, Kurt, Wie Sand vor dem Wind, Würzburg 1979.
Mainka, Rudolf M., Andrej Rublevs Dreifaltigkeitsikone. Geschichte, Kunst und Sinn des Bildes, Ettal 1964.
Mandal, A.C., Der sitzende Mensch. Theorie und Wirklichkeit, in: Zeitschrift für Krankengymnastik, 36. Jg., Nr. 1, 1984.

–, The Seated Man, Klampenborg 1984.
Mang, Karl, Thonet. Bugholzmöbel, Wien 1982.
Marx, Karl, Das Kapital. Kritik der politischen Ökonomie, Bd. 1, Berlin 1971.
McLuhan, Marshall, Die magischen Kanäle, Düsseldorf – Wien 1962.
–, Die Gutenberg-Galaxis, Düsseldorf – Wien 1962.
Meister Eckhart, Werke.
Metzger, Martin, Königsthron und Göttersitz. Thronformen und Throndarstellungen in Ägypten und im Vorderen Orient im dritten und zweiten Jahrtausend vor Christus und deren Bedeutung für das Verständnis von Aussagen über den Thron im Alten Testament, Neukirchen – Vlyn 1985.
Möbius, Hans, Über Form und Bedeutung der sitzenden Gestalt in der Kunst des Orients und der Griechen, in: Mitteilungen des Deutschen Archäologischen Instituts, Athenische Abteilung, Bd. 41, Berlin 1916.
Mumford, Lewis, Mythos der Maschine. Kultur, Technik und Macht, Frankfurt/M. 1970.
Neugass, Fritz, Mittelalterliches Chorgestühl in Deutschland, Straßburg 1927.
Neumann, Erich, Ursprungsgeschichte des Bewußtseins, Zürich 1949.
–, Die Große Mutter. Eine Phänomenologie der weiblichen Gestalt des Unbewußten, Olten 1988.
Neundörfer, B., Die Parkinsonsche Krankheit. Ein Lehrbuch für Patienten und ihre Angehörigen, Stuttgart – New York 1987.
Niederland, William G., Der Fall Schreber, Frankfurt/M. 1978.
Nietzsche, Friedrich, Jenseits von Gut und Böse, Stuttgart 1976.
–, Menschliches Allzumenschliches, Stuttgart 1978.
–, Ecce homo, Stuttgart 1978.
–, Unzeitgemäße Betrachtungen, München 1984.
–, Also sprach Zarathustra, Dietzingen 1987.
Nietzschke, Bernd, Der eigene und der fremde Körper, Tübingen 1985.
Ollefs, H., Zur Orthopädie des Sitzens, in: Zeitschrift für Orthopädie und ihre Grenzgebiete, Bd. 80, 1951.
Panofsky, Erwin, Grabplastik. Vier Vorlesungen über ihren Bedeutungswandel von Alt-Ägypten bis Bernini, Köln 1964.
Parow, Julius, Funktionelle Atmungstherapie, Tübingen 1972.
Pausanias, Beschreibungen Griechenlands, München 1972.
Pevsner, Nikolaus, Europäische Architektur, München 1973.
Pisa, Karl, Schopenhauer. Kronzeuge einer unheilen Welt, Wien – Berlin 1977.
Plessner, Helmuth, Die Stufen des Organischen, Berlin – New York 1975.
Plügge, Herbert, Der Mensch und sein Leib, Tübingen 1967.
Pothast, Ulrich, Die eigentliche metaphysische Tätigkeit. Über Schopenhauers Ästhetik und ihre Anwendung durch Samuel Beckett, Frankfurt/M. 1982.
Ranke-Graves, Robert von, Griechische Mythologie. Quellen und Deutungen, Reinbek bei Hamburg 1986.
Ráth-Véch, István, Aus der Geschichte der Menschenverdummung, Budapest 1961.
Reich, Wilhelm, Die Funktion des Orgasmus. Sexualökonomische Grundprobleme der biologischen Energie, Köln 1987.

Reichel, Wolfgang, Über vorhellenische Götterkulte, Wien 1897.
Ritter, Hans, Sahel. Land der Nomaden, München 1986.
Rittner, Volker, Handlung, Lebenswelt und Subjektivierung, in: Kamper, D. / Rittner, V. (Hrsg.), Zur Geschichte des Körpers. Perspektiven der Anthropologie, München – Wien 1976.
Rochefoucauld, François de La, Spiegel des Herzens, Zürich 1988.
Rosemeyer, B., Zur Problematik der Wirbelsäulenhaltung im Autositz, in: Z. Orthop., 1981.
Rosenstock-Huessy, Eugen, Soziologie, Bd. 2, Stuttgart 1956.
Rudofsky, Bernhard, Sparta / Sybaris. Keine neue Bauweise, eine neue Lebensweise tut not, Wien 1987.
Runciman, Steven, Kunst und Kultur in Byzanz, München 1978.
Sachs, Hannelore, Mittelalterliches Chorgestühl. Von Erfurt bis Stralsund, Heidelberg 1964.
Sacks, Oliver, Der Mann, der seine Frau mit einem Hut verwechselte, Reinbek bei Hamburg 1991.
Schäfer, Heinrich, Von Ägyptischer Kunst, Wiesbaden 1963.
Schilder, Paul, Das Körperschema, Berlin 1923.
Schindler, Herbert, Chorgestühle, München 1983.
Schlegel, Karl F., Sitzschäden und deren Vermeidung durch eine neuartige Sitzkonstruktion, in: Medizinische Klinik, 51. Jg., 1956.
Schmidt, Aurel, Nomadismus. Ein Begriff und viele Bedeutungen, in: Herbstschrift. Eine Nomadologie der Neunziger, April 1991.
Schmidt, Leopold, Bank und Thron und Stuhl, in: Antaios, Bd. XII, Stuttgart 1971.
Schmidt, Robert F., Biomaschine Mensch, München – Zürich 1979.
Schneider, H.-J. / Lippert, H., Das Sitzproblem in funktionell-anatomischer Sicht, in: Medizinische Klinik, 56. Jg., 1961.
Schoberth, Hanns, Sitzhaltung – Sitzschaden – Sitzmöbel, Berlin – Göttingen – Heidelberg 1962.
Schöne, Wolfgang, Die Bildergeschichte der christlichen Gottesgestalten in der abendländischen Kunst, in: Schöne, W., Das Gottesbild im Abendland, Witten – Berlin 1957.
Schopenhauer, Arthur, Aphorismen zur Lebensweisheit, Stuttgart 1974.
–, Über den Willen in der Natur, Zürich 1977.
–, Über die vierfache Wurzel des Satzes vom zureichenden Grunde, Zürich 1977.
–, Die Welt als Wille und Vorstellung, Bd. I, Zürich 1988.
Schramm, Percy Ernst, Kaiser, Könige und Päpste. Gesammelte Aufsätze zur Geschichte des Mittelalters, Bd. IV.1, Stuttgart 1970.
Schreber, Daniel Gottlieb Moritz, Buch der Erziehung an Leib und Seele, Leipzig 1891.
Schreber, Daniel Paul, Denkwürdigkeiten eines Nervenkranken, Frankfurt / M. 1985.
Schubart, Walter, Religion und Eros, München 1941.
Schweitzer, Ursula, Das Wesen des Ka, Glückstadt – Hamburg – New York 1956.

Simmel, Georg, Das Individuum und die Freiheit, Berlin 1984.
Staffel, F., Zur Hygiene des Sitzens nebst einigen Bemerkungen zur Schulbank- und Hausbank-Frage, in: Centralblatt für allgemeine Gesundheitspflege, 3. Jg., 1884.
Stemmer, Klaus, Sitzmöbel und Sitzweise in der Antike, in: Z. B. Stühle, Katalog zur gleichnamigen Ausstellung des Deutschen Werkbundes e.V., Darmstadt 1982.
Tertullian, Die Verteidigung des Christentums, München 1912.
Thomas von Kempen, Das Buch von der Nachfolge Christi, Stuttgart 1980.
Thulin, Oskar, Das Christusbild der Katakombenzeit, Berlin 1954.
Tietze, Barbara, Der Mensch ohne Unterleib, in: Bauwelt, 81. Jg., Nr. 7/8, 1990.
Tomberg, Friedrich, Polis und Nationalstaat, Darmstadt – Neuwied 1973.
Das Ägyptische Totenbuch, Bern – München 1970.
Uhlworm, Joachim, Chorgestühl und Orgelprospektiv in England, Berlin 1973.
Upanischaden, Ausgewählte Stücke, Stuttgart 1966.
Urban, Martin, Das Chorgestühl, in: Reallexikon zur deutschen Kunstgeschichte, Bd. III., 1954.
Virilio, Paul, Fahren, fahren, fahren…, Berlin 1978.
–, Ästhetik des Verschwindens, Berlin 1986.
–, Der negative Horizont, München – Wien 1989.
Voit, Ludwig, Zu Homers Ilias, in: Homer, Ilias, München – Zürich 1983.
Wanscher, Ole, Sella Curulis, The Folding Stool. An Ancient Symbol of Dignity, Kopenhagen 1980.
Weber, Max, Die protestantische Ethik I. Eine Aufsatzsammlung, Gütersloh 1981.
Wenzel, Alexander, Die Formen der ägyptischen Liege- und Sitzmöbel und ihre Entwicklung bis zum Ende des Alten Reiches, Heidelberg 1939.
Wessel, Klaus, Der Sieg über den Tod. Die Passion Christi in der frühchristlichen Kunst des Abendlandes, Berlin 1956.
Wetering, Janwillem van de, Der leere Spiegel. Erfahrungen in einem japanischen Zen-Kloster, Reinbek bei Hamburg 1981.
Wex, Marianne, *Weibliche* und *männliche* Körpersprache als Folge matriarchalischer Machtverhältnisse, Frankfurt/M. 1980.
Wirz, Gretel, Tod und Vergänglichkeit, Augustin 1982.
Ziegler, Leopold, Überlieferungen, München 1949.

Bildnachweis

Ägyptisches Museum, Kairo: 43, 45
Sibylle Badstübner, Berlin: 114 (Photo: Hannelore Sachs) (Sachs, Mittelalterliches Chorgestühl von Erfurt bis Stralsund, Lambert Schneider, Heidelberg, 1964)
Bauhaus-Archiv, Berlin: 145 (Photo: Markus Hawlik)
Bayerische Staatsbibliothek, Photostelle, München: 71, 73, 78, 80, 81 o., 85, 89, 230
Bibliothèque Mèdiathèque Municipale de Cambrai: 84
Bildarchiv Preußischer Kulturbesitz, Berlin: 27, 35, 40 li. (Photo: Jürgen Liepe), 47
Brandenburgisches Landesamt für Denkmalpflege, Meßbildarchiv: 116 (Photo: Eduard Bissinger)
Braunfels, Abendländische Klosterbaukunst, DuMont, Köln, 1978: 100 u.
Hajo Eickhoff, gestaltet: 91, 131, nachgezeichnet: 41 li. u. re., 49 li. u. re., 50, 112, 128 li., 137
Photo: Eliot Elisofon: 24 re.
Eranos-Archiv, Ascona: 31
Stiftung Weimarer Klassik, Fotoarchiv: 142 re.
Photo: Margareta Groppe, Altenstadt: 82
Photo: Hirmer, München: 70
Kuhlmann, Der Thron im alten Ägypten. Untersuchungen zu Semantik, Ikonographie und Symbolik eines Herrschaftszeichens, J. J. Augustin, Glückstadt, 1977: 40 re., 42
Lange, Das Marienbild der frühen Jahrhunderte, Aurel Bongers, Recklinghausen, 1969: 77 li.
Lateranmuseum, Rom: 72
Gebr. Mann Verlag, Berlin: 99 (Kähler, Die frühe Kirche. Kult und Kultraum, 1972), 113 o. (Uhlworm, Beziehungen zwischen Chorgestühl und Orgelperspektiv in England, 1973)
Photo: Gebr. Metz, Wannweil: 111
Photo: Michael Müller, Berlin: 101, 140, 142 li.
Musée National du Louvre, Paris: 57
Pevsner, Europäische Architektur. Von den Anfängen bis zur Gegenwart, Prestel, München, 1989: 100 o.
Prado, Madrid: 81 u.
Photo: Hans Ritter, München: 19
Photo: Toni Schneiders, Lindau: 113 u., 115
Skulpturengalerie, Berlin, Staatliche Museen Preußischer Kulturbesitz: 75 (Photo: Walter Steinkopf)
Staatliche Museen zu Berlin, Kunstgewerbemuseum: 146 (Photo: Saturia Linke)
Staatliches Museum Schwerin: 52 re.
Technisches Museum, Wien: 187
Gebr. Thonet GmbH, Frankenberg: 188
Tretjakow-Galerie, Moskau: 79
Photo: Fritz Trupp, Attnang-Puchheim: 24 li.
Ullstein: 182
Photo: Waley-el-dine-sameh / Schady Abdel Salam, Kairo: 44